Zum Geburtstag
alles Gute!

Andrea Koder

Christine Kohler
Der Himel i der Glungge
Betrachtige

2. Auflage: 7. Tausend 1994

Alle Rechte vorbehalten
Copyright by Zytglogge Verlag Bern, 1992
Lektorat: Willi Schmid
Umschlag: Der Thunersee von Leissigen aus
von Ferdinand Hodler (um 1905)
Satz: Zytglogge Verlag Bern
Druck: Ebner Ulm
ISBN 3-7296-0419-8

Zytglogge Verlag Bern, Eigerweg 16, CH-3073 Gümligen
Zytglogge Verlag Bonn, Plittersdorfer Str. 212, D-53173 Bonn
Zytglogge Verlag Wien, Strozzigasse 14–16, A-1080 Wien

Christine Kohler

Der Himel i der Glungge

Betrachtige · Zytglogge

1986
Öppis Nöis probiere

En Art Sälbschtbildnis

Im Septämber isch my Maa mit mer uf ne Reis nach Pole cho. Mir hei üses silberige Hochzyt u süsch no allergattig gha z fyre. I bi grad echly ire zwyspältige Lag gsi. Nid lang vorhär han i mer klargmacht gha, dass my Zyt als Lehrere z Änd geit, u dass i im Früelig wott höre. We me 28 Jahr ohni Unterbruch i der Schuelstube gstanden isch, bedütet e settigen Entschluss e rächten Absatz, da han i mer keni Illusione gmacht. Nid dass i öppe der Schlotter hätt übercho vor mym eigete Courage; i bi ender gwunderig gsi u bi's eigetlech gäng no. I fa ja fasch es nöis Läben aa. Theoretisch steit mir vom Früelig aa di ganzi Wält offe, alls isch müglech. Praktisch wird's de vermuetlech a de Finanze schytere.

Mi mues ke Pessimischt sy, für sech i so re waggelige Lag paar Gedanke z mache. Aber es nützt nüt, über d Fyschteri z jammere, mi zündtet gschyder es Cherzli aa. U mängisch chunnt so nes Liechtli vore ganz unerwartete Syte. Wo mer heicho sy, het äbe dä Brief uf mi gwartet. Der Fritz Widmer het mi gfragt, öb i sy Nachfolgere im Stübli wett wärde. Das het mi so sältsam aagmuetet, dass i fasch echly bi us em Glöis cho. Ha's gloub gäng no nid rächt gchopfet. Es chunnt mer vor, wi wenn i e Huuffe Signal usgsändet hätt, u eis dervo wär am Fritz blybe hange, o wenn er gar nid isch aapeilet gsi. Derigi sogenannti Zuefäll sy mer albe liecht unheimlech. Werum dass er grad uf mi cho isch, weiss i eigetlech gäng no nid. Mir chöme beidi us ere Burefamilie u kennen enand vo der Schuel här. Mir sy zämen i d Sek, nume isch är nach zwöine Jahr i Gymer. I ha chly für ne gschwärmt u drum o wölle gah. My Vatter het mi unglöibig gfragt, was i de wöll studiere? He nüt, der Fritz gang äbe. Dä Grund isch du zweni stichhaltig gsi, u dermit isch der Wält en überflüssigi Akademikere erspart blibe. Fritz un i hei enand e Zytlang us den Ouge verlore, speter aber wider ab u zue troffe, öppe imene Kurs oder are Theateruffüehrig. U so chunnt men i ds Brichte, un eis ergit si us em andere.

Vo myr Syte isch der Fade nie ganz abgrisse gsi. Wäge syne Lieder. Üser Buebe hei se heiss u innig i ds Härz gschlosse u hei se fasch Tag u Nacht glost. Bsunders ds fromme Ross isch ne lieb gsi, das, wo me nume mit „Gott sei Dank" i Gang bringt u nume mit „Amen" cha stelle. Eine isch de alben um d Hütte gsyrachet, u diser zwee hei sech amene Strick la nacheschleipfe u derzue ghoopet: Gott sei Dank! Gott sei Dank! Aaaamen! Ds Meitschi hets de meh mit Arie gha u syne Bäbi mit Inbrunscht vorgschmätteret: Haaaa wi wili triumpfiiiiren, weee sidi zum Richter fiiiiren!

Vorstelle söll i mi sälber, het's gheisse. Wi we das so eifach wär. Ds Bild, wo me vo sech sälber het, entspricht wahrschynlech i de wenigschte Fäll däm, wo sech di andere mache. Seeleblüttlerei ligt mer nid, drum halten i mi a di blutte Tatsache. I wär also Lehrere, wenn ou nümm lang, u my Maa tuet bure. Üser Chind sy erwachse u zum Teil usgfloge, d Tochter het scho sälber es härzigs Meiteli. Der Familiesinn isch zimli usgeprägt, über ds Wuchenänd isch nid sälte di ganzi Bruet binenand. Mir sy ne unkompliziert Gsellschaft, näh ds Läbe, wi's chunnt, u luege, was me drus cha mache. Ds Grosi, wo ou byn is läbt, het's mängisch nid liecht. Äs isch drum es Ordentlechs u mir nid. I tue näbeby no chly Blüemli uf alti Schäft male, mache chly

Musig, houptsächlech mit Chind, spile Theater u lise vil. Choche tuen i o gärn, putze u glette weniger.

Scho sit bal zäh Jahr probieren i albeneinisch, öppis z schrybe. Es sy am Aafang meh so Fingerüebige gsi, und usegä han i no nüt. Aber i ha scho lang im Sinn, mit dere Sach Ärnscht z mache, sobald i d Zyt derfür nümm mues zämestäle. Drum han i em Fritz gradeinisch zuegseit. Nöji Ufgabe tüe mi gäng gusle, vor allem die, wo beid Wäg chöi usecho. Höchi Literatur isch vo mir allwäg nid z erwarte, u für ärnschthafti Sprachforschige z trybe, fähle mer d Grundlage. I möcht eifach verzelle, was mi bewegt, brichte über das un äis, wo mer ebchunnt. Was ere Husfrou uf em Land äbe so düre Chopf geit, we si nid mit zuenigen Ouge dür ds Läbe stoglet.

Mys Verhältnis zur Mundart isch nid verchrampft. Bärndütsch isch itz eifach di Sprach, won i dänke u rede. I ha se gärn u luege, chly Sorg z ha derzue. Mir rede no rächt farbig, un i ghöre der Vorwurf scho, das u disers syg bluemets Trögli. Aber es isch di Sprach, wo zue mer ghört. I ha nid im Sinn, my Usdruckswys z ändere, wül i itz im Stübli schrybe. Sicher wirden i nie es Wort schrybe, won i nid ou no bruuche. Veraltets u Vergässnigs künschtlech wölle z konserviere, das tüecht mi ganz dernäbe. E Sprach isch öppis Läbigs, u was läbt, wandlet sech. Öppis geit verlore, Nöis chunnt derzue, dä Prozäss hört nie uf. We sech e Sprach nümm veränderet, isch si tod, u toti Sprache sy nume no für di Gstudierte.

I ha ke reine Dialäkt, wär het das scho no hüttigstags. D Verwässerig u Vermischig vo de regionale Eigeheite isch e Zyterschynig und halt ou es Merkmal vo der Sprachentwicklig. Mi cha das nume beduure, nid ändere. Di gspro-

cheni Red isch überhoupt e flüchtegi Sach. Der Ydruck bim Zuehörer hanget zum gröschte Teil vo der Pärson ab, wo da redt, vor Stimm, vom Usdruck, vor Betonig, vor ganzen Art. D Sprach sälber regischtriert me nume denn äxtra, we si überdurchschnittlech guet oder unterdurchschnittlech schlächt isch. Bim Gschribne isch es chly anders. Tüecht mi ömel. Es geit nid ohni Konsequänz, aber es bruucht ou chly Kompromissbereitschaft, süsch git's nüt Rächts. Der Läser cha so mängisch hinderfür, wi's ne gluschtet, u drum probieren i, myne schriftlechen Üsserige e Form z gä, won i einigermasse derzue cha stah. Aber i hilfe kener Chöpf yschla wäge der Schrybwys. Bire Mundart, wo sövel Nuance und Variante kennt wi ds Bärndütsch, sötten eigetlech o Unterschiide bim Schryben erloubt sy. I ha ganz zersch alls phonetisch gschribe, genau lutträi, aber my Familie het's müehsam gfunde, u schrybe tuet me schliesslech für die, wo's de müesse läse. So bin i mit paarne Umwääge zu däm cho, wo dir itz vor nech heit. Im Zwyfelsfall halten i mi a Werner Marti.
So, das wird länge für en Aafang. E gschyde Franzos het einisch gseit: Le secret d'être ennuyant, c'est vouloir être complet. Oder chly frei übersetzt: Nume längwyligi Stürmihünd meine, es mües gäng alls gseit sy.

Vo Junge, vo Alte u vo ganz Alte

Es sibezgjährigs Grosi u ne füfzg Jahr jüngere Studänt möchte öppis über Alt u Jung ghöre. Wahrschynlech, wül bi üs drei Generatione under em glyche Dach huse. I cha's probiere, aber es isch natürlech ganz e subjektivi Meinig ohni Aaspruch uf ds Wältpatänt.

Wüsst der, i so re grosse Familie geit das nid gäng so idyllisch zue, wi wältfrömdi Gmüeter vilicht meine. Jedes het da syni Mugge u Mödeli, mängisch syn es meh Mode oder Soumode, u de chrisaschtet's halt albeneinisch. Mit der Zyt merkt me zwar de scho, dass es nid räntiert, wäge jedem Dräckli d Wänd ufzchlädere. Aber vil Lüt hei vil Meinige, u die hei nid gäng under em glyche Huet Platz. Wichtig isch eifach, dass me enander lat gälte, dass me nid zäme tublet u dass me nid meint, mi heig eleine rächt. De man es ou mängisch en Uscheerete verlyde, mi weis ja us Erfahrig, dass me ds Troom albe wider findet.

E Grossfamilie isch eigetlech es Spiegelbild vom Läben überhoupt. Üsi Gsellschaft isch ja ou hert gmischt, syg's itz wältwyt oder im ängere Rahme vomene Dorf oder vomene Betriib. Wär deheime nid hin u wider öppis cha schlükke, o wenn er chly mues worgle, dä wird dusse ou nie richtig z Schlag cho.

Der Erich Kästner verglycht ds Läbe mit ere Stäge. Aber mi söll nid Schüüchläder aalege und stur obsistopfe, meint er, mi söll ou gäng wider abe, dass me i jedem Stock deheime syg. Wär sech uf sym Bödeli ychapslet u gäge ufe und abe hermetisch abschliesst, wärchet houptsächlech sich sälber zleid. Plötzlech isch er eleini u särblet vor sech häre, wül alli e Boge mache um ne.

Jede Läbesabschnitt isch wichtig u söll zu sym Rächt cho. Aber für das mues er äbe gläbt wärde u nid planlos vertschöiderlet. Vil Lüt fergge chorbwys ungläbti Räschte mit sech vo Tritt zu Tritt. Das sy die, wo de mit vierzgi ds grosse Eländ überchöme. Si gränne däm nache, wo verby isch, förchte sech vor däm, wo chunnt, u verpasse das, wo isch. Ds Läbe nämlech. Das isch gäng grad itz.

Alt oder jung sy isch relativ u hanget nid nume vom Jahrgang ab. Teil Lüt bewahre sech ihri Juged, bis si stärbe, anderi chöme schier alt uf d Wält. Di enderi Sorte isch mir lieber. Mit vierzgi isch eine für ne Erschteler en alte Gritti, us der Sicht vomene Nünzgjährige e junge Schnüderlig. Üsen Eltischt isch no nid i Chindergarte, won er zu syr jugendleche Grossmueter gseit het: „Gäll, du bisch itz en uralti Frou. Lehr de ds Mueti no Härdöpfelsuppe choche, gäb de stirbsch."

Mir hei nid nume Jungi, Mittelalterlechi und Alti i üser Hushaltig, mir hei o no e ganz Alte. Das isch der alt Niklaus, üses Husgspänscht. Vor Zyte söll dä uf üsem Heimet buret ha. Er het sech zu de Mehbessere grächnet, nume mit sym einzige Chind het er nid chönne blagiere. Es het ordeli Mähl am Ermel gha un isch chly es Gschüüch gsi. Aber der Vatter het sech nid hindersinnet. Er stelli de Eiseli uf nes Määs voll Nöitaler ufe, de wärd wohl eine aabysse. Er het's glych gha wi dä Buur, wo mit eme magere Straffel vergäbe z Märit isch. Ab em Heiloufe het er sech du sälber zuegredt: Wenn d Stund nachen isch und der Lappi zueche, de chan i mys Guschteli o verchoufe. I Eiselis Fall het sech kei Lappi wölle zuechela, es isch em Vatter a der Schatzig blibe. Dernäbe syg der alt Niklaus unerchannnt zämehäbig gsi un e ungfröite Meischter. Syner Chnächte heige nüt gha z lache, er heig se gschundte, dass ne ds Bluet under de Fingernegel füregsprützt syg. Einisch heig er se sogar amene heilige Sunntig gmacht Bschütti z pumpe. Das isch denn no im Handbetriib gange. Zur Straf heig er ke Rueh gfunde im Grab u mües itz umecho u nächtelang soode

hinder em Huus. Einisch het e Taglöhner sy Uhr la i ds Bschüttloch abegheie u nümme gfunde. Üsi Chind het das unheimlech glatt düecht. Itz syg's de em alte Niklaus minder längwylig, wenn er chönn luege, was für Zyt syg.
Öppis Wahrs mues fasch dranne sy a der Gschicht vom Nöibuur, wi men ihm ou gseit het. Er trybt nämlech hüt no sys Unwäse i üser Familie. Suechen i my Sprützchanne, wo grad der Ougeblick no isch bim Brunne gstande, de het se der Nöibuur verschleipft. Vermisst der Vatter e Fiele oder e Saagi, de het se der alt Niklaus greicht. Bsunders scharf isch er uf Garterächeli, Schärine u Chläbstreife. Verschwindet e Tafele Schoggela spurlos, isch d Brätzelibüchse plünderet, wott ds Grosi der geschterig Brate wärme u findet nume no Löcher i der Soosse, der Sünder isch gäng der glych. Letschthin het afen eine gseit, dä alt Niklaus syg e wunderlige Cheib, dä fräss würklech nume grad, was ihm pass.
Nöibuurs Eiseli het mi gäng schuderhaft erbarmet. Sövel strub u derzue no e settige Träll, u nid emal sys Mordiovermöge het e Chilter aaglöökt – das isch mytüüri sträng.

Chinderwält

I gloube nid, dass di Chind hüt anders sy. Jedes wird als unbeschribnigs Blatt gebore u mues d Wält langsam erfahre und nahdisnah i Besitz näh, glych wi zu Abrahams Zyte. U dass si's hüt liechter hätte, wär mer o no nid ufgfalle. Aber mi düecht das fürchterlech, was alls uf di Gschöpfli losstürzt, chuum sy si füregschloffe. Si sy emene unufhörleche Gstürm usgsetzt, wärde je nach Unvernunft vo den Eltere pouselos mit ufdringleche, überflüssige Sinnesreizen überfluetet u sölle sech i däm Trubel normal entwickle. Dass es gäng no de meischte glingt, gränzt a nes Wunder.

Es wird gäng wider Chind gä, wo sech nid chöi oder nid wei mitteile. Das heisst aber nid, dass nüt ine inn vorgeit. Ds Sonja zum Byspil het alli schriftlechen Arbeite tiptop u wunderschön usgfüert, aber zwöi Jahr lang nume mit mer gredt, wenn i's öppis gfragt ha. Freiwillig het's nüt gseit. Numen einisch het es ds Löifterli chly ufta u mer e Blick i sys Härz gönnt. Es het e prächtigi Chilche mit schön farbige Fänschter zeichnet gha u dernäben es Huus mit fründtleche Vorhängli, alls sorgfältig zwägtöggelet, win es äbe sy Art isch gsi. I ha's gfragt, wiso dass es kei einzige Mönsch zeichnet heig. Die sygen alli i der Chilche, si tüeji es Chindli toufe. U nächär gange si de i ds Huus übere, dert syg scho alls zwäg, der Tisch deckt u Blueme i de Häfeli, u de heige si's de zäme schön.

Wi chlyner es Chind isch, descht meh läbt's ire eigete Wält. Für üs Erwachseni isch es schwirig, dry yzdringe, mir sy z wyt ewäg. Für ds Chind sy Sache wichtig, wo mir kei Gedanke dra verschwände, es empfindet anders, dänkt anders, läbt anders. Und was es zämestudiert, und was es für Brattige macht, vo däm allem hei mir kei Begriff.

Wo my Vatter gstorben isch, isch üse Jüngscht zwöieshalbs, ds Meitschi sibeneshalbs gsi. De grössere han i di Sach gluegt z erkläre, so guet i ha chönne. De zwe Chlyne han i nume gseit, der Grossvatter syg gstorbe, er syg itz im Himel. Meh chönne si sowiso nid erfasse, han i dänkt. Mir hei sen ou nid mitgno a d Beärdigung. Paar Tag speter het der Drüehalbjährig der Füfjährig usquetscht. Öppis chönn da nid stimme, het er gmeint. D Mueter säg, der Grossvatter syg im Himel, derby heige si ne i nes Grab abeta. „Das meinsch du nid richtig", het der Thomas gseit, „nid der ganz Grossvatter, nume ds Dänke isch im Himel." Sider hüeten i mi, chlyni Chind z underschetze.

Was mi gäng früsch wider erstuunt, isch di unkomplizierti, grosszügigi Art, wo vil Chind hei. I ha mängisch Grund gha, mi bi de Schüeler wäge myr Vergässlechkeit z entschuldige. Statt übelznäh hei si mi albe no tröschtet! „Derfür chöit dir guet singe!" het's öppe tönt, oder, „derfür chöit dir schöni Gschichte verzelle!" Vo letscht sy zwe Erschteler unerchannt toube worde u wi löötigi Tüüfle ufenand los. Mit Zähn u Chlaue hei si sech traktiert, bis si blüetet hei. Me het se chuum chönne trenne. Tags druuf hei si mit ihrne verchrauete Zyferbletter einträchtig zäme es Bilderbuech gschouet. Zwe ander hei sech i der Turnhalle tryschaagget, dass es nümm luschtig isch gsi. Si hei übere müesse i ds Schuelzimmer u zäme uf em glyche Blatt e Zeichnig mache. Es het es Prachtsbild gä. Probieret das einisch mit zwene Nationalrät, we si sech a Gurgel wei!

Chind hei o ganz e spezielli Logik. Dass mir se mängisch nid begryffe, isch nid ihre Fähler. My Vatter het Hermann gheisse. Der Hanspeter vo näbedra isch ihm Schritt für Schritt nachegfotzlet, e wichtigeri Pärson als der Hermann het's nid gä. Einisch isch er bim Götti gsi u het dä fasch stifelsinnig gmacht mit sym Schwarm. Schliesslech isch däm das Hermanngstürm verleidet, un er isch mit ihm ga d Chüngle luege. „Gäll, das sy schön Chüngle!" macht er zuen ihm. „We der Hermann Chüngle hätt, hätt er di schönere!" het Hanspeter gseit. Mym chlyne Neveu het einisch

so ne Schlöiling das blöde Värsli vo der Müllere bybrunge, wo angäblech jede guete Tambour dernah mües lehre chübele. Vo däm Sprüchli git's mängi Variante, keini isch salonfähig. Für die, wo nume gäng aaständigi Sache hei ufgseit, wär hie di harmlosischti:
D Müllere het, si het, d Müllere het, si het,
d Müllere het e Dorn im Füdle,
cha ne nümme usegrüble.
D Müllere het, si het.
Der Markus isch um ds Huus ume gstopfet, het das Värsli abeglyret u derzue uf ere alte Ovomaltinebüchse trumelet. D Närve z bhalte imene settige Fall isch nid eifach. Ds Grosi het ne ömel bim Chrage gno un ihm erklärt, d Gotte heissi ja Müller, die ghör settigs sicher nid gärn. Mit Erfolg. Dä Pfüderi het zwar sy Marsch wider ufgno, aber itz het er gsunge: „D Gotte het, si het…"
Chinder wachse ohni Vorurteil i ds Läben yne u meine no nid, früecher syg's besser gsi. Hüt het fasch jede Chindergärteler sys Kassettegrät, kennt sech us mit Rageeten u Satellite u konschtruiert mit Lego di raffiniertischte Maschine. Mängisch duure mi di hütige Chind echly. Si hei zwar alls, aber nie het ne öpper es Wydepfyffli gschnitzt, u mit Söibluemeröhrli Wasserleitige lege chöi si o niene meh.
Mängisch gratet's öpperem, im höchen Alter zur Glasseheit u Wysheit vo syr früeche Jugend zruggzfinde. Nid vergäbe seit d Sandra Paretti: „Man muss lange leben, um jung zu werden." Das tönt vilicht chly widersinnig, aber es isch nid nöi. Scho vor zwöituusig Jahr het eine gseit: „So ihr nicht werdet wie die Kinder…"
I däm Sinn wünschen i öich u mir rächt es längs Läbe.

Wer hat dich, du schöner Wald…

Üse Vatter het als Laiedirigänt es paar Chör gleitet. Fasch jede Sunndigmorge sy bi üs Sänger aagrückt, wo sech chly ungschickt aagstellt u Nachhilfstunde bruucht hei. So sy mir mit Musig ufgwachse, ohni dass mer's rächt gmerkt hei. I ha mi feiechly uskennt i der populäre Männerchorliteratur. Vo den alten Eiche über ds Brünnele bis zum Vater Rhein han i alli chönne. Mys Lieblingslied isch aber eis vom Mendelssohn gsi, un i has ou hüt no gärn: „Wer hat dich, du schöner Wald, aufgebaut so hoch da droben…"
Es hange paar Erinnerige a däm Lied, abgseh vo dene Sundigstürgge. Afe han i einisch es wunderschöns Buech gläse übere Mendelssohn. „Liebe hat viele Namen" vom Pierre la Mure. Chürzlech han is wider füregnoh, nach meh als zwänzg Jahr. Es het mi blätzewys chly überschwänglech düecht, aber i has wider i eim Chutt düregläse. Es geit mer gäng no z Härze.
U de hei mer das Lied o ir Schuel glehrt, im Chorsinge. Zwo oder drei Klasse hei de albe mitenand i Singsaal müesse, dert sy mer uf hölzige Bänk mit stotzige Lähne ghocket, d Meitli vore, d Giele hinde, u der Singlehrer het sech fasch ghänkt, für der Bande e chlyne Begriff vo musikalischer Kultur z vermittle. Er het's nid liecht gha. Einisch het er ömel ou fasch di ganzi Stund a den einzelne Stimme umepitschgeret gha und zum Schluss no wölle probiere, öb's itz nid doch ändtlech zäme gang. Chuum het er is gheisse ufstah, isch eis Göisse u Gyxe bi de Meitli losgange. Der Hausi het di ganzi Reie mit Züpfe u Schöibebändle a der Banklähnen aabunde gha. Denn hätte mer äbe das Lied sölle singe.

I bi kei Waldlöifere. I meine gäng, i heig Bewegig gnue u mües mi nid künschtlech müed mache. Aber i ha natürlech nüt gäge di Sportler, wo zum Vergnüege im Wald umecheibe. Jedem das Seine. Nume di ganz Vergiftete chöme mer mängisch chly gspässig vor. Si chutte mit grimmigem Usdruck dür di Wägli u verschwände kei Blick nach linggs oder rächts. Numen uf d Uhr luege si flyssig; si müesse ja di pärsönlechi Beschtzyt verchürze. Wo di Fitnesswälle isch Mode worde, het eine vo de Buebe wölle wüsse, was eigetlech „Jogging" syg. „Chasch o seckle säge!" het ne d Schwöschter ufklärt.

Mit myne Chind bin i vil i Wald. I ha de albe glismet u ds Vehli la weide. Mir hei paar Plätzli gha, die hei üs ghört. Wo einisch en alti Frou uf eim vo dene Bänkli chly het abgstellt gha, het sech der Simon fasch nid chönnen erhole ab der Frächheit. Er het sen um ds Töde wölle furtbäse, i ha Bluet gschwitzt. Bim Znacht het er em Vatter befole, morn söll er i Wald un es Gatter um üses Bänkli mache, dass kener frömd Lüt druf chönni.

Hüt gö di Junge ihrer eigete Wääge, un i pfuderen o nümm über all Bärge. Aber e sunnige Namittag cha mi scho uselööke. De nimen i der Hund, u mir gö i Wald. Üse Fidu isch nümm der Jüngscht u weis es z schetze, we's chly gmüetlecher geit. So joggle mer zäme dür ds Gstrüpp, är het Fröid a den ufregende Grüch, won ihm sy Sturm- u Drangzyt vorgoukle, un i ha Fröid a den alte Bekannte us myne Chindertage, a de Geisseglöggli, Ankeblüemli u Franzosehöseli, a de Bachbumele, Schlüsseli u Chappetschötteli. U der Zylang, kennet dir dä no? Im heitere Herbarium vom Waggerl heisst es über ne:

Wie lieblich duftet uns im März
der Seidelbast! Doch innerwärts
ist er voll Gift und Galle,
weil wir, in diesem Falle,
das Wunder nur beschauen sollen.
(Man muss nicht alles kauen wollen.)

Wi isch es mit öich? Wenn syt dir z letscht Mal im Wald gsi? Vilicht stö i zwänzg Jahr da nume no toti Broffle wi i teilne Gebiet vo der Tschechoslowakei. Leget bravi Schue aa u göht i Wald, solang es ne no git. Vilicht chönntet dir ds Outo usnahmswys deheime la? Süsch müesse mer de einisch singe: „Wer hat dich, du schöner Wald, umgebracht, ohne zu denken?"

Früecher hei chlyni Chind flyssig ghulfe i der Burerei. Mi het nen aber ou no Arbeit gha, wo si hei chönne bewältige. Hüt isch das mängisch nümm so eifach mit all dene Maschine. Mir jedefalls sy no vil i Wald u hei öppis müesse chnorze. Einisch hei mer Tanndli gsetzt, u Vatters Schwöschter isch cho hälfe. Si het es Lädeli gha, u di meischte kulinarische Usschweifige vo üser Jugend hei mer däm z verdanke. Denn het's Mettwurscht z Vieri gä, i vergisse's myr Läbtig nie. Settigi Mettwurscht git's gloub nümm, es het mi ömel nie meh eini sövel guet düecht. Und einisch han i ghulfe Öschli stecke. Eine vo dene Gimsle han i ganz eleini dörfe pflanze. Wenn i de Grossmueter syg, chönn i myne Grosschind verzelle, dä grüüslig Boum heig i gsetzt, het me mer usgmale. Ösche wachse gleitig. Myni isch höch u stattlech worde, u wenn i düre bi, han i zuere gseit: Du bisch my Boum, di han i gsetzt. Es isch di sälbverständlechi Pflicht vo jedem Buur, zu sym Wald z luege. Aber es het mi glych chly möge, wo si mer my

Ösche hei umglaa. Ds Grosschind hätti itz, aber vo mym Boum gseht me nume no knapp der Stock. Gras u Miesch wachse druffe, und i de Chleck hei sech Bettseiker (Asseln) und anderi Güeg ygnischtet.
So geit's mit allem Läbige. Mir wärde o einisch fürig u chöme i ds Chlafter. Wär schön, we die, wo mer hinder is lö, no paar wehmüetigi Gedanke für is hätte. U no vil schöner, we en Art Stock zruggblybti, wo irgend öpper no nes Räschteli Läbeschraft druus chönnti zieh.

Hast einen Raum, so pflanz einen Baum

Isch es öich o scho so gange? Dir machet nech über irgend es Thema paar Gedanke, es interessiert nech, dir studieret ärnschthaft a der Sach umen u merket plötzlech, dass da no ganzi Ratteschwänz drannehange. Dir ziet so amene Fade, dä nimmt keis Änd, gäng u gäng chunnt no Garn, u we der nid ufpasset, heit der nech imene Ghürsch inn verlyret. I ha's chly so gha mit em Wald, won i ds letschte Mal dervo ha brichtet. Was mir da alls isch i Sinn cho, das längti für zwänzg Stübli!
Aber bim Schrybe mues men unerchannt Achtig gä. Da cha me lang meine, mi wüssi genau wodüre; ungsinnet macht sech so ne Gschicht sälbständig, nimmt en unvermuetete Rank, u mi landet amen Ort, wo me gar nid het häre wölle. Da heisst es de albe ds Leitseili aazie, süsch ertrünnt das Fuerwärch.
I ha undereinisch aagfange, über Böim nachezdänke. Uf em Land, mitts im Grüene, sy Böim öppis Alltäglechs u

Sälbverständlechs, und über sälbverständlechi Sache tuet men äbe sälte tiefsinnigi Überlegigen aastelle. So han i ersch itze richtig gmerkt, dass eigetlech verschideni Böim i mym Läben e chlyneri oder grösseri Rolle gspilt hei.
Der erscht, won i mi dra ma bsinne, isch en alte, verzworgglete Chegeleboum gsi. Mys Rytigampfi isch a däm ghanget. Mi düecht, my halbi Chindheit heig sech under däm Boum abgspilt, er ghört zu myne früechschten u dütlechschten Erinnerige. I ha dert nid so chönnen usgürte, win i gärn hätt wölle. Näbezuechen isch nämlech grad der Mischthuuffe gsi, un i ha gäng heimlech gförchtet, es chönnt mi ab em Ladli spränge un i würd i der unappetitleche Gülleglungge spurlos versinke wi my rotgrüen gringleti Vollgummiballe. Die röit mi no hüt.
Wo mer vor meh als vierzg Jahr hiehäre sy züglet, het das Sprüchli no gulte, won i als Überschrift gwählt ha. I der Hoschtert und um ds Huus ume het's wyt über hundert Obschtböim gha. Di meischte dervo stö hüt nümm, es sy scho denn alti Straffle gsi. U di Opfel, wo si hei treit, kennt me chuum no em Name nah: Stryffech, Ysenöpfel, Morgeduft, Lebel u Schöner von Kent, Bärnerrose, Astrachan u Mänznouer Jegeröpfel. E Zitronenöpfelboum hei mir Chind bsunders gschetzt. Sy Stamm isch so schreeg gsi, dass me mit chly Aalouf bis i d Chrone het chönnen ufespringe. Dert hei mer es Näscht gha. Ou es Rytigampfi het's wider gä. Amene Surgrauechboum im Chalberweidli, u mir hei di Chötti jedesmal müessen ufhänke, we mer nümm hei wölle plampe. Das isch es ysigs Gsetz gsi. Einisch hei mer's vergässe. Da isch es Guschti dryglaueret, het nümm hindertsi chönnen u sech vor Angscht fasch ghänkt. Der Vatter het ganz sälte drygschlage, aber denn het's

tätscht. My Schwöschter seit hüt no, ds Ergschte syg gsi, dass si dernäbe heig müesse warte, bis si o syg a d Reie cho.
Im Fäld ussen isch en alte Chirschboum gstande. Er isch nüt meh nutz gsi, di paar Chirscheli, won er no het fürebracht, hei d Vögel gno. Dä Boum isch mir gäng vorcho wi ne japanischi Pinselzeichnig, usgwogen i der Form, nüt Überflüssigs dranne. Er het öppis Symbolisches a sech gha. Jedem Buur isch er es Ergernis gsi, er isch nume no im Wääg gstande. Aber unverdrosse het er blüeit u Loub gmacht. Mir het er gäng gfalle. Er wär es Byspil für vil Lüt, wo sech wehlydig drüber verbreite, wi's ihne schlächt gang, u wi si für gar nüt meh syge. Täte si grad z trutz chly blüeje, chäm sicher öppe no ne Christine u hätt Fröid ane.
I chönnt no über Blautanne, Ahorne u Dähle rede, oder übere Ginkgo, won i mer sövel lang gwünscht ha, u wo scho im erschte Winter erfroren isch, nume wei mer myner Ross scho wider ab. Aber vom Nussboum sägen i itz glych no öppis. Er isch scho meh als vierzgi, het e dicke Stamm und e mächtigi Chrone. Im Summer isch er en Art Träffpunkt für die, wo da obe wohne. Es vergeit kei sunnige Namittag u kei hilben Aabe, ohni dass öpper e Momänt Rue u Stilli chunnt cho gniesse. Der Hans Chaschper, üse Jüngscht, het e gäbige Sitzplatz ygrichtet.
Der Pöschteler chunnt fasch nie, we mer im Garte chrauen u schwitze, gäng nume denn, we mer under em Nussboum Gaffee schlüdere. Dä dänkt sicher, di Frouen im Oberdorf heige's richtig afe schön. Aber im Vertroue, Manne han i dert o scho gseh. Numen isch das natürlech öppis anders. Laferen u chlappere tüe ja bekanntlech d Froue, bi de Manne heisst das diskutiere, o we's grad glych tönt.
Vom materielle Standpunkt uus isch üse Nussboum

höchscht unwirtschaftlech. Er verspert e Huuffe Platz, wo me chönnt Bohne setze, Schaf weiden oder Hüener ha, u derzue macht er no vil unnötigi Arbeit, ömel im Herbscht, we me mues loube. Aber i gniesse's, dass mir e Boum vermöge, wo nid räntiert.

Heit dir scho einisch d Schnittflächi vomene abgsagte Stamm betrachtet? Die verzellt ganzi Gschichten us däm Boumläbe, vo gueten u schlächte Tage, vo wachsigen u magere Zyte. Üs Mönsche mues me nid zersch umlaa, für ds Alter chönnen abzschetze, üser Jahrringe mache sech ou ussefür bemerkbar. E Bekannti, wo ou nümm zwänzgi isch, het vo letscht gfunde, das syg würklech es blöds Ygricht. Alli Runzele müessi mir im Gsicht ha, u derby hätt's hindenume sövel vil Platz.

E Feschtreed

Liebi Frouen u Manne,
vo letscht bin i über nes hüt fasch vergässnigs Liedli gstoglet. Es geit eso:

Vom Himel abe chunnt e Stärn.
Er nimmt sy Wääg grad gäge Bärn,
für dert echly ga z glänze.
Er treit sys Mänteli uf em Arm
u cha gar schön scharwänze.
Da chunnt es fründtlechs Meitschi här
mit Göllerchette, läng u schwär,
mit Ermel, wyss wi Chryde.

Das glänzt u glitzeret ringsetum
vo Silber u vo Syde.
Da wird mys Stärndli bleich u stumm.
Es hänkt sech gschwind der Mantel um
u fat fasch aafa gryne.
Es stäcklet gschwind gäg em Himel zue.
Dert chan es wider schyne.

Im Mittelalter hei d Bure i ganz Mitteleuropa öppe di glyche Chleider treit: eifach, schmucklos, zwäckmässig. Der Burestand het nid vil gulte. Mit em wirtschaftlechen Ufschwung im 17. u 18. Jahrhundert het sech das gänderet. Di Bure hei gmerkt, dass si ou öpper sy. Us däm nöie Standesbewusstsy use hei sech Trachte entwicklet, vo Gäged zu Gäged verschide, je nach Eigenart vo de Bewoner.
E Tracht isch Usdruck vore bestimmte Haltig. Si isch währschaft u heblig; es bruucht solidi Ruschtig derfür, u gnääit wird si so, dass es het. Si isch nid es Fähndli, wo me nach paarmal aalege furtschiesst, me het se für ds Läbe. De Modeströmige isch si chuum underworfe. Si symbolisiert Beständigkeit, Ehrlechkeit, Zueverlässigkeit. We me zur Tracht ja seit u sen im richtige Sinn treit, de heisst das: I stah zu däm, won i bi, i wott nüt anders schyne. We dä Geischt fählt, wird d Tracht zum Kostüm. Lippestift, Modeschmuck, angfährti Schlabischue, es ufdringlechs Benäh verrate's uf en erschte Blick: Di Pärson isch nume verchleidet, vo der Tracht het si nüt begriffe.
Für das Meitschi im Liedli vo der Bärnertracht isch das alls no sälbverständlech. Es het di ganzi Wuche flyssig gschaffet u darf sech e Fröid gönne. Es geit z Tanz. Es het dä frei Sunndig ehrlech verdienet u gniesst ne. D Läbesfröid la-

chet ihm zu allne Löcheren uus. Und itz chunnt der Stärn. Bi däm deheim isch dä der Gröscht, wo am beschte cha blände. Und är gilt öppis dert obe, är beherrscht di Kunscht. Aber itz geit's ihm lätz. Undereinisch steit er vor däm Trachtemeitschi. Das früsche, unverdorbene Gschöpf isch ds puure Gägeteil vo ihm. Keis Wunder, dass er der Blind nimmt. Es isch nid di üsseri Pracht, wo ne zum Rückzug zwingt. Wo wett itz das Bitzeli Silber u Syde e Stärn chönnen übertrumpfe! Es isch di suberi, aaständigi Usstrahlig vo däm Meitschi. Dere Härzlechkeit, dere mönschleche Wermi chan er nüt entgägesetze. Er schämt sech u geit hei.

D Bärnertracht wird no imene andere Lied als byspilhaft grüemt. Es heisst: Bärn, du edle Schwyzerstärn... Das darf me nach der Finanzaffäre nid singe, me wurd ja usglachet. Dä Stärn het wüescht abgä, der Glanz isch stumpf worde, er bläächelet. Mir stö vor eme Schirbihuuffe, u mir fragen is, werum. Jedes Problem uf jedem nume mügleche Gebiet isch im Grund es Problem vom fählende mönschlechen Aastand. Aaständig sy het nüt z tüe mit gschläckete Maniere u re gschnigleten Erschynig. Es heisst ganz eifach, e Mönsch sy. Mönsch sy isch ds höchschte Zil, wo me sech cha setze, u für's z erreiche, mues men es Läbe lang a sech schaffe. Es heisst, sich sälber nid z wichtig näh, der Mitmönsch reschpäktiere. Es heisst Ehrlechkeit gäge sich und anderi, Toleranz für die, wo anders dänke. Es bedütet, dass sech di Starche für di Schwache wehre, dass di Gschyde für di weniger Begabten ystö, dass sech di Gsunde für di Chranken ysetze. Für das bruucht's kei Macht, kei Rychtum, kei Erfolg – es bruucht nume Liebi, Mönscheliebi. Wäm d Liebi fählt, däm fählt ou der mönschlech Aastand.

Uf änglisch isch e Stärn „a star". Grüecher het me nume bi berüemte Filmschouspiler vo Stare gredt; hüt wott jede Lappi irgendwo der Star sy. U derby het dä Usdruck scho lang es Gschmäckli. We me vo eim seit, er tüei stare, de isch das keis Komplimänt.

Üses ganze Läbe wird hüt vo Stare dominiert. E Filmstar oder e Bünistar het d Ufgab, sich sälber ire Rolle so gekonnt wi müglech z präsentiere. Wär i d Politik geit, het anderi Qualitäte nötig. D Politik isch kei Theaterbüni. U we si's worden isch, so sy mir alli nid uschuldig dranne. Mir lö üs blände vo Lüt, wo sälber bländet sy, bländet vo Rychtum, Macht, sozialem Rang. Es nobels Outo imponiert halt meh als es Velo. U we mer itz alli uf „dene da obe" umehacke, de sy mer keis Haar besser. Erschtens wähle mer ja der gröscht Teil vo üsne Politiker sälber. We mir de glänzigen Erschynige nid hinder d Fassade luege, de isch's üse Fähler, wenn d Stare de Mönsche der Rang abloufe. U zwöitens isch d Frag, wi mir's sälber mieche. Täte mer würklech nie ines frömds Kässeli recke, we's bis itz so isch der Bruuch gsi? Täte mer würklech nie üser Kompetänze überschryte, we mer d Müglechkeit hätte u's ringer gieng? I wett da für niemer d Hand i ds Füür ha, ou für mi nid. Es Staatswäsen isch es komplizierts Uhrwärk. Vom einzelne Bürger bis zum Bundesrat loufe da unzähligi chlyneri u grösseri Zahnredli u sy alli mitenand verhänkt. Wenn eis nid richtig geit, de chunnt das dernäben ou us em Takt.

„Mir hei e schöni Heimat, mir sy re e ganze Maa schuldig!" seit der Rudolf von Tavel. Si bruucht ou ganzi Froue. Mir läben i eim vo de rychschte Länder vo der Wält. Es geit is so guet, dass mer vor luter Wohlläbe mängisch ds

Mönschsy vergässe. Mir hei alli Ursach, derfür z luege, dass üsi Heimat nid nume schön u rych, sondern ou suber isch. Jedes von is cha zur innere Suberkeit vo üsem Land bytrage, wenn es a sym Platz das macht, won ihm müglech isch. Mir wei Mönsche sy. Für ne aaständigi, ufrächti Läbeshaltig müesse mer kei Tracht aalege. Si het ou i gwöhnleche Chleider Platz.

Gränze

Itz het me's wider jedes Wuchenänd paarmal chönne lose: 15 km Stau auf der Brennerautobahn, Verkehrszusammenbruch am Gotthard, keine Umfahrungsempfehlung. Di Völkerwanderige chöme mer albe vor wi ne Zug Ameise. Die sy o nid ufzhalte. Mi cha uf nen umetrappe – me bringt nüt ab. Es paar tödt's, aber der gross Huuffe stüüret unbeirrt es Zil aa, vilicht unbekannt, jedefalls wyt wäg, weiss Gott, was se ziet. Offebar macht das Chaos de meischte gar nüt uus, si rächne vo Aafang aa dermit, me richtet sech y. D Mueter het d Lismete by sech, der Vatter e Krimi, d Chind spilen uf em Pannestreife Fäderball. Drei Stunden Wartezeit am Grenzübergang Soundso.
Es isch itz grad es Jahr sit üser Polereis. Denn hei mer's ou mit Wartezyten a der Gränze z tüe übercho. Es isch en organisierti Reis gsi, di meischte sy ds erschte Mal i Oschte u hei gfunde, der Reiseleiter tüei grad chly wohl nötig, won er is het der Gottswillen aagha, mir sölle ja nid usstyge, ja keni Sprüch mache, ja nid öppe fotografiere. Bir färndrige Reis heig me se füf Stund zruggbhalten a der

Gränze, wül einen im Car mit em Fotoapparat umegfuchtlet heig. Nu also, mir hein is still gha, meh Frid' u Rues thalb, als dass mer würklech gloubt hätte, es syg so bös. Wo mer vo Bayern här i d Tschechoslowakei hei wöllen yreise, hei mer afen en erschte Vorgschmack dervo übercho, wi me i de sozialistischen Arbeiter- und Bureparadies mit Mönschen umspringt. Gränzsoldate mit Maschinegwehr u Funkgrät sy dotzewys umegstande, u wo undereinisch e bis a d Zähn bewaffneti Dreierpatrouille mit Wolfshünd isch zum Wäldli uscho, hei mer scho chly komisch gluegt. I denen anderhalb Stund, wo mer hei müesse warte, hei mer beobachtet, wi si en yreisende Tschech usenandgno hei. Sys Outöli isch regelrächt usbeindlet worde, ds Gepäck usenandgrisse, d Goferen uspackt. Jedes Papierseckli hei si usgläärt, jedes Druckli gcheert, no der Fotoapparat isch ufta worde. Kei Ahnig, was si dert drin gsuecht hei. Di farbigen Illustrierte, wo dä Pächvogel z Dütschland het gchouft gha, sy beschlagnahmt worde. Speter hei mer gseh, wi ganzi Seck voll vo der umstürzlerische Literatur sy abtransportiert worde. We me nid wott la merke, wi unbehaglech dass es eim z Muet isch, macht me gärn öppen e Witz. Wo eine vo üs du sy Gofere ou no het müesse füregä, het dä vor mir troche gmeint: „Der Aeberhard isch scho mit eim Scheiche z Sibirie!" Hochnotpynlechi Pass-, Pärsone- u Wagekontrolle, en umständleche Formularchrieg, u ändtlech het men is gnädigscht düregla. Mir hei afen einisch ufgschnuufet u dänkt, für uf Pole wärde si de weniger gerggelig tue, dert gang's de schliesslech nume vo eim Bruederland i ds andere. Irrtum. Di Prozedur isch nüt weniger kompliziert u längfädig gsi, aber si hein is wenigstens la usstyge. Nach ere Stund het eine vorgschlage, mir chönnte ne vilicht der Trueberbueb singe, aber das hätt gloub o nid vil gnützt.

I chönnt stundelang vo däm herrlechen Oschtpreusse verzelle, aber i rede ja vo Gränze. Hei sy mer dür d DDR, u die hei der Vogel abgschosse. Gschlagni drei Stund sy mer im Car a der brüetige Sunne ghocket, bevor mer hei ynechönne, ohni ersichtleche Grund, reini Schikane. Mir hei usgibig Glägeheit gha, Minestreife und elektrisch gladeni Züün z studiere, und alls grad i doppleter Usfüerig. Di Soldate mit de Töffe, won is düre Fäldstächer beobachtet hei, sy no grad ds Tüpfli gsi. Z Berlin isch's weniger lang gange, aber di Kontrolle sy mit so re tödleche Perfektion abglüffe, dass es eim tschuderet het. D Muur het is du no der Boge gä. Mir hei's nächär alli glych gha: Das Polen isch es wunderbar schöns Land, mir giengen alli gärn no einisch, aber ohni di Gränzkumedi. Das unwürdigen Affetheater mache mer nümm mit.

Hienache vom unseligen ysige Vorhang isch der Gränzübertritt weniger problematisch. Aber es git o Zwuschefäll. Einisch sy mer üsere vieri vo Frankrych cho u hei z Gänf ynewölle. Der ganz Ferieplunder isch underwägs zwöimal us- und yglade worde wäg eme Radwächsel u nachfolgendem Pneuchouf. Ds Gnuusch cha me sech liecht vorstelle. Mir hei nüt byn is gha u vierstimmig „nei" gchrääit, wo der Zöllner het gfragt, ob mer öppis z verzolle heige. Jede Tropf wär bi däm Gsang misstrouisch worde. Mir hei ömel müesse useha un uftue. Es het is fasch gcheert vor Lache, wo dä gwüssehaft Mano wi lenger wi verbissener i der dräckige Wösch umegnuelet u nüt gfunde het. Dä arm Züttel het gwüss hüt no Alptröim.

Wi sinnvoll oder wi blödsinnig Landesgränze syge, über

das chönnt me ändlos rede. Aber es git ou im übertragene Sinn Gränze. Die zum Byspil, wo jede Mönsch het u sech dernah sött richte, die sy nid für nüt. Die sött me kenne. Wär nid weis, wo syner Gränze lige, trout sech entwäder nüt zue oder übernimmt Ufgabe, won er nie cha erfülle. Aber mi findet se nid mit em Chopf im Sand oder im Schnäggehüsli; uf der Suechi nach ne schlat me der Chopf aa u stuucht d Nasen y.

Der Mönsch gluschtet's gärn echly, Gränze z überwinde. Sprachlechi, kulturelli oder soziali Gränze sy nid us Stacheldraht, mi darf düre, mi sött sogar. Mit em nötige Reschpäkt natürlech. Wenn dä fählt, chunnt's nid guet. Dass i der Umwältbelaschtig, i der Atomphysik, i der Gentechnologie d Gränze überschritte sy, das tüecht nid nume mi. Aber we der Mönsch ds Määs verlürt u der Reschpäkt vor däm, wo grösser isch als är, de verlürt er ou sich sälber u merkt nid emal meh, wenn er ufe Grind überchunnt.

E Gränze, wo gäng u gäng wider missachtet wird, isch die zum Mitmönsch. Jedes Tier het e gwüssi Fluchtdistanz. Wird si nümm yghalte, fliet's oder gryft's aa. So het ou jede Mönsch e pärsönleche Bereich, won er niemer drin tolet. Wär sy Mitmönsch achtet, wird sech hüete, i däm Privatgärtli umeztrample. Aber wär em andere kei Reschpäkt etgägebringt, het ou keis Gspüri für das, wo ynema. Ohni Hemmige tschalpet er ume, won er nüt z sueche het, u gheit de plötzlech us allne Wulche, wenn ihm dise d Zähn zeigt oder sogar bysst.

Schriftdütsch heisst das „zu nahe treten". I ha lang amne bärndütschen Usdruck umegstudiert. Es isch mer nüt i Sinn cho, wo's genau preichti. „Uf ds Läbige cho" isch no ds Beschte gsi, aber es isch o nid ganz das, won i meine.

Mareieli, tanz

I ha no paar Lektione Blockflötlen i der Schuel, u da hei mer eismal ds Liedli „Der Maien isch kommen" glehrt. U bi däm Mareieli, wo da zum Saitespil tanzet, isch mer undereinisch i Sinn cho, wi albe Chind vo weni begüeterete Familie mit eme mit Holzwulen oder Sagmähl polschterete Chratte sy cho Eier singe vor der Oschtere. Si sy vo Burehof zu Burehof zoge, hei es Liedli gsungen u derfür es Ei oder zwöi übercho, je nach Zämehäbigi vo der Hüenermueter. Zwöi Meitli vo änet em Wald sy paar Jahr cho u hei gäng echly bsunderi Darbietige brunge, nid nume „Roti Rösli" wi di meischte. Einisch hei si ömel „Die Forelle" vom Schubert gsungen u einisch äbe das Mareililied. Das han i denn zum erschte Mal ghört. My Schwöschter und ig hei es beträchtlechs Repertoir vo Lieder kennt u schön chönne singe. So hei mer halt ou e Chorb zwäggmacht u ab wölle. D Mueter isch fasch a d Dili ufe. Si het is d Chappe gschrotet un erklärt, öb si sech wöll schäme, wenn mir Buremeitli ufen Eierbättel gönge. U derby het si grad vorhär sälber gseit gha, wi das schön syg. Mir sy fasch erworgget vor Töibi.

Der Name Marie wird im Bärnbiet uf vil verschideni Arte bruucht un abgwandlet. Und jedi no so unschynbari Nuance het wider chly en anderi Bedütig. E Maaje isch ender e Trampel, es Maaji meh es Soufroueli. I ha di Forme zämegsuecht, wo mer bekannt sy. Es het o bal e Mareielitanz gä.

Marie, Marei, Miggi u Meji sy neutral, zimli wärtfrei. Chly weniger nätt töne Miggle u Meie. Migge, Maaje, Maaji u Mare sy ganz ufründtlech. Meh Sympathie het me für Mariele, Mareile, Miggele, Meieli, Marieli u Maajeli. Das sy zwänzg Variante vo eim einzige Name. Söll no einisch öpper behoupte, Bärndütsch syg en unbeholfeni Sprach! U we dir itz dänket, i syg ou echly nes Maaji, di Mareiornig stimmi hinden u vore nid, heit der vilicht sogar rächt. Si isch halt subjektiv, wi no mängi Ornig.

Mir hei hüür wi nes Jubiläum.

Di Tage wär nämlech üses Marie hunderti worde. Es isch es Zwärgwüchsigs gsi u het Chlumpfüess gha, und als ganz jung isch es vo der Gmein bi myr Urgrossmueter verdinget worde. Nächär het's d Grossmueter überno u zletscht d Mueter, u so isch es gwüss fasch füfzg Jahr i der glyche Familie gsi. Es het eigetlech Frieda gheisse, aber e Tochter vom Huus het der glych Name gha, u das het Komplikatione gä. Drum het me das Froueli churzerhand umtouft. Heikli Gmüeter sölen itz mira säge, me heig ihm d Identität gstole. Drunder glitte het es jedefalls nid heftig. Es isch zwar scho i d Schuel gange, het aber nume ganz schlächt chönne läsen u schrybe. Zu Mueters Geburtstag het's einisch mit vil Müei e Charte gschribe: „Ich glaturen zum burz." D Zahle het's kennt, u das isch wichtig gsi. Ohni eigeten Abrysskaländer hätt es keis Jahr aagfange. Drei Fixpünkt het es gha: Wienacht, Oschtere, Geburtstag. Der Kaländer isch massgäbend gsi für sy Läbesgstaltig. Di bouelige Hemmli u Hose het's gäng ersch im Ougschte füregno, ou we's vorhär fasch giblet isch vor Hitz. Gwärchet het es, was es het chönne u so lang es isch gange, aber ds Läbe hätt es nie sälber chönne verdiene.

Es isch öppe füfesibezgi gsi, won es zum erschte Mal richtig isch chrank worden u het i ds Spital müesse. Es het sech zwar wider einigermassen erholt, isch aber pflegebedürftig

blibe, u der Dokter het verfüegt, es mües uf Frienisbärg i d Abteilig für Pflegefäll. Mir hei müessen ygseh, dass es nid anders geit, u ds Marie mit gmischte Gfüel ufebrunge. Mir hei nid gloubt, dass es sech dert no chönn yläbe.
Und itz mues i zwüschyne no hurti vo disem Marie verzelle.
Es isch no fasch chlyner gsi u vil bringer als üses. Das Maajeli het sit Jahrzähnten im Pflegeheim gläbt, isch aber regelmässig zu sym Brueder i d Ferie cho u de alben i Cheer zu de Bure ga zmittagässe. Di zwöi Wybli sy gsi wi Füür u Büchsepulver. We me nid ufpasst het wi ne Häftlimacher, hei si sech bim Chybis gno un enand d Bürzi erdünneret.
U wär hocket du z Frienisbärg i däm Ufenthaltsruum u macht e Pöögg wi nes Tubehuus? Das Maajeli. Mir hei gäng schwerzer gseh. U wi geit's du? Di zwo hei no jahrelang am glyche Tisch gässen u nie meh Notiz gno vonenand.
Üses Marie isch über achzgi worden u glücklech gsi dert obe. Nume bim Bade het es ta wi nes Unghüür, es het gäng gmeint, si wölli's ersöife. Mir sy no vil zuen ihm, u we me's gfragt het, öb es wider wett heicho, de het's gseit: „I cha hie besser loufe weder uf der Bsetzi, u d Bure chöi kener Lüt bruuche, wo nümm chöi wärche!"
Es söll sogenannti Normali gä, wo im Alter uvernünftiger tüe als üses körperlech u geischtig starch behinderete Marie. Däm tüe syner verchrüpplete Füess itz scho nes Zytli nümme weh.

Nu tanz, nu tanz, Mareieli, tanz!
Du hesch es gewunnen, e Rosechranz!

Vom Läbe u vom Stärbe

Allerheilige steit vor der Tür, für d Katholike der Gedänktag a di Verstorbene. Aber für die vo den andere Konfessione u die, wo meine, si gloubi gar nüt, wär's ou nid dernäbe, we si sech einisch chly Gedanke miechen über ds Stärbe. Der Tod wird hüt als öppis Unnatürlechs u grouehaft Bedrohlechs aagluegt, mi wott am liebschte nüt dervo ghöre.

Mir hei verlehrt, ne z akzeptiere als Bestandteil vom Läbe, wo so sälbverständlech derzueghört wi ässen u schlafe, wi lachen u gränne, wi lehren u vergässe.

Mir läben ire gstörte Zyt. Uf der einte Syte wird ds Läbe vo Hunderttuusigen uf ds Spil gsetzt dür dä Rüschtigswahnsinn, dür ne Technik, wo jedes Määs verlore het, düre Vercheer, wo usser Rand u Band graten isch. Uf der andere Syte bekämpfe mer der Tod wi ne Find, verlängere di letschten Aatezüg uf nen unwürdigi Art mit Schlüüch u Dräht u raffinierte Maschine, u we's de glych mues sy, tüe mer, wi we ds Stärben unaaständig wär, bringe der Totnig dür nes Hintertürli ine unpärsönlechi Lychehalle und achte sorgfältig druuf, ömel ja niemerem z begägne mit em Sarg. „Mitten wir im Leben sind von dem Tod umfangen!" het men albe gsunge. „Memento mori!" het's gheisse, dänk dra, dass ou einisch drachunnsch. Überleg der, was de denn für ne Gattig machsch, läb eso, wi wenn hüt dy letsch Tag wär. Früecher sy di meischte Lüt deheime gstorbe. Wenn's isch sowyt gsi, hei di Aaghörigen es Vaterunser bättet u ds Löifterli ufta, dass d Seel het usechönne. Bis zur Beärdigung isch der Totnig deheimeblibe, d Lüt vom Dorf hei Kondolänzbsueche gmacht u d Blueme pärsönlech abgä.

Us jedem Huus isch öpper z Lycht, das het sech ghört. Aber hüt kennt me enand ou i de Dörfer nümm, ds Grüesse chunnt ja ou gäng meh us der Mode.

Es het ou Abergloube gä. So het zum Byspil der Steichuz als Totevogel gulte. „Wenn d Wiggle schreit, wird gly einen usetreit." Mi het tatsächlech vor eme Todesfall di Wiggle hüüffig ghöre brüele, aber das het e ganz natürlechi Ursach gha. Di Vögel hei gärn i alte, hohle Hoschtertböim gnischtet, naach bi de Hüser. Mi het der Tagesablouf no nid ufe Chopf gstellt u Liecht bruucht bis i alli Nacht yne. We's amen Ort no spät isch heiter gsi, het i de meischte Fäll eme Schwärchranke müesse gwachet wärde. Das ungwanete Liecht het de di Chuzli aazogen u chly drusbracht, u so sy si ganz uschuldig zumene schlächte Ruef cho.

Mi isch früecher sicher nid lieber gstorben als hüt, aber der Tod isch nid so uf em Stumpeglöis gstande, guet versteckt, dass me sech ja nid dermit mues befasse. Di veränderete Läbesumständ hei vil vo däm unmüglech gmacht, wo eim albe zwunge het, sech mit em Gedanke a ds Stärben usenandersetze. Mänge het e besinnlechi Minuten ygschaltet, wenn er am Strasserand het müesse warten und e Lychezug verbylaa.

E Kollegin het mer verzellt, wi si vor bal dryssg Jahr imene chlyne Dorf im Loufetal het Schuel gha. Wenn dert öpper gstorben isch, sy d Schuelchind jedesmal im Lychezug mitgloffe. Wenn ds Toteglöggli tönt het zum Zeiche, dass eine d Ouge zueta het, isch d Schuel e Momänt blybe stah, und alli hei still es Gebätt gseit, u we's grad mitts imene Schuttmätsch gsi isch. E sinnvolle Bruuch, schaad derfür, wenn er abgschaffet worden isch.

Im Tirol git's es Örtli, wo si nume ganz e chlyne Fridhof

hei mit weeni Härd. We si bi de Greber hinderfür müesse, chöme d Schädle no ganz unversehrt wider füre. Der Totegreber tuet se suber putze u malet jedem der Name, der Todestag un es Bluemechränzli uuf. Uf eme Gstell im Beihuus wärde de di verzierte Totechöpf usgstellt. I ha das einisch im Fernseh gseh. Zersch han i's makaber gfunde, aber nächär het's mi beydruckt, wi rüejig u glasse dä Totegreber über sy Arbeit gredt het. So wär's eigetlech richtig, het's mi du düecht, uf di alltäglechi, sälbverständlechi Art u Wys sött me mit em Tod chönnen umgah.

Einisch bin i mit myr Schwöschter z Wien i de Katakombe gsi. Dä Bsuech i der unterirdische Gruft isch für mi zumene richtige Schlüsselerläbnis worde. Under em Stephansdom het es wytlöifigi Hölinen und Halle, wo vo der Stadt mehreri Jahrhundert lang als Begräbnisplatz sy bruucht worde. Mi het di Särg eifach dür nen Öffnig la aberütsche, bis voll isch gsi, u nächär chly wyter änen es Loch ufta. Mit der Zyt isch der Platz du knapp worde; mi het aafa ufruume, di Chnoche sortiert un i sogenannte Karner süberlech ufbige, hie Arme, hie Schänkle, hie Schädle. I ha kei Ahnig, wivil zähtuusig ehemaligi Wiener mi dert us läären Ougehölinen aagluegt hei, es isch es unbehaglechs Gfüel gsi. U plötzlech isch mer bewusst worde, dass jede Chopf einisch e läbige Mönsch isch gsi, wo grossi u chlyni Erläbnis het gha, wo glachet u grännet u sech ybildet het, är syg wichtig und einmalig. We me nid völlig verboret u abgstumpft isch, chunnt me dert aben ab em höche Ross.

I ha so ne Troum. I wett di Mächtige vo der Wält u die, wo im Hintergrund a de Fäde zie, mitenand dert unden yspere. I tät sen i der Ornig fuetere u gäb ne mira ou es Bett, aber si dörften ersch ufecho, we si sech geiniget hätte. Vilicht würde si de weniger überheblech u liechtsinnig ihri Machtspili tryben uf em Buggel vo vilne Millione.

Chind tüe sech mängisch scho rächt früech mit em Tod beschäftige. E Frou het mer vo ihrem Grosschind brichtet. Ob är ou einisch mües stärbe, u wenn ächt? het dä Büebel gwunderet. Der Liebgott säg ihm's de scho, wenn's nache syg, het er Bscheid übercho. Nach eme Cheerli isch er cho säge, er heig ihm's itz grad achegrüeft, er mües no vier Meter warte.

E Lehreren im Oberland het einisch mit der Klass über ds Stärben aafa rede, wo grad e Lycht vor em Schuelhuus düren isch. „Also", het si gseit, „der Lyb chunnt i ds Grab, u de d Seel?" Es isch lang still blibe. Schliesslech het sech eis gmäldet: „Ds Eel (Oel) chunnt a Salat!" het es fürebrösmet. Lachet nume nid z lut, mir sy ou überforderet vo der Problematik.

We der itz meinet, das syg würklech es troschtloses Stübli, mir heig's allwäg usghänkt, de dänket einisch chly drüber nache, ob der nid ou scho chly aagchränklet syt vo der ungsunden Ystelig, nüt dervo wölle z wüsse. Mir isch nämlech überhoupt nid trüebselig z Muet. Sicher weis i's de ersch, we's mer sälber a Chrage geit, aber i gloube, i heig nid Angscht vor em Tod. Aber i läben eifach gärn, u drum tät's mi scho röie, wenn i morn müesst abträtte. Im Übrige han i's ähnlech wi der alt Vorderhuusbuur i Simon Gfellers Heimisbach. Dä het gmeint, bis itz heig das no jede chönne, de wärd är's wohl o fertigbringe.

Original

Ei Tag isch der Buur mit em Grosi u mir syne Bitze nachegfahre, für is z zeige, wi schön Weizen u Gärschten errunne syge. Mir hei ds Land chly wyt verteilt. Im Moos äne het er plötzlech gseit, genau hie syg albe ds Hüsli gstande. Mir zwo hei fasch es Aha-Erläbnis gha. Sit Jahre hei mer nie meh a dä alt Chutter dänkt, wo albe da sys Tätschhüttli bewohnt het, mitts i der Äbeni, wyt ab vo andere mönschleche Bhusige. Sy Name hei di wenigschte kennt, alls het ihm nume „der Einsidler" gseit. Es isch e gäderige Männdel gsi, mit kantigem Gsicht, scharfer Nasen u stächigen Ouge. Win er derzuecho isch, so mueterseelenaleini z husaschten u syner eigete Wääge z gah, het eigetlech niemer rächt chönne säge. Vo Frömdelegion isch gmunklet worde, vo Amerika u grossem Rychtum, alls verlore – was d Lüt äbe so wüsse, we si nüt wüsse. Der Einsidler het sech nüt um di Grücht kümmeret. Ab u zue het er chly öppis taglöhneret, allwäg meh zum Zytvertrib. Me het ömel albe fasch ds Gfüel übercho, är erwysi eim en Ehr, wenn er sech abegla het, paar Wedele z mache.
Er het sech wytgehend sälber versorget uf syne paar Are, het Chünglen u Hüener gha un alls aapflanzet, wo het wölle wachse. Im Summer isch sys Tschuepetli e blüejigi Wildnis gsi, im Winter dänk weniger romantisch, so ohni Strom u allne Lüften usgsetzt. Aber der Einsidler het vo niemerem nüt verlangt, er het nume wöllen i Rue gla wärde. Er isch es Original gsi.
Im Lexikon heisst es: Original, das (lat.), Urschrift, Urbild; eigentümlicher Mensch, Sonderling. I ha ne Schwechi für Lüt, wo chly us em Rahme gheie, für Lüt, wo chly an-

ders sy alls alli. Si sy i de meischte Fäll ou unabhängig. Wenn i so zruggdänke, chunnt mer e ganzi Zylete vo Lüt i Sinn, wo me hüt als Original würd bezeichne, wenn es se no gub.

Der Emil het alben e Lähnstuel i Veloaahänger gstellt u sys alte Müeti drygsetzt, u nächär sy si zämen a ds Jodlertheater. Glych het's ds Rösi gmacht, aber es het de es Eiachstraktorli gha u mit däm d Mueter u ds Gartewärchzüüg i Bohneblätz gutschiert. Der Wäutu isch regelmässig am Nöijahr cho alls Guete wünsche u het e Stumpe u öppen es Glesli kassiert.

Einisch het er mer e himellängi Gschicht verzellt, aber er het ganz undütlech gredt, drum han i nume verstande, my Maa syg e liebe Cheib. Der Räschte wird wohl o gstumme ha.

U de ds Gletteremarie. Das het als jung uf em Schloss Eugensbärg wölle Zimmermeitli gsi sy, ei Wuche roserot, ei Wuche himelblau aagleit, u het tüür u heilig behouptet, es heig der Trumpeeter vo Säckinge meh weder einisch ghört blase. Em Julius hei mer albe der Schigg under em Bank müesse füreruume, wenn er hei isch, u der Wagner näbedra isch so gytig gsi, dass ne no der Rouch groit het, wo gratis zum Chemi uus isch.

Eini vo de markantischte Figuren isch der Aazeigerjoggi gsi. Er isch chlyn gsi, het Ixbei gha un isch cho z pflotschle wi ne Änte. Bim Schnuufe het er gäng so gschnuuset, drum het men ihm ou „Bysluft" gseit. Jede Frytig isch er mit em Aazeiger cho, het aber ou süsch no allergattig grützet u ghändelet. Di Meiestöckli us farbigem Kreppapier, won er baschtlet u für paar Rappe verhützt het, sy für üs Chind öppis zouberhaft Schöns gsi. Hüt tät's mi tschuderen ab dene Stoubfänger. Er het genau gwüsst, bi wäm er was chönnt ergattere. D Chäsersfrou het ihm zum Byspil gäng Konfitüre gä u jedesmal gseit, er söll ere de ds Glas umebringe. Kobi het ärschtig gnickt, aber es isch nie eis umecho. Dä mues feiechly es Glaslager gha ha. Gwohnt het er zumene ganz bescheidene Zins imene alte, boufällige Ghütt. Er het sech sälber dürebrunge un isch niemerem zur Lascht gfalle. Nume mit den andere Mieter isch er nid gäng yverstande gsi. Si mit ihm jedefalls o nid, es wird hin u wider luschtig zuegange sy. Einisch het Kobi mym Vatter sys Leid gchlagt: Houdi mi aapöit, gäu, doch e Douhung. Der Vatter het ihm abglost u zuegsproche. Das syg würklech nid grad aaständig vo däm Housi, aber är söll itz nid ga zruggspöie, är söll einisch der Gschyder sy. Kobi isch tröschtet abzottlet mit der Überzügig, es gäb doch no vernünftigi Lüt uf dere ghögerige Wält obe, mi mües se nume wüsse z finde.

Wenn i hüt gseh, wi rarer u rarer settigi Sonderlinge wärde i myr Umgäbig und überhoupt, git mir das z dänke. Alli die, won i vo ne gredt ha, u no ne Huuffe derzue, hei under üs gläbt. Natürlech het me se nid alli gäng für voll gno, natürlech het's Witze gä uf ihri Chöschte, aber si hei uf ihri Art am Dorfläbe teilgno, sy e feschte Bestandteil vo der Gmeinschaft gsi, hei derzueghört. Wo wett so ne Kobi hüt no wohne? Ire tuusigfränkige Blockwonig vilicht? Me steckti ne ines Heim. Ou der Einsidler wär vermuetlech lengschten entmündiget u versorget, wül me's hüt als unverantwortlech würd aaluege, en alte Maa i derewäg mönschenunwürdige Verhältnis la z vegetiere. U mitts im hochproduktive Kulturland hätt so nes Hüttli mit Gärtli ou nüt meh verlore, oder?

Ds Original vomene Kunschtwärk isch unerchannt wärtvoll wäge syr Einmaligkeit. Nume di ganz Privilegierte chöi sech hüt no settigi Koschtbarkeite leischte.
Es mönschlechs Original steit für Wärte, wo me mit Gäld nid cha zale. We si verschwinde, sy si für gäng verlore, genau so unersetzlech wi nes Bild oder e Skulptur vomene grosse Künschtler. I meine pärsönlechi Freiheit, Toleranz, Verantwortigsgfüel, Ächtheit, Ursprünglechkeit Vilfalt, Läbensqualität. I ghöre sicher nid zu dene, wo am liebschte i ds Mittelalter zruggmöchte, wül früecher alls syg besser gsi. Aber mi düecht glych mängisch, mit üsem sogenannte Fortschritt syg öppis schiefgange. Mir wärden unmerklech gäng meh kontrolliert, reglementiert, glychgschaltet. Wo vor Jahre i üsem Dorf strängi Bouvorschrifte sy i Chraft trätte, het eine gstöhnet, Gruppli mögi no grad yne, aber für Stangebohne bruuch's itz es chlys Bougsuech, u Schwalbelinäschter sygi ab sofort bewilligungspflichtig, das syg e Fassadeveränderig.
Mir sy allizäme Original, das möcht i wider einisch in Erinnerig rüefe. Mir müessen üs sälber sy, nid das, wo me us is wott mache. We mer nid ufpasse, besteit d Mönschheit eines Tages nume no us vilne glychlige Kopie, wo vil billiger, gäbiger u bruuchbarer sy als di unbequeme Original vo früecher, wo me sogar no het müesse Sorg ha derzue.

Fröhlechi Wienacht

E Thuner Läser stosst sech a myr Hoschtert. Das syg lätz, meint er, das leiti sech vo Hofstatt ab u mües Hoschtet heisse. Es isch nid e faltschi Form, numen en anderi. Vom Oberaargou bis i ds Oberämmital isch Hoschtert gebrüüchlecher. Der Simon Gfeller schrybt ou eso, i bi also i gueter Gsellschaft. Um Bärn ume und obsi druus heisst's ender Hoschtet. I säge Höschtertli, my Oberhaslermaa seit Hoschtettli, aber zangget hei mer no nie derwäge. Wyter wird mer aagchrydet, i schrybi „i ha gä" statt „i ha ggä", wi's d Ruth Bietenhard u der Werner Marti vorschlö. Erschtens wärden i üser Gäged di starche Konsonante zimli weich usgsproche, mi ghört fasch kei Unterschiid zwüsche „gloubt" u „ggloubt". Es zeigt si hie scho der Yfluss vo de Soledurner, wo düe danze. U zwöitens passt's mer eifach nid. I stogle mi allimal a dene gg u bb bim Läse, drum han i's für mi vereifacht. Mit Vergnüege zitieren i hie d Frou Bietenhard: „– d Schrybwys isch u blybt di grossi Freiheit vom Bärndütsche!" (Stübli vom 6. Dez. 86)
Wenn i a mir luege, isch d Entwicklig vo der pärsönleche Schrybwys e Prozäss, wo nie ufhört. Ufmerksami Läser hei vilicht gmerkt, dass nume scho imene Jahr das u disers gänderet het i myne Bytreeg, u das wird vermuetlech wytergah. Aber i tue mer gäng ganz gründlech überlege, öb ds Nöie würklech besser isch weder ds Alte. U we me mi zu öppis probiert z zwinge, won i nid wott, chan i stur sy wi ne Mulesel. I halte mi absichtlech usen us der Schlacht, wo wüetet zwüsche de Verfächter vo absoluter Mundarttröji u de Befürworter vor liechte Läsbarkeit. Es chöme nämlech beidi nid ohni Kompromisse uus. I wott ou nid anderne

predige; i halte mi eifach a das, won i für my Fall als richtig erchennt ha. I helte meh gäge di läserfründlechi Syte, ha mer aber am Aafang glych Gedanke gmacht, öb's ächt ganz ehrlech syg, Hund z schrybe u Hung z säge. Sider isch mer scho meh weder einisch gseit worde: „Wenn i dys Stübli lise, ghören i di rede!" Uf my Ywand, i redi eigetlech nid ganz eso, überchume i nid sälte di verwundereti Antwort: „Das han i itz no nid emal gmerkt!" He nu. Wär's am Änd dänkbar, dass d Bedütig vo der Schrybwys es birebitzeli überschetzt wird?
Gnau gno han i's nie als my Ufgab aagluegt, z theoretisieren u Sprachproblem z wälzen im Stübli. Anderi sy da beruefener. Drum gahn i itz lieber wider i ds Praktische. Heit dir o gärn Spanischi Nüssli? I ghöre süüfzgen u stöhne. Ja ja, si sy e Süüch u ne Sucht u ne Fluech u ne Heimsuechig, aber d Husfrou isch guet berate, we si d Waffe scho grad vo vornhery streckt. E Kampf isch nämlech ussichtslos. Si bräche über eim yne wi nes Naturereignis; wo men abtrappet, chräschlet's, wo men abhocket, stübt's. Jede Tisch, jede Stuel isch voll Hütli, u der Hund het der Balg voll Brösmeli. Är schetzt sen übrigens ou, verchätschet se, wööjelet d Schalen use u frisst nume d Chärne. Liebi Frouen u Manne, o we der gärn e suberi Wonig heit, traget's mit Fassig. Es isch öppis wi Spitzi Blaatere, heftig u leschtig, aber churz u relativ ungfährlech.
Mir choufe Nüssli u Mandarine grad sack- u chischtewys. Der Nachber bringt is alben ufe Chlousetag. Aber di erschte git's gäng am erschte Dezämber, vorhär ässe mer keni, us Prinzip. Das isch e heiligi Tradition, und üser lengschten erwachsene Sühn achte sorgfältig druuf, dass si nid verletzt wird.

I darf's fasch nid lut säge: Mir finde der Advänt e schöni Zyt u hei gärn Wienachte. Solang i weis, hei mer gäng en Adväntschranz gha, und ou der Kaländer het nie gfählt. I bsinne mi a eine, wo d Mueter sälber het baschtlet gha. Si het Zündhölzlidruckli mit Stoff überzoge, schön garniert und uf nes rots Band gchläbt. Jede Morge hei mer eis dörfen uftue un es Zückerli, es Wybeeri oder e Haselnuss schnouse. D Tante mit em Lädeli het albe der Schoggelaboumschmuck brunge, wo si nid het chönne verchoufe. Für üs e schier unaaständige Luxus.

Üsi Mariann het so Fröid gha amene Chrippebild u gäng vom Esuschindli gredt. Müesam het me re bybringe, das heissi Jesus. Si findi das ke schöne Name, het si erklärt, si hätt däm Chind Seppli gseit. Der Simon het nid grad zu der stillere Sorte ghört, aber e roti Wienachtschrugle mit ybouter Spildose het ne total verwandlet. Stundelang het er imene Egge chönne höckle, am Schnüerli zie u verzückt lose, wi das märlihafte Wunderding „Stille Nacht" glöggelet het. Mir sy fasch am Rand vom Wahnsinn glandet.

We me chly Rue het wölle, sy Cherzli es unfählbars Mittel gsi. Mir hei albe paar uf nes Ladli gchläbt un aazündtet. De het sech di ganzi Rasselbande dervor versammlet und aadächtig i das Liecht gstuunet. Mir bruuche no hüt vil Cherze.

I hoffe, üsi Chind chönne als Grosseltere ou einisch uf schöni Erinnerige zruggluege.

Mir gseh d Uswüchs vom hütige Wienachtsbetriib ou u finde's überhoupt nid luschtig, we si eim scho im Oktober wei Läbchueche verchoufe un i de Läde Wienachtslieder düderle, we verusse no d Bletter a de Böim lüüchte. Aber di ewig glychligi Breiammlete vo der Vermarktig vom

Wienachtsgedanke saaget mir am Närv. We jede, wo wehlydig i di Litanei ystimmt, eifach nid tät mitmache, hörti dä Rummel gradeinisch uuf. Dernäbe finde mir ds Schänken öppis Schöns. Ds Grosi het lang schmal düremüesse, u grad ei Tag het es gseit, win äs das gniessi, e ganzi AHV chönne z verputze für Päckli, wenn es wett.
Früecher han i no genau gwüsst, wi d Wält sött sy, denn han i mi albe gergeret über di vile Liechterböim verusse. Won i du a den eigete Chind gseh ha, wi die e Fröid hei, isch mer i Sinn cho, win i einisch ab em Chötteli cho bi wäg ere lüüchtige Tanne näb em Stadttheater. Sider gfalle si mer wider.
Mir lö üs d Feschtfröid nid verderbe u fyre uf üsi Gattig. Wi mer das mache, für das han i itz kei Platz meh. Vilicht verzelle nech de das im sächsezwänzigschte Stübli.
Einschtwyle wünschen i allne e heiteri, fröhlechi Wienachte u der Muet, nid nume Fröid z ha, sondern sen ou z zeige.

1987
Es geit wyter

E guete Vorsatz

Eismal bin i i ds Spintisiere cho über ds Phänomen Zyt. Aber es isch no schwirig, i Wort z fasse, was me höchschtens chly cha gspüre.
Won i ha beschlosse, d Schuel ufzgä, han i mi richtig gfröit uf di freji Zyt, won i de heig. I ha dänkt, win i de chönn läse u male u vor allem schrybe. U wenn i itz zruggluegen uf di paar Monet, won i jede Tag dervo gnosse ha, de wott's mi glych bal düeche, zu vil meh heig's eigetlech nid glängt als denn, won i no däwäg i de Stricke gsi bi. Guet, i bi nid uf der fule Hut gläge, aber was genau han i gchnorzet, was han i mit myr freie Zyt aagfange?
I probieren itz, ysig jede Tag öppis z schrybe. Vilicht mängisch nume zwe, drei Sätz oder e Zyle vome Gedicht, es geit ja nid gäng glych ring. Aber i wott eifach i paarne Wuche chönne säge: So, das isch e Teil vo myr Zyt, i cha's aarüere, aaluege, läse, das het usegluegt. Gspunne, gället. Wi we me so öppis chönnt sichtbar mache.
So ne trüebe Jänertag isch grad richtig, für chly z brattige.
Es isch e merkwürdigi Sach mit der Zyt. Mir vergüüde se, spare se, mässe u teile se y, mir verlüüre se, gwinne se u schlö se z tod. Der Zyt isch das alls glych. Si chunnt u vergeit; öb mer se nutzen oder vertüe, louft ere uf eis use. Grad wi ds Läbe. Das fliesst ou eifach u kümmeret sech nid um das, wo mer drus mache. U we mer am Änd mit lääre Händ dastö u frage: Isch itz das alls gsi? de isch das nid sy Fähler.
Dass mer gäng alls wei i Griff übercho! Mir läbe halt imene chopflaschtige Zytalter u gloube nume no a das, wo me mit eme vo Mönsche konschtruierte Apparätli cha kontrol-

liere, a das, wo me cha bewyse u mit sichtbare Zeichen uf eme Papier feschthalte. U mir vergässe das, wo me nid zwüsche Aktedechle cha ablege, das, wo me nid cha ergryffe un i Sack stecke. Aber das isch äben o da, mir merke's nume nümm, üser Hirni sy z grob derfür. „Man sieht nur mit dem Herzen gut!" seit der St. Exupéry.

I kenne da en eltere Maa, dä tuet mer albe der Buchs schnyde im Garte. Er isch no en Exakte, un einisch han i ömel zimli Gjätt gha u mi halb entschuldiget, i heig halt nid fürigi Zyt. Da het er troche druf gseit: „Nume guet, dass gäng nöji nachechunnt." Dä Spruch isch mer blibe. Da steckt e grossi Wysheit drinn.

Was hinden isch, isch gmääit. Me darf nid hindertsi dür ds Läbe loufe. Über verschütteti Milch söll me nid gränne. Alls gschydi, bewährti Erkenntnis. Aber was verby isch, isch nume vergange, nid usglösche. Was mer erläbt, dänkt, gmacht, empfunde hei, das würkt in is wyter, beyflusst üses Verhalte; me seit däm Erfahrig. Mir hei kei Ahnig, was mir alls mit is umetrage a Schönem u Wüeschtem, wo ds Hirni lengschte vergässe het.

Ähnlech geit's mir mit der Zyt. I meine nämlech mängisch, i gspür d Vergangeheit. Aber wi sägen i itz das am eifachschte? Es isch wi Näbel ysammle oder Seifeblaatere faa oder e Rägeboge ines Druckli spere. Zu jeder Zyt hei doch Mönsche wi mir alli gläbt, glachet, gränNet, glitten u Fröid gha. Es wott mir nid yne, dass vo der unghüüre Mängi vo Energie nüt meh söll vorhande sy. Es git Ougeblicke, won i d Läbeschraft vo de vergangene Jahrhundert fasch körperlech gspüre. Zum erschte Mal isch mer das uf der Patäntreis passiert, z Rom im Forum Romanum. Mir hei scho nes rächts Pänsum hinder is gha u sy alli chly müed i dene Ruine umegstopfet. Da chöme mer zumene Würfelbrätt, wo vor zwöituusig Jahr ine Marmorstägetritt isch ygchratzet worde. Undereinisch han i ds Schnäderen um mi ume nümm ghört, u d Erklärige vom Dr. Flückiger hei ou nümm bis zu mir möge. I ha nume no di Soldate gspürt, wo sech da mit Spile hei d Zyt vertribe, wi my Maa hüt geit ga ne Jass chlopfe. U di spetere Generatione, wo vilicht ohni sech z achte über di Chrine tschalpet sy, han i plötzlech um mi ume gha, i hätt nume bruuche d Hand uszstrekke. I ha's niemerem gseit, die hätte sech kabuttglachet. Vilicht lächeret's öich o, aber hüt man i's verlyde.

I bi unerchannt empfänglech für Stimmige, wo vo Örtlechkeite usgö. Alte Hüser bin i bsunders verfalle. Teil chöi nämlech rede, i ghöre's albe guet, nume verstahn i's nid. Es git es Buech vo der Nora Lofts: „Menschen kommen und gehen." Di Gschicht ziet sech über Jahrhunderti u handlet vomene elisabethanische Landsitz u der magische Würkig, wo das Huus uf syni Bewoner usüebt. Entweder sy sin ihm lydeschaftlech zuegneigt, oder si hasse's äbeso innig u wette's am liebschte zämeschla. Es tönt vilicht chly überspannt, aber sit i MYS HUUS gseh ha, weis i, dass es das git. Bekannti z Norddütschland hei dranume gmacht, e Kotten z choufe, es Gesindehuus, wo früecher zu jedem Burebetriib ghört het.

Mir sy das ga luege, u mi het der Blitz troffe. I ha gwüsst, das isch dys Huus, das het zwöihundert Jahr uf di gwartet, aber du chasch es nid ha. I hätt mi für das vernachlässigete Ghütt i der verwilderete Umgäbig bis über d Ohre verschuldet, wenn i d Müglechkeit hätt gha. Üser Fründe hei sech nid chönne entschliesse, es isch undere Hammer cho. E ryche Chnüder het's gchouft u vermuetlech z Tod renoviert. I gah's niemeh ga luege. Und einisch han i eis gseh a der Corniche d'Or, e schmucklose, abwysende Steichaschte uf eren einsame Felsnase. Di unbekannti Vergangeheit vo däm Chlotz het mi a allne Haare zoge. I ha zu myne Begleiter gseit, wenn i nüt müesst uf ds Gäld luege, chief i di Hütte, u de chönnt mer d Wält i d Schue blase. Di eistimmigi Meinig isch gsi, i heig en Eggen ab.

I weis i halb Europa Hüser, wo mit mer brichtet hei. Wenn i chönnt, tät i se sammle wi ander Lüt Briefmargge.

Mir hei ganz es schöns Huus, es gfallt allne, aber säge tuet's no nüt. Es cha mer ou nüt verzelle, won i nid scho weis, i bi vil elter.

Das sy doch allszäme Hirngeschpinscht! dänket der itz. Müglech. Näht der Computer füre u bewyset mer, dass i nid rächt ha.

Es nöis Jahr het aagfange. Gueti Vorsätz schwire zu Tuusigen i der Luft ume, fasch jede wott sech irgendwie bessere. I der Praxis vo üsem alte Dokter isch e Spruch a der Wand ghanget: „Du kannst dein Leben nicht verlängern, noch verbreitern, nur vertiefen." Das isch itz my Vorsatz.

I wünschen öich e gueti Zyt. Im Fall der söttit zweni ha – es chunnt gäng nöji nache.

Us der Schuel plouderet

Früelig. – Wenigschtens nach em Kaländer. Hüt, won i das schrybe, e gueti Wuche, gäb der's z läsen überchömet, isch's mer ömel dinne no wöhler weder dusse. Es chuttet e suuri Byse undenufe, es mahnet eim no nid hert a Früelig.

Es git zwar scho Aazeiche. I der Hoschtert schnadelen es paar Buschele Schneeglöggli i däm rässe Luft, Krokus gütterle vor sech häre, d Aprilglogge probiere hübscheli ihres gälbe Hemmeli usenandzfalte, und im Weier zeige sech under Wasser di erschte grüene Spitzli. Es wär alls vor em Loch, es bruucht nume z cheere, de isch der Früelig da. Der Winter wehrt sech no, aber er kämpft uf verlorenem Poschte, so wi i däm Theäterli, won i a mym erschten Exame ha ghulfen uffüere. I bi nes Veieli gsi, u der Winter het mer d Fuuscht under d Nase gha, wül i se z früech ha füregstreckt.

Der Schuelschluss heisst no a vilne Orte Exame, o wenn er scho lang nüt meh mit ere Prüefig z tüe het. Zu myr Zyt isch's no chly öppis eso gsi. Mir hei zersch gläsen u grächnet u zeigt, was mer chöi, und ersch im zwöite Teil isch es de a ds Singe, Ufsäge u Theatere gange. Das Exame isch e wichtigi Sach gsi. D Meitli hei e nöji Schöibe u d Buebe es nöis Hemmli übercho, u der Examebatzen isch für vil Chind ds einzige Gäld gsi, wo si ds Jahr uus hei i d Hand übercho. Der Tag vorhär sy mer alben i Wald ga Efeu u Chriis reiche u hei üsi alti, schäbigi Schuelstube mit grüene Girlanden u farbige Papierbluemen useputzt.

Schuelschluss. Itz isch's es Jahr, dass für mi z grächtem isch Schluss gsi. Ersch es Jahr oder scho nes Jahr? Es isch alls scho so wyt eẅäg, dass i mi mängisch grad mues bsinne, wi das nöie gsi syg. U drum schryben i itz no chly öppis dervo uuf, bevor i's us ganz ere vergangene Wält mues ga zruggreiche.

My erschti Stell han i no während der Seminarzyt aaträtte. Mir hei zu den erschte ghört, wo im letschten Usbildigsjahr es Semeschter hei i Landysatz müesse wäge däm grebelige Lehrermangel, wo denn grassiert het. Es sy nid di liechtischte Stelle gsi, wo di Seminarschüeler hei müessen übernäh. Uf der Egg im Oberämmital, wo's mi häregschlage het, hei d Nünteler uf füfzäh verschideni Lehrer müesse zruggluege. Es isch e Gsamtschuel gsi, wo denn grad isch teilt worde, wül zimli überraschend zwo Familie mit meh als eme Dotze Chind zuechezüglet sy. Me het du eifach i der Lehrerwonig oben im Schuelhüsli e Wand usegschlage u paar Pultli drygstellt. U das isch o scho grad di ganzi Organisation gsi. Si hei rächtzytig aagfange dert obe, i ha kener Ferie gha, für längi Vorbereitige z träffe. Won i am Tag vor Schuelbeginn bi ufecho, isch ussert denen alte Pult buechstäblech nüt vorhande gsi. I ha myni schöne Seminarplän grad chönne furtschiesse. Der Lehrer Schär, wo i syne Ferie afe drei Wuche dert obe Stellverträtig gmacht het, bis de eine für chly lenger het sölle cho, het mer paar Bleistift un es Bygeli Zeichnigsbletter gä. I ha grad em Schuelpresidänt aaglütet u gfragt, win är sech das vorstell, mit nüt chönn i gwüss nid Schuel ha. „Dir müesst mit dene Stiine muure, wo der hiit!" het er mer seeleruehig empfole. I bi zersch fürchterlech gschwumme, aber der Lehrer het mer zwägghulfe, so guet es isch müglech gsi. I ha no mängisch dankbar ane dänkt. Es isch du glych e gföite Summer worde. Di Chind vo denn chöme mer hüt ganz unwürklech vor. I dene sächzäh Wuche han i nid einisch es luts Wort gseit. Folge, Ornig ha u Schaffe isch für die sälbverständlech gsi. Settigi paradiesischi Zueständ han i speter niene meh aatroffe.

Es paar vo dene Chind gsehn i hüt no vor mer. Allne vooraa der Fritz, dä isch en unwahrschynleche Tröchni gsi. Einisch het eine gfunde, i heig scho chly dünni Ärmli. „Aber

Chraft isch drinn!" het Fritz gmeint. I der Buebeschuel ha ne gäng müesse vorsinge, da hei si nie gnue übercho. Bim Heideröslein het's der Albärt wunder gno, wär ächt das erfunde heig. Der Schubert heig's komponiert, han i gseit. Fritz het ne gmüpft: „Hesch ghört, der Schubärt, nid der Aubärt!" Won i der rundlech Dani gfragt ha, öb er o chönn schifahre, het dä nid so rächt wölle userücke. Aber Fritz het gwüsst, wo d Chatz im Höi ligt. „Z dick!" het er troche gmacht.

Di erschti richtigi Stell nach der Patäntierig isch ou im Ämmital gsi, aber wyter nide und ime Grabe hinder. Es het dert o feini Chind gha, nume reservierter als die uf em Hoger obe. D Landschaft prägt eifach d Lüt echly. Einisch het d Musig Familienaabe gha im Pintli vore. Öb i o z Tanz gang, het eine wölle wüsse. Ja ja, allwäg scho, han i gseit. Druuf het er mi ganz lang betrachtet u nächär syner Überlegige churz u prägnant i Wort gfasset: „Wenn i grösser wär, chäm i o!" Denn isch di Zyt gsi, wo bal jede Latschi gmeint het, är mües d Eigernordwand uuf. Mir hei ömel o dervo gha und unter anderem e Bärgstyger zeichnet. Pöilu het e Prachtskärli i d Wand ufeghänkt, un i ha ne grüemt. „Wettsch nen öppe grad hürate?" – „Nenei, söfel guet gfallt er mer de wider nid!" – „Äbe gäll, du hesch ja eine!" het Pöilu vätterlech gmeint.

Mit den Eltere het's fasch nie Problem gä. Aber es sy o nid alli mit mer einig gsi. Churz vor der Sekprüefig isch mer ömel e Vatter cho a ds Härz lege, i söll de dasmal chly besser luege. Bi Köbun syg's ja glych, dass er gfloge syg, dä wöll Chäser. Aber Hänsu wöll Vehdokter, dä mangleti allwäg scho i d Sek.

I de spetere Stelle bin i natürlech o mit dene verschidene

Modeströmige i Berüerig cho. Uf em Schuelsektor wärde so Fürz gäng uf em Buggel vo wehrlose Chind düretürgget, das het mi mängisch verruckt gmacht. Di antiautoritäri Methode byspilswys isch vo de meischten Eltere u vo vilne Lehrer total lätz verstande worde. Mi het eifach alls la tschädere, wi's het wölle, u gmeint, itz bräch de unfählbar ds Paradies uus. U dermit het me dene arme Chind e Suppen ybrochet, wo si hüt no dranne löffle. De Lehrer übrigens o. Me het nid gnue chönne vo verletzte Chinderseele schwafle, aber vo de Lehrerseele, wo bi dene Zueständ es Näggi für ds Läben ufgläse hei, isch weniger d Reed gsi.
Aber i wott nid mit Bugere höre. Öppis vom Schönschte hei mi gäng di erschte Schrybversueche düecht. Eine vo den erschte Ufsätz han i nie vergässe, vilicht wül er so total näb em Thema düren isch: Das vogelen is storpen di anern vogelen si ds vogelen vergraben si sinim go singen tas hatne ge falt. Überschrift: Beim Schreiner.

Graniummärit
Es Gschichtli

Elisabeth Sturzenegger isch ja nüt Usgfallnigs, eigetlech ganz e gwöhnleche Name, aber de Lüt het er's nid chönne. Me het zwar nid nume Moser, Meier u Gärber gheisse, paar Scherteleib, Lugibüel u Abplanalp het's o gha, u süsch no allergattig, wo ursprünglech nid im heimische Härd gwachsen isch. Wäge Francioli, Van Ooyen und Petitmermet het keine näbenume gluegt, nume das donners Sturzenegger het z rede gä.

Es isch natürlech nid nume der Name gsi, sy Tregere het sälber Aagriffsflechine gnue botte, un uf ere settige nahrhaften Underlag errünne d Übernäme wi ds Gjätt nach eme warme Schütteli. Sturzi, Sturzere, Storze u mängs anders isch umegschwiret. D Fröilein Elisabeth Sturzenegger het scho vili Jahr uf der Gmeinschryberei gschaffet. Si isch e sehr tüechtigi Chraft gsi, mi het ihri tadellosi Arbeit gschetzt und ihri flinggi Zunge gförchtet. Si isch nämlech nid uf ds Muul ghocket, we ren öppis nid passt het, un es isch ere pyffeglych gsi, wär si trappet het. „Wenn öppis e Souerei isch, de sägen i däm Souerei!" het ihres Motto glutet. Ihri trääfe Sprüch zu de Tagesereignis sy mängisch regelrächt gflügleti Wort worde, aber Fröid hei nume die dranne gha, wo nid sy gmeint gsi. Gwohnt het d Fröilein Sturzenegger imene moderne, längwylige Chaschte mitts im Dorf. Das Huus het der Gmein ghört, ds Füürwehrmagazin u der Polizeiposchte sy drinn gsi. Als architektonisches Meischterwärk hätt me dä Block nid chönne bezeichne, der Schläppi-Beck näbezueche het gäng gseit, d Gmein heig en alti, gruusigi Hütten abgschrisse, für ne nöji, gruusigi Hütte härezstelle. D Mieter hei sech alli Müei gä, di sterili Fassade chly z verschönere, u hei gwettyferet, wär di höchschte, grüenschte u feissischte Granium heig u bi wäm si zersch blüeji. Nume d Fröilein Sturzenegger isch es Äxtrazügli gfahre, uf ihrem Balkon het nüt blüeit.

Si het d Granium ghasset u keis Gheimnis us der Abneigig gmacht. Mit däm Renommiergstrüpp wöll si nüt z tüe ha, u we si monatelang stupidi, grüeni Straffle wett aagränne, de hätt si ds Gärtnere glehrt.

D Beckerei, es schöns, alts Riighuus, isch albe fasch verschwunde hinder Wälme vo Ville de Paris, Empress, Maloja u Stadt Bern. Füre Schläppi-Beck isch dä läär Sturzeneggerbalkon e Duurbrönner gsi. Er het sech punkto Spitzzüngigkeit und Unerschrockeheit durchuus mit der Fröilein Sturzenegger chönne mässe, u we si d Klinge gchrüzt hei, het's albe zum beidersytige Vergnüege feiechly gchlefelet. Wäge de Granium het er mit allem Chüderle, Zuespräche, Spöttlen u Gusle nüt aren abbrunge. E Balkon heig si zum Drüberusluege, u nid als Trybhuus, u wenn si Studen um sech ume wöll, de gang si i Wald.

Di Niderlag het der Schläppi nid eifach so ygsteckt. Mit der strube Lücken i däm Meiezüüg het er sech nid wöllen abfinde, das mach no e Falle mitts im Dorf! Zersch het er der unbelehrbare Pärson e nöie Übernamen aaghänkt, „Graniumstorze". Dä Schlämperlig isch dankbar ufgno und usgibig aagwändet worde, was der Beck nume halb tröschtet het. Dere wöll er das blutte Loubegländer scho no ytrybe, het er gschwore.

Er het no süsch für ne gängigen Übername verantwortlech zeichnet. D Elisabeth Sturzenegger het näbscht ihrem Antigraniumfimmel no ne zwöiti Marotte gha, wo sech ds ganze Dorf drüber mokiert het. Si isch en überzügti Kunschtstoffgägnere gsi. Konsequänt het si nume Chleider us Naturfasere treit, Schue u Täsche sy numen ächt läderigi i Frag cho, gschribe het si mit eme Holzbleistift oder eme silberige Chugelschryber, un e Schwingbäse mit eme hölzige Griff wär si uf Züri use ga choufe, we si ne niene nöecher übercho hätt. Ganz klar, dass em Beck sys „Plastic-Lisi" der Nagel ufe Chopf troffe het.

D Verhandlige Schläppi/Sturzenegger beträffs Balkonschmuck hei als gschyteret müesse betrachtet wärde. Der wyter Verlouf vo der Aaglägeheit kennt men us der

Gschicht. Währenddäm di einti Partei gmeint het, das Thema syg vom Tisch und ändgültig erlediget, het di anderi i aller Stilli e Fäldzug vorbereitet. Di Sach het ja würklech fasch historischi Tragwyti gha, ömel füre Beck.

Paar Kollege vom Männerchor hein ihm ire handstreichartigen Aktion nach Wirtschaftsschluss ghulfe, der Graniumstorzen ihres Balkongländer mit eme Wald vo üppige Meiestöck z garniere. E Chrieg choschtet vil, u der Schläppi het zimli i Sack greckt. Er het nid gmerkt, dass sy Widersachere däm Fahri hinder em Vorhang mit grimmige Rachegedanke zuegluegt het. Der Fröilein Sturzenegger ihre Grind isch nid weniger hert gsi als syne. Si het di Blueme schlicht und eifach nid zur Kenntnis gno und erbarmigslos la verdoore. Di bruune Girgle hei gly einisch es troschtloses Hefti gmacht. Es het der Beck ganz aagschämt, und er het nid anders chönne, als früsch ume zur Tat z schryte. Di Stöck sy stillschwygend usgwächslet worde, u der Graniumstorzen ihre Balkon het wider blüeit. „Blas mer i d Schue!" het die dänkt u sech o um di nöji Pracht futiert.

Offebar isch es dasmal e bsunders widerstandsfähigi Sorte gsi. Di Granium hei unverdrosse bir brüetigschte Hitz ihri Chöpf ufgstreckt un uf d Strass abezündtet. Schliesslech isch di merkwürdigi Unempfindlechkeit der Fröilein Sturzenegger doch du verdächtig vorcho, u si het di Stude neecher in Ougeschyn gno. Bimene Haar hätt se der Schlag troffe. Tüüschend nachegmachti Plasticgranium het ere der Schläppi-Beck beizt gha.

Zersch het si gchochet. Aber es isch nid lang gange, het se di Kumedi aafa lächere, Witz het er, der Schläppi, das het si müessen anerchenne. Also het si d Waffe gstreckt, wenigschtens vorlöifig. Einisch mües halt öpper ufhöre mit

Stürme, het si gfunde, süsch hör di Chilbi ewig nie uuf. U dass ere ihre Widerpart de scho einisch i ds Mässer louft, uf das het si möge gwarte.

Dä het sech gsunnet. Der Siig isch ne zwar ordli tüür cho, aber er het ihm ds Härz gwermt bis zinnerscht yche. Zu Granium het er ds Plastic-Lisi fryli nid bekehrt, doch vo itz aa hei vom Sturzeneggerbalkon fründlechi Petunie grüesst, i allne Farbe.

Um ds Huus ume

I de Gartewägli steit no ds Wasser. Guet, han i nächti der Louch no gsetzt, er het der Chopf uuf. D Guggumere sy o schön, chönnt no paar Rüebchööli i das Bettli tue, hätte sauft Platz. Es schlampet scho wider e Bluemechööli. Di cheibe Wäre sy nid grad myni Fründe, si sy schwär z verwütsche. Söll sen ächt vergifte? Eigetlech wett i das Chemiezüüg uf ds Allerinötigschte beschränke, my Garte underligt ja keim Produktionszwang u keine Qualitätsvorschrifte. Pfyffelampenöl, keis Gift, es butzt ja ds anderen ou, nid nume d Wäre. Wäge dene paarne Stüdeli verlumpe mer ömel nid. Halt chly flyssiger hacke, vilicht breichen i de das leschtige Vych einisch mit em Houeli.

D Netzli mues i hurti lüpfe, d Chifel wachse derdür. Wenn i die nid decke, frässe se d Spatze bis uf d Storze. Spatzen u Amsle hei mer gäng vil gha. Em Simon sy Amslekumedi synerzyt, myn Gott! Monatelang het eini im Nussboum gliedet, u jeden Aabe het di ganzi Familie e Zytlang däm Vogel müesse zuelose. Ohni das Ritual wär dä drüjährig

Ghüderi nid i ds Bett. Ganz verklärt het er albe drygluegt bi däm Gsang. Mir hei nie usegfunde, öb's ihm würklech sövel hert um dä Vogel gangen isch, oder am Änd ender um di paar Minute, won er vor em i ds Bett gah no het chönnen useschindte. Sit dass mer so vil Strüücher u Stude hei um ds Huus ume, zeige sech ou wider anderi Sorte. Rotbrüschteli, Gilberiche und Haagschlüüfferli lö sech zueche, und eismal han i sogar Dischtelfinke gseh. Im Fuetertenn nischte wider Rouchschwalbeli. Es isch ungloublech, was die im Stall für Flöige näh, so ne Bruet, das frisst! Mir hei der Husplatz u ds Strässli zum Stock hindere nid la teere, es isch scho gnue zuepflaschteret. Da finde di elegante Vögel Nischtmaterial gnue.

Der Gartezuun isch scho afe chly schitter. Es isch no der glych wi denn, wo mer vor meh als vierzg Jahr härezüglet sy. Der Thomas het mer scho lang e nöie versproche. Einisch chunnt de dä, i weis nume nid wenn. Settigi Sache macht me denn, we's eim nachen isch, u bis itz isch's ihm äbe no nie nache gsi. Der wild Flider, won i vor öppe föif Jahr i Haag gsetzt ha, blüeit zum erschte Mal. En einzige Trübel nume, chly bleich, aber läng u dick. „I cha scho, wenn i wott, u we mer gnue Zyt lasch!" E hällvioletti Predig. Der Holderstock mues zrugggsaaget sy, er verdrückt di wyssi Hundsrose. Chly vo dene schwarze Beeri zu de Zwätschge, das git ganz en apartigi Konfitüre. Ds Geissblatt, wo mer im Schache gfrävlet hei, isch afen e Riisestude, über un über voll Blüeschtli.

„Hüenerholz!" seit der Buur u wott Stallbäse drus mache. Vorzueche git's de einisch es Moorbeet mit Rhododenren und Azalee, vo däm reden i itz o scho lang. Der Walter u d Mariann hei so schöni i ihrem romantische Garte.

Dass dä Walter mir dä Morge aaglütet het, eifach so! Das Telefon het mir grad e guete Luun gmacht. Der Walter isch e Buur, wo vil dänkt, u nid nume, win er no ne halbe Liter meh chönnt us syne Chüe userupfe. Er list zum Byspil Heinrich Böll u findet's guet u wichtig, was dä seit. Itz heig Dütschland ds soziale Gwüsse verlore, het er gmeint, wo der Böll gstorbe isch. I lisen itz o grad eis vo syne Büecher, „Fürsorgliche Belagerung". Es deprimiert mi chly, düecht mi zimlech dick uftreit, aber en engagierte Schriftsteller mues halt vilicht chly übertrybe, wenn er wott ghört wärde.

I ha gärn Lüt, wo nid den ustramplete Wägli nachetschalpe. Der Schang isch o so eine, e richtige Philosoph. Es würd mänge Profässer stober luege, wenn er wüsst, was em Schang so düre Chopf geit, wenn er mit em Traktor über syner Bitze rochlet. Wenn nach eme Gwitter d Rägewürm ufechöme, de hört der Schang uuf mit määje, u ds Fische mit Würm het er sym Bueb lengschte verbotte.

Der Weier isch albe schön, so voll u früsch gwäsche. Es het scho wider Algeschlämpe drin. E biologische Gartemönsch het mir einisch aagä, mit Zitrone chönn me die problemlos vertrybe. I ha's probiert, aber mit magerem Erfolg. D Alge hei munter gwuecheret, u di Zitroneschnitz uf em Wasser hei soublöd usgseh. Itz haagglen i das Gschlamp albeneinisch mit em Rächeli use.

Dene Biologe glouben i nümm alls. Me söll d Tomate gäng i ds glychc Bettli pflanze, mit chly Komposcht syge die zfride. Myner nid. Drü Jahr het's funktioniert, färn hei si gstreikt. I de Gärte ringsetum sy d Stäcke förmlech i d Chnöi vor luter feisse, saftige, rote Frücht, u myner troschtlose Girgle sy ds Gspött gsi vo üsem ganze Bekanntekreis.

Der Bürki het no grad ei Tag la frage, öb er ächt hüür einisch es Chörbli voll vo myne sagehafte Tomate chönnt cho reiche. Das Jahr ha sen itz hinder em Huus i grossi Häfe gsetzt, dert sy si schön a der Sunne, und es gseht se nid alls. Der Simon isst sen am liebschte us der Hand, wi d Öpfle, aber dä Summer chunnt er itz drumume. Er isch z Amerika. Es halbs Jahr ghöri mer nüt von ihm, wenn alls rund loufi, het er braschalleret. Itz isch er afe vier Wuche däne, es geit ihm guet, es gfallt ihm, Schwirigkeite het er keni, un er het scho zwo Charte gschribe u zwöimal telefoniert.

Es isch mer eine mit Traktor u Ladewage düre früsch gfreeset Pflanzblätz gfahre. Das chäm weder mym Maa, no em Walter, no em Schang i Sinn. Es dänkt äbe würklech nid jede glychvil.

Chirschi wott's rächt gä, d Escht sy grad strub vo grüene Niggeli. De mache i dänk no ne brave Chueche mit de letschte, won i ir Gfrüüri ha.

D Tulpe im Bandeli sy o scho lang düre. Me sött se usgrabe u d Dahlie i Härd tue, die hei scho längi Triibe. Vilicht de morn, we's nid wider rägnet.

Am Weier

Vori han i grad di regelmässigi Weierkosmetik gmacht. Im Fall, dass öpper meint, so ne Weier mües men eifach einisch aalege, u nächär chönn me d Natur la walte u sech nume no fröie a däm idyllische Plätzli, de isch dä wüescht uf em Holzwääg. We me nid gäng radikal rütet, abhout, useschrysst, gseht me gly nüt meh vo Weier. I churzer Zyt isch alls überwachse u verlandet. Das Züüg wuecheret wi sturm. Vo de dekorative Kanunneputzer zum Byspil chan i nume abrate, das isch es Sougjätt. Si mache zääji Uslöifer uf all Syten ume, nach eme Jahr het me scho ne Wald. U gang schryss de di Haglen uus, we de niene chasch stah! Es isch e grosse Teich, uf eir Syte zimli töif. I ma nid wyt ynegrecke vom Rand uus. Im Herbscht legen i alben e Leitere drüber, tuen e Lade druuf u schnaaggen use. Di Generalputzeten isch gäng e müesami Sach u macht mi z schwitze, aber i ma di düüre Storze nid der ganz Winter aaluege. Es isch es waggeligs Ygricht, mängisch gempft's, i ha ömel o scho badet. Da bin i de froh, dass mer nid grad a der Strass ann wohne.

Dernäbe gryffe mer müglechscht weni y. E gsunde Weier bruucht weder Zuefluss no Ablouf, ds Rägewasser längt. Bi nassem Wätter isch er voll bis a Rand, we's heiss isch, trochnet er mängisch fasch uus.

Früecher hei mer dert der Hüenerhof gha. Es isch gnue Platz gsi für allergattig gfidereti War, Hüener, Änte, Trutgüggle, Gäns. D Truthüener sy guet gsi zum Brüete, die hei de e Näschtete möge decke. D Güggle hei mer gmeschtet und als Wienachtsbrate verchouft. Mir hei se chly gförchtet, si sy mängisch stötzligen uf eim los cho. I gseh di blutte, blaurote Grinde mit der länge Hutschlämpe übere Schnabel ab no hüt vor mer, u ds bösartige Chädere han i o no im Ohr. D Änte sy chly unappetitlech gsi, ömel um ds Huus ume. Die pflüdere halt hindenuse, wi wenn si e Bschüttiverteiler montiert hätte. Myner Lieblinge sy d Gäns gsi. Das sy intelligänti Vögel. Eini hei mer mängs Jahr gha, si het Sebaschtian gheisse. Mir hei drum zersch gmeint, es syg e Heer, u wo si het aafa lege, het si halt du scho ufe Name glost. Si het jedes ghört heicho, o znacht, u het nid ghört schnädere, bis me re der Name gä het.

D Hüener sy vo de dümmschte Kreature, won i kenne. Chraue, frässe, zangge, alls la gheie, süsch intressiere si sech für nüt. D Schwigertochter tuet grad e Chrumme voll Güggle meschte, das sy de blödi Vycher. Me stellt ne e Riiseschüssle Fueter yne, eine nimmt es Brösmeli, u di ganzi Bruet jagt ihm nache, bis er's ane andere verlüürt. U scho springe si alli em nöje Bsitzer nache. Stupid. Mängisch chöme si mer ganz mönschlech vor.

Irgend einisch hei mer du ufghört mit all däm Gficht, es het e grössere Wageschopf bruucht. Der Hof isch verwilderet, Chind, Hund u Chatze hei ne usserordentlech gschetzt. Hüt seiti me däm Gnuusch Aktivspilplatz. Us em Hüenerhüsli het sech üse hoffnigsvoll Nachwuchs e Wonig baschtlet, wi der Xaver u der Wastl im Bilderbuech. Aber die hei sech e Boubaragge ygrichtet u hei sicher weniger gstunke als üser albe.

Der Buur wott mer itz de wider Hüener zuechetue, wäge de glückleche Eier, u dass es mer nid öppe längwylig wird. Aber am alten Ort isch ke Platz meh fur Huener, er mues für ne nöie Hof luege.

Der Hans Chaschper het d Mode gha, us heiterem Himel öppis in Aagriff z näh, wo allnen andere scho wuchelang isch zwider gsi. Chäller ufruume u so Züüg. Einisch seit er bim Zmittag: „Hüt machen i e Rase." Er isch no i d Schuel denn. Er isch uf dä ehemalig Hüenerhof ztorf, het Schutt verruumt, Gjätt gmääit u gwürkt wi ne Wilde. I ha näbezuechen im Garte gchrauet. Es isch denn grad so der Aafang gsi vo der allgemeine Biotoppsychose, wo jede het gmeint, er bruuch e Glunggen i sym Mätteli. I ha ömel zu däm Gartegstalter gseit, es Weierli wär da o no luschtig. Da het my Suhn ds Rächeli näbenumegstellt, het e Schufle greicht un aafa nes Loch usestäche. So bin i zu mym Weier cho.

Mir säge nie Biotop. Das isch zwar modern, aber ungnau. Biotop heisst lut Lexikon Lebensstätte einer bestehenden Lebensgemeinschaft, u das isch jedes Börtli, jede Wäägrand, jedi Schutthalde. Me müesst de scho Füechtbiotop säge.

Dä Teich het für mi öppis unghüür Faszinierends. Es vergeit chuum e Tag, won i nid wenigschtens hurti drumumloufe. Me gseht gäng öppis. Pflanze hei mer es paar im Moos äne greicht, vil hei sech sälber aagsidlet. D Wasserlilie hei scho verblüeit, vo de gälbe Seerosen isch ersch eini offe. Di rote chöme gäng chly speter. Tier sy sofort ygwanderet. Chuum hei mer das Loch mit Wasser gfüllt gha, sy scho di erschte Wasserlöifer drübergscheichlet, nach paarne Tag sy zwo Weiernadle umegflüderet, u Chäferzüügs het's gly ganz Wälm gha. Scho im erschte Früelig het e Chrott es Wybli zueschegliedet, u gly het's gwimmlet vo Rossnegel. Denn sy si no fürcho, hüt frässe d Libellelarve ds hinderschte Schwänzli. Es isch es Röibergsindel, aber we si alben im Summer dotzewys usschlüüffen a de Halmen obe, das isch halt scho schön. Chürzlech han i zwe Fademolche gseh. Weis der Gugger, wo die sy härcho.

Wo's näbedrann es nöis Hüsli gä het u Lüt us der Stadt sy yzoge, hei mer zersch chly Bedänke gha. I üsem Egge isch's würklech no ganz ländlech. Es bäägge Schaf, es räägge Söi, me ghört Chueglogge, Hünd u Chatze mache Lärme, u Nachbers Güggel het en eigeti Wältornig u chrääit, we's nen aachunnt. Mängisch spile sech regelrächti

Dramen ab, wenn Stadtlüt mit lätze Vorsteligen uf ds Land wei ga wohne. Eismal het eine wahrhaftig e Prozäss aagsträngt, wül er wäge me Güggel nid het wölle chönne schlafe. Und Urteil i Sache Fröschgwaagge git's ja o scho. I ha Müei, derigs z begryffe. Lüt, wo wäge settigem schlaflos im Bett umetroole, sötte sech vilicht einisch ärnschthaft frage, was genau se so umtrybt, Chueglogge, Gügglen u Frösche müesse nämlech numen als Sündeböck häreha.
Wäg üsne nöie Nachberslüt hei mer vergäbe gangschtet. A däm Chröttli, wo wuchelang di halbi Nacht grugget het, hei si di gröschti Fröid gha. Für das syge si äbe uf ds Land züglet, hei si gseit.

Kei Feschtreed

Liebi Frouen u Manne,
i üsem Dorf steit es Hochstudhüsli, wo chürzlech muschtergültig zwäggmacht worden isch. Es springt eim richtig i d Ouge, un i ha allimal Fröid dranne, wenn i näbedüregah. Eismal het der Husheer öppis im ehemalige Söistall gchnorzet. Er wärd gloub nie fertig, het er glachet, won er mi gseh het. Aber derfür heige si da itz öppis ganz Schöns u düruse Gfröits, han i umegä. We's mi gluschti, söll i hurti ynecho, er zeig mer's gärn. I ha mi natürlech nid lang la heisse, für schöni Hüser z luege, bin i gäng z ha.
Das renovierte Prachtsstück ghört eme pensionierte Ehepaar. Si sy vorhär imene hübsche, modern u kumod ygrichtete Eifamiliehuus deheim gsi. Der Entschluss, das alte Burehüttli umzboue, het se feiechly öppis gchoschtet,

schliesslech hätte si's ja itz chönne schön ha. Si hei drum nid eifach ds dicke Portemonnaie füregno u der hinderscht Nagel vomene tüüre Handwärker la yschla. Was di zwöi für ne Arbeit gleischtet hei, cha sech kei Mönsch vorstelle. Si hei unzähligi Brännte voll Schlaggen abetreit us de Zwüscheböde, hei Laden usgnaglet, Täfer gfägt, Riemeböde griblet, Türen abglouget. Jede Bitz Holz, wo me no het chönne bruuche, isch dänneta worde. E Fachmaa het ne grate, si sölle für ne Zimmermaa luege, wo mit dere Bouwys vertrout syg, am gschydschten eine us em Ämmital. D Konstruktion mües stimme, u ds Dach mües ha, ds andere syg eigetlech näbesächlech. Si hei dä Zimmermaa gfunde. Mit grosser Beharrlechkeit u vil Liebi hei si ihri Idee u Vorstelige verwürklechet, vilfach gäge Widerstand vo de Handwärker, wo mängs eifacher u gäbiger hätte wölle mache. E Schryner, wo no Fänschter mit feschte Sprosse macht, hei si im halbe Kanton müesse ga sueche. Und itz isch das Huus fertig. Es isch heimelig, fründtlech u bietet jede nume wünschbar Komfort. Es isch praktisch ygrichtet u bequem z bewirtschafte. U ds Ganze würkt so usgwogen u harmonisch, dass me ds Gfüel het, es heig scho gäng so usgseh. Si hei äbe jedi Chlynigkeit wichtig gno, u drum stimmt itz ou alls.

Lasset uns am Alten, so es gut ist, halten und auf altem Grund Neues bauen jede Stund. Dä Spruch isch mer di ganzi Zyt im Chopf umegange, won i das Huus bewunderet ha.

En alte Spruch, aber mir sötte ne ou hüt no z Härze näh. Nume darf me ne nid usenandrysse, süsch stimmt er nümm. Lasset uns am Alten halten! säge di Erzkonservative. So es gut ist – das isch e völlig überflüssige Zuesatz, dä ghöre si gar nid. Was alt isch, isch sowiso guet, vo däm sy

si überzügt; nume wi me's gäng gmacht het, isch richtig. Si merke nid, wi sech alls veränderet, u chläben a Traditione, wo ihre Sinn lengschte verlore hei. Si sy so yfersüchtig am Hüete vo allem Überliferete, dass ds Bewahre und Abwehre zum Houptinhalt vo ihrem Läbe wird. Eigetlech sy si scho gstorbe, si wüsse's nume nid.
Neues bauen jede Stund! propheete di Erzprogressive. Im Nöie ligt ds Heil vo der Mönschheit, glych, was es isch, nume nöi mues es sy. Syschtemveränderig, Fortschritt um jede Prys, der modern Mönsch luegt nid zrugg, ds Mittelalter isch verby. Und ungsinnet gheie di Idealgebilde sang- u klanglos i sech zäme, wül si kei Boden under sech hei.
D Konstruktion mues stimme, u ds Dach mues ha. Das gilt o für nes Staatswäse. O zu däm mues me luege, we's nid plötzlech söll zämechrutte. Was im Wääg isch u nümm dienet, mues furt, was kabutt isch, wird gflickt, u ds Wüeschte und Abgschossne ersetzt. U bi allem mues me ufpasse, dass me nid a d Substanz rüert, süsch chunnt's us em Sänkel. U mi mues gäng ds Ganze im Oug bhalte, dass das Huus wohnlech blybt und innen und ussen e gueti Gattig macht. D Konstruktion vo üsem Schwyzerhuus isch gsund. Es Fernsehfilmli bringt di Pföschte nid i ds Waggele, u paar Dienschtverweigerer möge si sauft verlyde. Chly meh Vertroue i di feschte Stüd u dä heblig Dachstuel würd is allne wohl aastah, de müesste mer nid bi jedem Müpfli grad der Untergang vo üser Demokratie beförchte.
Es isch mängisch scho eigenartig. Mir sy imstand, en Eintagsflöige zumene Elefant ufzblase, wo garantiert über churz oder lang üsi Staatsform i Grund u Boden achetschalpet und der Anarchie Tür u Tor uftuet. Sache, wo de üsne demokratische Rächt würklech a ds March gö, brin-

gen is vil weniger i ds Jääs. Über di haarströibendi Stimmbeteiligung zum Byspil chönnte mer is rüejig chly meh ergelschtere.

U we mer scho vo Decher rede – es git Traditione, won es sech derwärt isch, dass me zuene luegt. Wenn öppe rächt Lüt under eme bhäbige, sichere Dach deheim sy, so findet nid jede Fötzel so ohni wyteres Unterschlupf, nume wül er e Huuffe Gäld het u grossartig weis ufzträtte. Aber Verfolgti, Flüchtlinge, Lüt i Not, die hei bis itz no gäng es Eggeli am Schärme übercho. U de Bewoner vom Huus isch es derwäge kes Brösmeli schlächter gange.

Di höchi Politik chunnt eim mängisch vor wi ne schlächtgfüerte Chindergarte. U di wenigschte von is sy i der Lag, ganz oben öppis z ändere… Aber jedes het d Müglechkeit u d Pflicht, das z mache, won es cha. Ou Chlynigkeite sy wichtig bim Unterhalt vo däm Huus, wo Schwyz heisst, u am wichtigschte sy die, wo drinne wohne, also mir. We mer also zu üsem Land wei luege, de müesse mer zersch ufe rächte Wääg zu üs sälber Sorg ha. Süsch chöme mer undere Chare. Mir müesse zur Ehrfurcht vor em Läbe zruggfinde, mir müesse der Reschpäkt vor em Mitmönsch wider lehre, mir müessen is dergäge wehre, dass em Einzelne gäng meh u meh Eigeverantwortlechkeit wäggno und em Staat übertreit wird. Mir müessen is e kritische Geischt bewahre, meh dänke u wider wägcho vo dere träge Profitier- u Nutzniessermentalität, wo sech so breitmacht. Mir müessen ou üsi Chind und üsi Grosschind i däm Sinn erzie, dass si de einisch merke, öb ds Alte guet isch u ds Nöie nötig.

Liebi Frouen u Manne, das isch kei Reed zum schwyzerische Nationalfyrtig. Es isch eini für all Tag.

Luter Zuefäll

„Ein Steckenpferd ist ein Pferd, das auf seinem Reiter sitzt!" söll der Heinz Rühmann einisch gseit ha. Da mues öppis dranne sy. Won i my Maa mit sym Brueder ha ghören übere Brünigschwinget fachsimple, wi si Schläpfere z guet u Betschart z schlächt wölle heige, u wi's eifach nid i der Ornig syg, dass der Verlüürer vom Schlussgang sövel wyt zruggrütschi i der Ranglyschte – da han i ömel o dänkt, di zwee wärdi ganz schön gritte vo der Schwingerei. U we me üser Hornusser bim strübschte Räge u bim grüüsigschte Dräck gseht usrücke, für desumezmöögge u de Nousse nachezcheibe – das cha würklech numen eine verstah, wo sälber so ne Goul im Äcke het.

Bi mir stö e ganzi Zylete so „schmalgschueneti Zäberlihünd" im Stall, eine kapriziöser als der ander. U wenn i itz im Stübli über ds Tanze schrybe, so heisst das, ei Güggel sattle un ihm der ander ufe Rügge setze. Aber bi mir isch es nid wi bi den andere, i bi natürlech zoberscht. Dass mi der Aafang vo däm Bricht am Morgen am halbi füfi überfalle un um z töde nümm het la schlafe, das isch sicher numen e Zuefall gsi.

Aagfange het alls ganz harmlos. I ha mit de Chind, wo zue mer i d Blockflötestund cho sy, no gärn Renaissance- u Barocktänz gspilt. Di churze Stückli sy vo Schüeler guet z preschtiere. Me het dennzumal nume d Grundmelodie notiert u d Usfüerig em Gschick und em Gschmack vom Spiler überla. Nume bin i gäng chly usicher gsi wäg em Tämpo. We me wüsst wie tanze, wüsst men ou wie spile! han i dänkt u bi ines Wuchenänd für höfisches Tanze und ine Wuchekurs für französischi Konträtänz gange. I ha ne

Grind heibrunge wi nes Bärnermääs u Muskle gspürt, won i vorhär kei Ahnig dervo ha gha. E settige fürchterleche Muskelkater han i sider nie meh ufgläse, aber i ha ömel itz gwüsst, wi langsam e Pavane u wi gleitig e Gaillarde geit. Paar Monet speter han i e Brief übercho vore Kursteilnähmere. Es syg doch eigetlech schaad, wenn alls wider verloregöi, wo mer so müesam glehrt heige. Ob mer is nid albeneinisch wölle träffe u zum Vergnüege wytertanze. Es ganzes Chüppeli het sech zämegfunde. Teil sy wider gange, anderi sy derzuecho, und itz sy mer scho lang e feschti Gruppe vo füf Dame u vier Here.

Froue u Manne i däm Zämehang wär richtig stillos. Zersch isch es zimli e lockere Betriib gsi, mir hei's ja eifach für luschtig gmacht. Wo mer du meh zuefelig zu üsne erschten Uftritte cho sy, isch di Sach zwangslöifig chly disziplinierter worde; mir hei tifig gmerkt, dass mer mit Lauere nüt Rächts zwägbringe. Di abzirklete Tänz mit genau vorgschribne Figuren u Bewegige chömen i gwöhnleche Chleider nume halb zur Gältig, also hei mer am Aafang barocki Aalegine gmietet. Zuefelig han i mym Coiffeur einisch vo dere Gruppe verzellt. Mir heigi gly wider e Vorfüerig, müessi aber leider uf wyssi Perügge verzichte, das chäm vil z tüür, we mer die o no müessti miete. Er heig e ganzi Drucke voll u bruuch se fasch nie! het der Oscar gseit. Er het is di Perügge wunderschön gstrählt, un itz dörfe mer sen albe aalege.

Di gmieteti Ruschtig het jedesmal e tolle Schübel gchoschtet, aber mir sy nid lang glücklech gsi mit dene Fähndli. Zuefelig het eini vo der Gruppen e tüechtigi Dameschnydere kennt, wo zumene chrischtleche Prys het wölle schaffe, drum hei mer is eigeti Kostüm la nääje. Es isch si sauft derwärt z luege, we mer däwäg useputzt derhärchöme. Mir hei du no zwo Quadrillen us em nüünzähte Jahrhundert glehrt. Die hei mer nid i üsne Rokokomonture chönne tanze, wär e Stilbruch gsi u technisch gar nid z mache. Also isch di Chleiderwärweiserei wider losgange. Aber dä fründtlech Geischt, wo allem aa sy Fröid het gha a üsne historische Gümp u vo Aafang aa unuffällig Regie gfüert het, isch rächtzytig zwäg gsi mit eme nöie Zuefall. Es renommierts Modehuus tüei zu Spottpryse Brutchleider verschlöidere, hei mer verno. Üsere dreie sy abtrabet u vore nätte Dame verständnisvoll u geduldig bedient worde. Ds zähmönetige Meiteli, wo di einti het by sech gha, isch ab em füürrote Rock vor Verchöifere erschoche u het bäägget wi am Mässer. Ds Mueti, wo ire Kabine so ne Hochzytsrock aaprobiert het, isch cho usestürze u het das Chind wölle gschweigge, aber das isch ab däm wysse Gspänscht no herter erchlüpft u het ta wi ne Chatz ame Hälslig. Dä Radou isch scho chly pynlech gsi i der gedigene Umgäbig. Ds Cabaret a der Kasse isch e büniryffi Vorfüerig gsi. Es het zimli vil Chundschaft gha, u me hätt di Gsichter sölle filme: Zwo Grossmüetere un e Mueter mit Chind choufe füf Brutchleider u näh no drü zur Uswahl mit! Mir hei di Robe vo üser Schnydere la ändere u garniere, dass si nid so hochzytlech usgseh hei. Üsi gschorne Chöpf hätte sech o zu dene Toilette chly mutz präsentiert, drum hei mer das Problem mit Hüet wölle löse. Grossi Bergere mit Blueme, Fäderen u Schleierzüügs hei mer is vorgstellt. Aber der nächscht Zuefall isch scho parat gsi. E Frou vo üsem Dorf het via Radiosändig Talisman für ne Theateruffüerig drei, vier Perügge gsuecht un isch völlig überschwemmt worde mit faltsche Frisure. I ha zuefelig dervo ghört u ren aaglütet. Si het mer paaren überla, i bi dermit zum Oscar, u dä het is grossartigi Ballcoiffure künschtlet.

Einisch het der Ärnscht halb im Gspass e Lyschte mit mügleche Näme zämegstellt. Vo „Swiss Historical Dansers" bis zu „Historische Tanzgruppe Bern" isch alls druff gsi. Mir hei gfunde, so nen umständlechi Sach bruuch ou en umständleche Name. Sider heisst üsi Gruppe „Les folies de la danse historique, Berne".

Di meischte von is sy imene Alter, wo me vor zwöihundert Jahr gar nümm het dörfe tanze u nume no mit gstileten Ouge ds Trybe vom junge Gficht het beguetachtet.

Gstabelaa

Ja, di Stäckepfärd! Ds Theaterspilen isch ou eine vo myne Göil u rytet mi no erger weder ds Tanze. Mys erschte Theatererläbnis ligt scho bal es halbs Jahrhundert zrugg. I bi no lang nid i d Schuel, da het mi my Mueter a d Houptprob vom Gmischtchortheater mitgno. I bi gspannt gsi wi ne Rägeschirm, scho lang vorhär isch bi üs fasch all Tag vo däm wichtigen Ereignis verzellt worde. Myni Eltere hei mängs Jahr yfrig theateret. Vore Stägen isch d Reed gsi, wo eine het sölle drüber abegschosse wärde. Es het mi z Tod enttüüscht, dass si uf der Büni gäng nume dervo brichtet hei, u derby hätt's hinden im Saal e Stäge gha, wo si das Manöver nach myr Meinig ganz guet in natura hätte chönne zeige. I ha mi scho denn nid gärn glängwylet. Derfür het einen e Bluemevase la tätsche, wo dummerwys nid het la gah, wi si eigetlech hätt sölle. Er het du irgend öppis derwäge lamäntiert, u mi het düecht, dä wär gschyder froh, dass es keiner Schirbi gä het. Mir het d Grossmueter albe wüescht ds Zyt usputzt, wenn i öppis verschlage ha, un i ha genau gseh, dass dä das Gschiir äxtra het la gheie. Es mues e fürchterleche Stümper gsi sy. I ha also bi mym erschte Theaterbsuech zwo wichtigi Sache glehrt: Uf der Büni mues öppis passiere, süsch isch es längwylig, u nie darf me ds Publikum underschetze. U Chind sy es unbestächlechs Publikum. Di moderne Theateraposchtle, wo d Rettig vo der Wält i Produktione gseh, wo der Normalzueschouer nume no cha der Chopf schüttle, die, wo alls „us em Buuch use" mache, die sötten albeneinisch paar Chind ylade. Die säge de unverblüemt, was e Schmaren isch, das han i mängisch erläbt, wenn i mit myne Schüeler i ds Theater bi. I finde das „us em Buuch spile" übrigens e soublöden Usdruck. Was imene Buuch vorgeit, isch vilicht für Mediziner intressant, aber sicher nid füre Zueschouer, wo meischtens e rächt beträchtlechen Ytrittsprys het härebletteret.

Item. I bi öppen i di zwöiti Klass, won i der „Ruetehof" ha dörfe ga luege. Der Harzerthys han i nie vergässe. Das strube, alte Chudermanndli het ire unheimleche Waldschlucht es gheimnisvolls Tränkli ploderet u derzue gfäliert u brümelet, dass es eim so richtig wohlig gruuset het im Härzgrüebli. U was macht dä Tscholi am Schluss? Geit usen u löscht am Schalter d Gluet ab under sym Tigel. Das han i nid chönne fasse. So merk doch jede Tropf, dass das keis richtigs Füür syg! han i dänkt. Es git Theaterlüt, wo settigs es Läbe lang nid wei begryffe. My Mueter het mängisch gseit, we's numen en einzige Zueschouer störi, syg das eine zvil. Jedi Chlynigkeit isch eifach wichtig. Aber äbe, e Nagel graad yschla, das mues me lehre, das lüüchtet ou jedem y, nume bim Theatere git's gäng wider Lüt, wo ds Gfüel hei, das chönn men eifach. Es geit uf ke Chuehut, was eim da mängisch zuegmuetet wird. Sicher, ds Theaterspile het e grossi Bedütig als sinnvolli Freizytbeschäftigung oder als Therapie bi vilfältige Störige, u we me's nume für sich sälber macht, darf me's scho chly provisorisch betrybe. Aber sobal men Ytritt höischt, isch's e Frächheit em Publikum gägenüber, we me nid sys Müglechschte git. Dass nid allne glychvil müglech isch, versteit sech am Rand.

I wott nid ds Fernseh vertüüfle, das isch so gschyd oder so dumm, wi me dermit umgeit. Aber es wär bimene Haar zum Grab vom Volkstheater worde. Di Büni, won i sit meh als füfezwänzg Jahr derzueghöre, isch usgrächnet i der Zyt gründet worde, wo vil Theatergruppe hei der Schirm zueta. Si hei vor lääre Sääl müesse spile, wül d Lüt lieber i di moderni Glotzchischten ynegrännet hei. Mit überdurchschnittlechem Ysatz het sech üse Theaterverein e Platz a der Sunne erwärchet u ne bis itz chönne bhoupte. D Konkurränz wachst, ds Amateurtheater chunnt langsam wider i Schwung. Wär ds Theater gärn het, cha sech nume fröie drüber. Gueti Gruppe cha's gar nie gnue gä, si finden alli wider ihres Publikum. D Zueschouer fö itz doch aa merke, dass ds früsche Gmües di besseri Chuscht het als das us de Büchse. Macht nüt, we paar Fläcke dranne sy.

Itz han i scho wider kei Platz meh u no nid d Helfti vo däm gseit, won i eigetlech ha wölle. Aber mi cha halt nid gäng, wi me wott, meischtens mues me, wi me cha. Es geit mer itz ähnlech, wi einisch üsem erschte Regisseur. Mit vil Geduld het er eme Spiler probiert byzbringe, er mües Staballe säge, nid gäng Gstabelaa. Nach em zächete, erfolglose

Versuech het er d Waffe gstreckt. „Henu, lö mer's gstabelaa sy!" het Hermann gmeint.

Schouspiler u Schouspiler

Mit myne Schüeler han i vil Theater gspilt. Am Aafang han i albe für Wienachten und Exame längi Chrippespil u Märlistück gschribe, sprachlech sorgfältig usgfielet, i Värse! Di Theäterli sy alli bärndütsch gsi, un i ha schwär dranne gschaffet. Kei fule Rym het dörfe vorcho, kei Värszyle isch cho z himpe. Es isch mer scho denn wichtig gsi, sprachlech müglechscht nüt halbbatzig z mache, nid emal für nes Schueltheater. Nume hei de d Zueschouer nümm grad vil gmerkt vo myne Aasträngige. D Chind hei di gschliffne Sätz halt unbekümmeret umgmodlet u so gseit, wi's nen am ringschte gangen isch. I ha mit mym Perfektionismus chönne ga Band houe u gly einisch gmerkt, dass i anders derhinder mues. Vo denn aa han i d Chind la rede, wi ne der Schnabel gwachsen isch. Mir hei di Stück us em Stägreif zäme entwicklet. Dür ds Üebe hei sech de albe mit der Zyt en Art feschtgleite Dialog und e bestimmte Handligsablouf ergä, u ds Publikum het meischtens gar nid gmerkt, dass mer di Sach sälber baschtlet hei. Di Chind hei so frei und unverchrampft gspilt, dass eim ds Härz ufgangen isch. So hei si halt nüt müesse säge, wo ne quer im Muul glägen isch, si hei mit ihrne Wort, i ihrer Sprach chönne rede. Allerdings hei si zersch gäng müesse lehre, dass Theater spile nid eifach blöd tue isch, aber es gäb ja gloub Erwachseni, wo das o nid kapiere. Mängisch hei mer e bekannti

Gschicht ufgfüert, mängisch hei mer sälber eini erfunde. Am beliebtischte isch gsi, we jedes das het chönne spile, wo's gärn het wölle. Da sy de albe heimlichi Wünsch u Sehnsücht zum Vorschyn cho. Unbehülflechi u strubi Meitschi hei mit Vorliebi e Chünigin oder e Fee wölle sy, für zierlechi, hübschi Fynöggeli isch nid sälten e Häx d Troumrolle gsi. E Bueb het einisch e Vatter, wo Maler isch, wölle spile. Das het mi denn schön düecht. Sy Vatter isch drum o Maler gsi. We mer ds Pärsoneregischter hei zämegstellt gha, sy mer de zäme hinder d Handlig. Meischtens het's es Märli drus gä, was macht me süsch mit sibe Prinzässine u füf Zouberer! A Originalität het's dene Stück nie gmanglet.

Wienachtsspil han i gärn ganz eifach gmacht, ohni Kulisse, ohni Requisite, ohni Kostüm. Eifach nume mit de Chind. I ha meh weder einisch e Vatter oder e Mueter gseh ds Ougewasser abputze, u mir isch ds Gränne ou mängisch zvorderscht gsi. Es Chrippespil, ds Läbe vom Franz von Assisi oder vom Heilige Nikolaus i dere ursprüngleche, chindleche Frömmigkeit darbrunge, das geit de a ds Läbige. Mittelalterlechi Mysteriespil müesse so öppis usgstrahlet ha.

Es isch no witzig, dass i indiräkt ou wäge der Schuel bi zu myr Theatergruppe cho. Won i im Grabe hinder ha Schuel gha, het mer einisch e Kolleg aaglütet, won i numen afen are Schuelkommissionssitzig ha gseh gha. Es isch Samschtigmittag gsi, füf Minute, bevor ds Poschtouto gfahren isch. Öb i gärn theateri? Klar han i gärn theateret, bi ja erblech belaschtet gsi u ha di erschte Gehversueche bi paarne Vereinstheater scho hinder mer gha. Öb ihm ächt de würd us der Chlemmi hälfe? Er heig zwüsche Basel u Babylon scho alls gfragt u dürhar Abchabis übercho. Das Stück syg äbe vo ihm, u drum heig er sech nid so derfür, de Lüt der Gottswillen aazha. I ha nid lang derwyl gha z wärweise, ha ja uf ds Poschtouto wölle. Ja, i hälf. So isch das gange, i zwo Minute isch alls abgmacht gsi. Ds Schicksal chlopfet halt mängisch i der Gstalt vome Zuefall a d Türe. Wichtig isch de nume, dass me's ynelat. I bi ömel froh, han i denn ds Loch wyt ufta. Zu vilem, wo i mym Läbe vo Bedütig isch, bin i über ds Theater cho. Der Wääg zum bärndütsch Schrybe het o dertdüre gfüert. Wo hätt i mer ds Gspüri für di wunderbari Sprach besser chönnen erwärbe als bire Büni, wo gwüssehafti Sprachpfleg uf ihri Fahne gschribe het.

Wenn i albe gfragt wirde, werum dass i eigetlech theateri, werum dass i dä Chrampf uf mi nähm, sächzg Probe u zwänzg u meh Uffüerige, gluschtet's mi zruggzfrage: Werum tüet dir? Es spilt jede Theater, nume nid uf der Büni. I dänken itz nid numen a d Politik, dert sy sowiso di meischten Inszenierige töifschti Provinz. I dänken a ds ganz gwöhnleche Läbe. Was isch zum Byspil mit der Frou, wo ihrem Maa es Läbe lang ds Gfüel vermittlet, er syg der Gröscht, won ihm jedes Steindli us em Wääg stüpft, wo ne verschonet mit hüslechem Erger u Chindergstürm, dass er ungstört cha Karriere mache? Was isch mit em vilbewunderete Gschäftsmaa, won ihm der Erfolg nume so zueflügt, u derby isch er ohni sy Frou u ohni sy Sekretärin hilflos wi ne Söigling? U was isch mit em Chef, wo sy Usicherheit mit eme herrscheligen Ufträtte kostümiert, was mit em Arbeiter, wo sym Vorgsetzte bysibäsi macht, wenn er ihm scho am liebschte tät der Hals umdrääje? Wi isch es mit em Schuelkommissionsmitglid, wo luschtvoll uf em Lehrer umehacket, wül es syni eigete Schuelschwirigkeite nie verwärchet het? Wi isch es mit em Lehrer, wo wäge sym Vatterkomplex Angscht het vor den Eltere? U de di Pfarrfrou, wo als hochnäsig verbrüelet wird u isch im Grund nume schüüch? Alls Theater, aber nid guets.

Hie zeigt sech itz äbe der Unterschid zum richtige Theater, zu däm, wo nüt anders wott sy als Theater. E würklech guete Schouspiler mues sech ehrlech mit sich sälber usenandsetze. Er mues sich sälber kenne, mues zu däm stah, won er i sech het, ou zu däm, won er normalerwys unterdrückt. Wenn er syni negative Syte ou akzeptiert, chan er se für sys Spil nutzbar mache. Es isch ja kei Schand, schlächti Eigeschafte z ha, süsch dörft sech kei Mönsch meh ohni miserabligs Gwüsse zeige. E Schand isch es ersch, we me se nid bekämpft. Eine vo de bedütendschte Theatermönsche, der Stanislawski, het gseit: „Du muesch nid dänke, wi reagiert dä Mönsch i der Situation, du muesch dänke, wi reagieren i i der Situation, wenn i dä Mönsch bi!" Ds einte isch Kopie, ds andere isch kreativi Gstaltig. E guete Schouspiler lat sech ou nid bedänkelos ine Rollen ynegheie, er überlat sech nid völlig de Gfüel, süsch chunnt er i ds Übertrybe. Me mues numen einisch e Fanatiker beobachte, wenn er mit heiligem Yfer druflos missioniert. Er vergisst sech u würkt i de meischte Fäll schlicht und eifach lächerlech. Uf der Büni isch das nid anders. E Schouspiler mues sech gäng mit eim Oug zueluege u mit eim Ohr zuelose. „Du muesch ds Publikum mache z gränne, nid di sälber!" Das isch ou en alti Schouspilerwysheit. We me die nid beachtet, cha's liecht passiere, dass es dä uf der Büni hudlet vor Ergriffeheit u die im Saal nide vor Lache.

En Ufsteller

Mängisch verrünnt eim d Zyt zwüsche de Finger, me weis nid, wo si härechunnt. Am Aabe het me ds Gfüel, me heig ömel der ganz Tag öppis gchnorzet, aber me cha nüt vorzeige, es isch nüt da, wo me chönnt säge: „Gsehsch, das han i hüt gwärchet, gäll, i ha mi gschickt!" Won i no ha Schuel gha u gäng unerchannt bi ygspannet gsi, isch mer das vil hüüffiger passiert als hüt, won i's chly gruesamer cha näh. I der Schuel macht me vil, wo äbe keis sichtbars Resultat ergit. I wott dermit nid säge, es syg für nüt, aber es isch meh öppis zum Gspüre als zum Zeige. Und über di blybende Wärte vo Huus- u Gartenarbeit mues i o nid lang u breit philosophiere. De suber gjättete Gartewägli cha men albe grad zueluege, wi si sech wider begrüene, u der Hund bruucht weniger als e halbi Minute, für der früsch gfägtnig Klinkerbode ine Fäldwääg z verwandle.

I meh oder weniger regelmässigen Abständ überfallt mi der unbezwinglech Wunsch, öppis Spektakulärs härzstelle. Der Rock, won i mer einisch ire settigen Aawandlig ghäägglet ha, isch nie treit worde. My Figur het kei Ähnlechkeit mit eme Bleistift. Es het du es Jäggli drus gä. Aber es paar vo dene Vorzeigeobjekt existiere no, un i dänke mängisch, chly en Egge mües i allwäg doch abha, kei normale Mönsch miech sech freiwillig e settige Chrampf ane. Zwe Bettüberwürf sy no ume, e gchnüpfte Teppich, e gstickte Wandbehang mit zwöiefüfzgtuusig Chrüzli drann u no meh so Züüg. Aber ds Verrücktischte isch gloub scho ds Cembalo. Es isch eigetlech es Virginal, der italiänisch Vorlöifer vom Cembalo, aber unter däm Name cha sech fasch niemer öppis vorstelle, drum sägen i gäng Cembalo.

Es isch o nid faltsch, Virginal u Cembalo ghöre beidi zu de Kielflügle.

D Vorgschicht isch läng u chly kuurlig. Scho als Chind han i e Schwechi gha für di Musig u mer es Cembalo gwünscht. Einisch het mer öpper gseit, we me Rysnegel i d Klavierhämmerli stecki, tön's ganz ähnlech. I ha sofort üses Klavier wölle nagle, aber der Vatter isch dergäge gsi. Dä Chindertroum vom Cembalospile isch wi mänge andere begrabe worde, aber won i mi z grächtem mit em Blockflötespil ha aafa beschäftige, het er fröhlechi Uferstehig gfyret. Es het mer eifach es Instrumänt gfählt, für myni Schüeler z begleite. I bi zwar dertdüre nid grad e Held, ha's versuumt, rächt lehre Klavier z spile, aber was d Schüeler chöi spile, chan i ou begleite. Jahrelang het's mi gluschtet, es Cembalo oder ömel es Spinett zuecheztue, aber es isch immerhin en Aaschaffig, u mir hei ds Gäld nid chönnen a de Böim abläse. Dass es Bousätz git, wo numen e Bruchteil vom fertigen Instrumänt choschte, han i gwüsst, aber zuetrout hätt i mer e settigi Arbeit nie. I bi gar kei Hölzigi; wenn i e Nagel scho mit em erschte Streich preiche, han i Fröid. E Zytlang han i es Cembalo dörfe goume, wo amen Ort isch fürig gsi, aber i ha's du wider müessen umegä.

Denn hei mer e junge Musiker z Huus gha, e hochbegabte Bürschtel. Näbscht syne musikalischen Aktivitäte het er no allergattig gchlütterlet, ömel ou alti Klavier wider zwäggchläpft. Mir hei öppe zäme musiziert u sy einisch ou uf das Cembalo cho z rede. I söll doch so ne Bousatz choufe, das chönn i uf all Fäll, är hälf mer de scho. Nu also, mit em Fachmaa im Rügge! Spinett het's keis im Sortimänt gha, es Cembalo hätt i nid chönne stelle, also han i mi für ds rächteggige Virginal entschide. My Fachmaa isch mit mer dä

Bousatz cho reiche, der Verträtter het tüür u heilig versicheret, für ne guete Handwärker syg das würklech keis Problem. Ig un e guete Handwärker! Henu, notfalls heig i ja de no Hausi, han i dänkt. Hausi, äbe dä Musikus, het deheim der Bouplan underen Arm gno u sech verzoge. Är wöll di Sach studiere. Nach ungfähr eme Monet bin i dä Plan ga umereiche. I probier afen aazfa. Ja, är wöll o hälfe! No so gärn, er söll nume cho, wenn er Zyt heig. Er het allwäg keini gha, er het sech ömel nie zeigt. Da bin i itz gstande mit däm Bousatz u zwone lingge Händ! Wohl oder übel bin i halt sälber drahi, aber es isch e fürchterleche Murx gsi. Ohni Hans Chaschper wär i allwäg nie anes Änd cho, är het mer albe wider zwägghulfe, wenn i ebstoche bi. D Houptschwirigkeit isch gsi, dass i no nie so nes Instrumänt ha gseh gha. I ha mängisch e Stund gwärweiset u probiert, u wenn i's de gwüsst ha, isch dä Teil i füf Minute montiert gsi. Meh als es Jahr han i dranne bagglet, un i bi lang di einzigi gsi, wo dra gloubt het, dass dä Chaschte einisch Tön vo sech git. Aber i ha's erzwängt, mys Cembalo isch fertig worde. Es het zwar ordeli Bräschte u git mer gäng früsch wider z tüe. I mues Würblen abeschla, Stimmnegel richte, Springer fiele, Filze zwägschnyde. Aber es lat sech spile.

E Musiker hätt nid Fröid dranne, u dass i's nume mit eme elektronische Apparätli einigermasse rein cha stimme, wül i's nid ghöre, isch ou kei Empfälig für my Genialität. Aber für mi isch es guet gnue. I cha ja ou nid guet spile, drumm passt alls zäme.

En unerwartete Höhepunkt isch e Bsuech im Salzburger Dommuseum für mi worde. Dert steit nämlech so nes Virginal, es Instrumänt us der Renaissance. My Fründin isch

Schmier gstande, i ha der Dechel ufta u di Sach undersuecht. Mys isch tatsächlech en exakti Kopie vomene italiänische Original, wenigschtens innefür. My Chaschte isch natürlech nid so pompös gschnitzt, aber di ufgmalete Blüemli gfalle mer grad so guet.
Kennet dir em Mani Matter sys Lied vo der Uhr, wo z tüe git vo früe bis spät, wül er se all zwo Stund mues ufzie?
„Gäng, we myni Uhr blybt stah,
mahnt's mi dra, dass i se ja
ganz alei erfunde ha,
und de dünk's mi, i syg doch no ganz e gschickte Maa!"
Gseht der, ganz ähnlech han i's mit mym Cembalo. I bi würklech chly stolz uf das Wärk. Me cha vil meh, als me meint, me mues nume probiere. Mym Sälbschtwärtgfüel het dä Erfolg feiechly Uftriib gä. We mer öpper so rächt grossartig verbychunnt u mer wott imponiere, de dänken i stillvergnüegt: „Bou afen es Cembalo!"

Glanz i den Ouge

E Märit isch öppis Churzwyligs, öppis Farbigs, öppis Läbigs. Er spieglet e Blätz wyt ds Wäse vo der Gäged, won er drin abghalte wird. Wenn i zum Byspil a di französische Wuchemärite dänke, wird's mer mitts im Winter richtig feriehaft z Muet. We me wi dert cha im früsche Gmües wüele, geit ds Choche fasch vo sälber. Niemer luegt eim tschärbis aa, we me drei Härdöpfel, vier Rüebli un e Louchstängel chouft. Di Froue rächne eim der Prys ire haarsträubende Gschwindigkeit uus, im Chopf! Vor de gluschtige Früchtepyramide z Meran u z Bolzano ma's eim diräkt, dass me nid Maler isch, aber dere git's einewäg scho meh, als es bruucht. Vo dene uf em Markusplatz isch ou nid jeden eine, wo meint, är syg's. Eine het Ölschinke feil, vom röhrende Hirsch am Waldrand über ds Ave Maria-Kapälleli im guldige Herbschtloub bis zum süessleche Chindergsicht, wo us füflibergrossen Ouge Träne aberugele wi Haselnüss. Dä näbezueche wott eim garantiert ächti Stichen aadrääje, cha gar nid stimme bi däm Prys. U der dritt schmätteret im Schnällzugstämpo e Gondle, zwe Pföschte, der Egge vomne Palazzo u paar Wulchen uf ds Papier. Nid emal so schlächt, bi üs im Gang hanget ömel ou so ne venezianischi Gwitterstimmig. Für di Glasänte, wo der ganz Zouber vo der Lagunestadt het verkörperet, het mi dennzumal ds Gäld groue. I chönnt mi hüt no chläpfe.

So lang i mi bsinne, han i mer gwünscht, einisch e grosse, traditionelle Wienachtsmärit chönne z bsueche. Aber e Lehrere cha i dere Zyt nid desumefotzle, win es sen aachunnt. Si steit bis zu de Chnöi i Baschtelarbeite u Gschänkpapier, u der Chopf suuret ere vo Chrippespil u Värsli. Färn, im erschte Jahr, won i nümm ha Schuel gha, bin i gange. A gröscht und eltischt, a Christkindlesmarkt z Nürnbärg. Es isch richtig schön gsi. Di ganzi Stadt gschmackvoll dekoriert, es isch e Fröid gsi z luege. Vo Gschäftssinn u Kommerzdänke man i gar nüt ghöre, ohni Reklame louft ke Lade, u we si sövel schön derhärchunnt, lan i mer se gärn la gfalle. Öb i öppis wott choufe, isch de gäng no my Sach. Der Märit isch e Märlitroum gsi. Nüt vo Plasticplunder u billigem Kitsch. Wunderschöni Glassachen us der DDR, Holzspilzüüg us der Tschechoslowakei, fyni Stroustärne u Wageladige vo Cherze. Derzue di überliferete Spezialitäte, Zwätschgemanndli, Eliseläbchueche, Eierzucker, Nürnbärger Allerlei, Ständ voll Beielihungg, bruune, wysse, orange, gälbe, längi Gstell mit farbige Täfeli, Bratwurschtduft u früsches Brot. Es isch mer vorcho wi bi Hänsel und Gretel. Mitts i däm Trubel isch e Chrippen ufgstellt gsi, teil Figure fasch e Meter höch, i bayrische Trachte. I ha's gnosse, i cha nid säge wie. Settigi Wünsch sött me sech erfülle, we's müglech isch, es git ere de no gnue, wo me stillschwygend mues beärdige.

D Wienachtsmärite hie umenand sy chly anders, hei ou en anderi Gschicht. I rede nid vo de Handwärkermärite, wo's itz da u dert git, i meine di gwöhnleche Jahrmärite, wo no überläbt hei, Burdlef, Langnou, Huttu. Chrippene suecht me dert vergäbe, das isch e katholischi Tradition, ds Warenangebot isch zum Teil zimli fragwürdig, d Ständ sy husch zämegsteckt, dass me se schnäll wider verruumt het. Es isch es Gstungg, es Gchlepf un es Gmöögg, kei Huuch vo Fyrlechkeit. U glych gahn i jedes Jahr. Der Märitbsuech im Dezämber ghört eifach zu myne Wienachtsvorbereitige. Meischtens choufen i nid emal vil, öppe chly Magebrot, Nydletäfeli oder Tee. I gah meh wäge de Lüt. Won i einisch my chlyni Nichte ha mitgno, het die plötzlech gseit: „Das het itz da vil Lüt mit Ruckseck u Zöttelichappe!" Äbe. Hüür isch's ömel o wider schön gsi. Der Stand, wo sech d Barbara denn i das fürchterleche Kitschührli verliebt het, isch o wider da gsi. Si het Ouge gmacht, wi we si i offnig Himel luegti. „Gäll Tanti, das isch ds Schönschte vom ganze Märit, das wett i!" U was seit dä Stock vo Tante druuf? „Das isch vil z tüür, sövel zalt me nid für so öppis. Du hättisch nid lang Fröid a däm Schmare!" Der Glanz i den

Ouge isch verlösche, d Barbara het vernünftig gnickt un es Bäbiröckli usegläse. Der Tag druuf hätt i mer chönne d Haar usrysse. Di Ouge hei mer ke Rue gla. Sövel mängs Jahr het me jede Tag mit Chind z tüe u tuet däwäg vernaglet. Wi we das wichtig wär, öb das Zytli mir gfallt! Für d Barbara isch es di schönschti Uhr vo der Wält gsi, un i ha re d Fröid drann verdorbe. Wi mängisch han i dryssg Fränkli dümmer bruucht!

Nächär bin i uf d Socke. Aber wo chouft men es settigs Gröielstück? I de Uhregschäft hei si diskret d Nase grümpft u schynheilig beduuret. Farbigi Guggerzytli, wo statt eme Plämpel es Trachtefroueli rytigampfet, passe nid i ds aaspruchsvolle Sortimänt vomene gedigene Lade. Es isch feiechly e Jagd gsi. Aber zletscht han i doch so nes Monschtrum ergatteret, made in Hongkong, ime Souvenirlädeli z Bärn. Es isch wahrhaftig es Brächmittel gsi, das Ührli, aber won i der Barbara ihri Ouge ha gseh, het's mi scho vil weniger gruusig düecht.

Änds Novämber sy mer mit em Grosschind no fyschterlige underwägs gsi. Amen Ort het e früeche Wienachtsboum glüüchtet.

D Kathrin isch fasch us em Hüsli cho. „Böimeli luege, gäu, söön! Böimeli sueche, gäu, uhu, Böimeli, uhu!" Ufgregt isch si uf und ab ghopset, het gwaschlet wi nes Buech u gchrääit vor Wonne, we si drü Liechtli het gseh zündte. Di Fröid het is aagsteckt, Urgrossmueter, Grossmueter u Mueter hei gly einisch yfriger Böimeli gsuecht als di Chlyni.

Es isch glych, wo me d Wienachtsfröid suecht, bire künschtlerisch wärtvolle Chrippe, bimene kitschige Guggerzytli oder bimene elektrische Wienachtsböimli, es chunnt gar nüt druf aa. Houptsach, mi findet se. Dir wartet gäng no uf se? Chöit ech nid zur Fröid entschliesse bi dene truurige Zyte u der schlächte Wält? Machet es Ougepaar z glänze, de stellt si sech vo sälber y. Es mues nid es Chind sy, ou i den Ouge vo Erwachsene het's Liechtli, wo uf ds Aazündte warte. Und es bruucht meischtens nid emal e Huuffe Gäld derzue.

I wünschen öich e fridlechi Zyt u chly glänzigi Ouge.

1988
Furt u deheim

Nöji Aafäng

Und jedem Anfang wohnt ein Zauber inne, der uns beglückt, und der uns hilft zu leben. – Im Seminar isch das einisch es Ufsatzthema gsi. Was i denn gschribe ha, weiss i nümm, sicher wichtigi u grundlegendi Erkenntnis. Denn han i no ganz genau gwüsst, wi me d Wält müesst verbessere. Mit de Jahre isch mer di Sicherheit chly abhande cho. Aber d Überschrift isch mer blibe, dä Satz het mi gäng echly dür mys Läbe begleitet. A mym Bruef han i bsunders gschetzt, dass es gäng u gäng wider en Art Nöiaafang gä het, es nöis Schueljahr, nöji Chind, es nöis Lehrmittel, e nöie Wääg, nöji Ysichte. I bi o hüt no offe für Nöis und Ungwanets, das blybt mer allwäg. Syg's am Chochherd, im Garte, hinder der Schrybmaschine oder uf der Theaterbüni. Der Reiz vome Nöibeginn, ds Ungwüsse, wi's usechunnt, d Spannig u Begeischterig für ne nöji Ufgab – das isch scho öppis Schöns. I gloube, solang me sech der Gwunder uf ds Läbe weis z erhalte, vergeit eim der Gluscht uf Nöis nid. U Glägeheit für ne nöien Aafang findet me gäng. Drum nimen i itz en Aalouf u gah mit Fröid u Schwung i mys dritte Stüblijahr.

I wünschen allne Läser e gäbigi Zyt, chly Undernämigsluscht und e tolli Portion Gwunder uf das, wo chunnt.

Ds Wätter isch es gäbigs Thema, über das cha me gäng rede oder schrybe. Wi's zvil oder zweni Schnee heig, wi sech nüt so tüei zale wi ds Wätter, u wi's früecher so ganz anders gsi syg. Das stimmt übrigens würklech, es isch nid numen e Meinig vo dene, wo gloube, früecher syg o ds Wätter besser gsi, nid nume d Mönsche. I bsinne mi no guet, wi vor vierzg Jahr di hungerigschte Bure scho Änds

Horner früechi Härdöpfel gsetzt hei. Di letschte Jahr hätte si se nid emal mit em Pickel chönne verloche. Und ei Morge het der Wätterfrösch im Radio brichtet, wi's bis lang i üses Jahrhundert scho früech im Dezämber ygwinteret het, nid ersch usgänds Jäner oder überhoupt nid. U Schnee heig's o vil meh gä, wi i der Gschicht vo der Selma Lagerlöf. Es isch eini vo myne Lieblingsgschichte, si het e gschydi Moral.

E Buur im höche Norden obe isch einisch im töife Winter mit em Ross un ere Ladig Holzbocki zum Bierbrauen underwägs gsi. Plötzlech het er gmerkt, dass er vore Tschuppele Wölf verfolgt wird. D Ladig isch schwär gsi, ds Ross scho lang uf de Beine u ds Dorf no wyt. Da het er undereinisch es alts Bättlerwybli vor sech gseh, zu nüt nutz und allne Lüten im Wääg. Wenn er verbygchuttet wär u das Froueli de Wölf hätt überlaa, de wär er grettet gsi. Aber er het's nid über ds Härz brunge, ds Ross gstellt u das Huscheli ufglade. Sider hei natürlech di Vycher ufgholt, u der Buur het i der Töibi über sy dummi Weichhärzigkeit der Bättlere mörderlech aafa wüescht säge. Di Frou isch nüt anders gwanet gsi u het di Vorwürf still über sech la ergah, aber won er zwüschyne einisch het müesse schnuufe, het si gseit: „Ghei doch afe di Fesser ab em Schlitte, chasch se ja morn ga zämeläse!" – „Hätt mer eigetlech sälber chönnen i Sinn cho!" het der Buur dänkt und aafa ablade. D Wölf hei sech chly la ufhalte u di Chüblen undersuecht, aber der Buur het wohl gseh, dass es nümm längt bis i ds Dorf. „Es mues doch eifach nid sy, dass e gsunde Maa un es starchs Ross da usse vo paarne Wölf gfrässe wärde!" het er überleit. „Es git sicher en Uswääg, der Fähler isch nume, dass ne nid gseh!"

Plötzlech het der Buur aafa gugle, dass ds Vagantefroueli erchlüpft gmeint het, itz heig er der Verstand verlore. Aber em Fuerme isch so ne simpli Lösig ygfalle, dass er grad het müesse grediuselache. „Fahr rüejig wyter u reich Hilf!" het er befole. „Säg im Dorf, i syg da usse eleini mit ere Raglete Wölf!" Dernah het er di gröschti Bütti ab em Brügeli trööl t, isch usegumpet, het sen überstellt und isch wi der Blitz drundergschloffe. D Wölf sy wi verruckt um dä riisig Eichezüber umegsprunge, sy ufegsatzet u hei i d Reife bisse. Aber der Buur isch gmüetlech am Schärme ghocket u het di gröschti Fröid gha a der Ufregig. Ungsinnet isch er ärnscht worde. „We de wider einisch i der Chlemmi bisch, dänk de a di Gschicht!" het er sech sälber zuegredt. „Es git gäng en Uswääg, me mues ne nume finde."

Vor paarne Jahre hei my Maa und ig z Südfrankrych nide e richtige Usstyger lehre kenne. Der Pierre isch ou einisch gruusig i der Tinte ghocket. Er het alben i der Neechi vo Paris es Bougschäft gfüert mit dryssg Arbeiter. Er isch sälber e guete Muurer gsi, aber läsen u schrybe het er nid guet chönne. D Buechhaltig u ds Schriftleche het ihm sy Frou gmacht, bis zu däm Tag, wo si mit eme Polier uuf u dervo isch. Füre Pierre isch e Wält zämegheit. Suech de hurti en Uswääg, we der d Trümmer bis zum Hals ufe chöme! Zersch het er ds Gschäft ufglöst, nächär isch er a d Côte abezüglet. E Zytlang het er das u disers gchlütterlet, aber es het ihm nüt so rächt passt. Schliesslech het er e grosse Bitz Bachbord gchouft u dert nahdisnah es chlys Paradies ygrichtet. Sy Garte isch e Sehenswürdigkeit gsi. Was dert nide wachst, het der Pierre pflanzet, u das isch vil. Gwohnt het er imene Baraggli us Chischtedechle, Wällbläächtafele, Seck u Blache. U das mitts imene Quartier mit noble

Feriehüser. Gchochet het er im Summer under eme grosse Boum, im Winter i sym Schlupf. Er isch mit der Zyt e richtigi Institution worde. Wenn öpper Hilf bruucht het, der Pierre isch cho. Isch öppis gsi z flicke, der Pierre het's gmacht. Het öpper e chupferige Wasserhane, e Velosattel oder es Schafglöggli gsuecht, der Pierre het's bsorget. Kei Mönsch het sech a sym Gnuusch gstosse. Teil Lüt hei gseit, bevor si bim Pierre gsi syge, heige ihri Ferie nid aagfange. Schwyzer! Im Urloub isch me halt tolerant. E Polizischt het me höchschtens denn byn ihm gseh, wenn eine es Stägeländer oder es Stützmüürli het nötig gha. Der Pierre isch e Sonderling gsi, aber uf der Täsche gläge isch er niemerem. Es wär ihm nid im Troum i Sinn cho, e Stromleitig aazzapfe, u der alt Göppel, won er dermit umetschalpet isch, dä isch syne gsi. Won er gstorben isch, hei alli Chöschte mit sym eigete Gäld chönne begliche wärde.

Wi meinet der? Öich chömm Zaffaraya i Sinn? Da chan i also nüt derfür. Dir chöit nid mi verantwortlech mache für das, wo dir dänket. Ja, dä Chare isch im Dräck, aber es git gäng en Uswääg. Vilicht ligt er uf der Hand, vilicht mues me chly studiere.

Wahrschynlech bruucht's eifach ganz e nöien Aafang. Ds Zouberhafte dranne wär de, wenn BEIDI Parteie fridlech ufenand zuegienge und enand ZUELOSTI, anstatt enand mit Taten und Worte uf d Grinde z houe.

En anderi Hut

Chürzlech bin i are Versammlig gsi, wo sech Teilnähmer us der halbe Schwyz troffe hei. Mi düecht's albe no luschtig, mer uszmale, wohär di Lüt ächt chöme, was si schaffe, u wi si chönnte heisse. Dasmal han i dütlech zwo Gruppe chönnen underscheide, die ohni u die mit. Di einte sy ganz gwöhnlech derhärcho, aaständig gschalet, nüt uffällig, wi men äbe so ane Veranstaltig geit. Di andere ou, aber si hei grossi, komplizierti Broschen aagsteckt gha, ganz verschiden i der Form, gälb, hällgrau oder bruun. Fasnachtsplakette. Us Guld, us Silber, us Bronce, je nach Portemonnaie oder Intensität vo der Fasnachtsbegeischterig. Luzärner, Solothurner, Basler hei sech über alli regionale Eigeheite ewägg als Mitglider vomene Club gä z erchenne, wo alli andere zu rat- u hilflose Ussesyter macht. Eine ohni het zu eire mit gseit, är findi di Schnitzelbänk no glatt, öb sin ihm nid chönnt Ytrittscharte zueha. „Do git's kai Karte!" het si ne abgfertiget. „De goosch ine Baiz, no wartisch, bis epper kunnt und singt!"
I ghöre zu dene ohni Plakette, tue mi höchschtens am Rand chly mit de verschidene Erschynigsforme vo däm Narretrybe beschäftige. Für ne richtigi Beziehig z ha derzue, mues men allwäg dermit ufgwachse sy. Als chlys Chind bin i im Seeland deheime gsi, u dert han i nie nüt gmerkt vo Fasnacht. Öb si würklech ganz unbekannt isch gsi, oder öb me wäg em Chrieg eifach anders het gha z dänke, weis i nid. Vo Fasnachtsböögge het mer einisch öpper verzellt gha, und i ha mer drunder öppis Bedrohlechs u Gfährlechs vorgstellt. Won i ha z Schuel müesse, sy mer hiehäre züglet. Näbezueche het's denn e Frou gha, wo nid ganz richtig

isch gsi im Chopf. I ha se als läng u dünn in Erinnerig, si het gäng choleschwarzi Chleider treit, wo bim Loufe um sen umegflatteret sy. Si isch völlig harmlos gsi u het niemerem nüt zleid ta, aber i ha mi ztod gförchtet. I ha gmeint, das syg itz äben e Böögg. Speter han i de richtigi Bööggli lehre kenne, verchleideti Chind, wo a der alte Fasnacht mit Bläächbüchse vo Huus zu Huus gchlefelet sy, ihri Värsli ufgseit un e Batze bättlet hei. Nachbers Hausi gsehn i no hüt i sym blaue Ermelschurz u Grossmueters Strouhuet. Üses Marie, das Froueli, wo so lang byn is isch verdinget gsi, het mer so nes Höischvärsli glehrt:
    Allez hopp hopp hopp!
    Allez hopp hopp hopp!
    Füre mit däm graue Gäld!
    Chöit mer gä, was der weit,
    Chüechli oder Gäld!
I ha's schnäll chönne, aber ga tschämele bin i glych nie. Vilicht isch's chly dernäbe, wenn eini, wo sech nid vil us Fasnacht macht, im Stübli usgrächnet über das schrybt. Vorliebi hin oder här – me cha däm Thema schlächt uswyche. Zytige, Radio, Fernseh – alls voll Fasnacht, Karneval, Fasching, Fasnet, Carnevale, Tschäggätte, Nüssler, Orden wider den tierischen Ernst. Narrezouber, wo me häreluegt. Öppis mues ja derhinder sy, wenn Jahr für Jahr ganzi Heerschare vo normale, vernünftige Lüt derwäge total us em Hüsli chöme.
D Luscht am Verchleide isch em Mönsch gloub aagebore. Üsi zwöiehalbjährigi Kathrin cha sech di lengschti Zyt vertöörle mit Aalege u Abzie. Si het chuum chönne loufe, isch si scho i Mueters Stögelischue gogeret u drin desumegwaggelet. I der Schuel hei mer mängisch Fasnachtsmas-

ke baschtlet und öppen e Umzug gmacht. Einisch hei mer amene Altersnamittag mitgwürkt. Im Schutz vo de Larve hei d Chind alli Värsli dörfe säge, wo ne i Sinn cho sy, ou di unaaständige. „Es geit e Heer i Garte..." Der Witz isch du gsi, dass ds Publikum e Riisefröid het gha. Di Grosseltere hei drum di Sprüchli kennt und albe ou numen im Verschleikte dörfen ufsäge.

Einisch mache, was me süsch nid darf, hinder der Maske säge, was me sech süsch nid trouet, im Narregwändli d Narrefreiheit in Aaspruch näh. E Narr darf sech meh erlouben als ander Lüt. Jede Herrscher, wo öppis het uf sech gha, het sy Toleranz u Grosszügigkeit dermit bewise, dass er sech e Hofnarr ghalte u sech vo däm Sache het la säge, wo jeden ander der Chopf gchoschtet hätte. Öb er de ou uf ne glost het, isch es anders Kapitel.

I der Schuel han i im Zämehang mit ere Rittergschicht einisch gfragt, öb si wüssi, was e Hofnarr syg. Da isch eine voll Begeischterig uf sym Stüeli uf un ab ghopset u het ufgregt gchrääit: „E Hofnarr darf alls säge, alls! Schyssgagel u so Züüg, eifach alls!"

Ine anderi Hut schlüüffe. Probiert me das würklech numen a der Fasnacht? Es Kostüm aalege, sech hinder der Larve sicher füele?

Stellet nech e Gruppe Soldate vor, so äberächt im Chutt. Es würd mänge sy Zunge sorgfältiger hüete, wenn er i syne Chleidere steckti u nid im anonyme Fäldgrau. Oder näht e Tschuppele Halbwüchsigi. Si gä sech schrecklech Müei, anders z sy als di andere, trage verwäschni Jeansjagge u sy zäme unerchannt starch. Si merke nid, dass si d Nonkonformischtenuniform annehei, so wi der Reinhard Mey im Lied vo der emanzipierten Annabel. Sy mer ehrlech, es sy nid nume di Junge, wo sech verchleide. Dir un ig und alli wei mängisch öppis vortüüsche oder öppis verdecke. Nid nume mit Chleider u Schminki, u nid numen a der Fasnacht. Aber mir machen is öppis vor. Us der eigete Hut use cha men eifach nid. Me cha höchschtens en anderi drüberzie. Mir chöi es raffinierts Kostüm aalege, e kunschtvolli Masken ufsetze, chöi nis mit eme usdividierte Rahme umgä – under der Schminki sy mer glych eso, wi mer äbe sy.

Eine vo den ydrücklechschte Filme, won i kenne, spilt am Carneval vo Rio. Er heisst „Orfeo negro" und isch e moderni Umsetzig vo der griechische Sag vom Orpheus, wo sy Eurydike i ds Toterych abe geit ga sueche. D Houptrolle spilt das lute, farbige, exotische Fasnachtstrybe. Derdür ziet sech e Liebesgschicht voll Zouber und Poesie. Mi fasziniert, wi elegant und nahtlos di paar tuusig Jahr alti mythologischi Gschicht i d Gägewart isch übertreit worde. Di junge, farbige Houptdarsteller spilen ihri Rolle mit ere Zartheit, wo eim fasch Härzchlopfe macht. I ha einisch gläse, är syg im Privatläbe Profiboxer und si Bardame. Di zwöi hei allwäg o en anderi Hut müessen überzie, für dä Film z mache. Oder vilicht hei si di anderi abzoge u sech e Zytlang so dörfe zeige, wi si eigetlech wäre. Ungschminkt, i der eigete Hut. Das söll's ou gä.

Döö Goniagg

Mit dene Sprayereie a Brügge, Underfüerige u Husmuure chan i nid vil aafa. I bi halt no ire Zyt erzoge worde, wo me het uf d Finger verwütscht, we me d Wänd aagchaaret het. Der Sprayer vo Züri het ja sicher no luschtigi Toggeli gmacht, teil hei sogar vo Kunscht gredt, un i ha o scho z Bärn u z Burdlef so Helgeli gseh, wo mi glatt düecht hei. Aber es het halt alls zwo Syte. Di einti Syte wär d Ussag vo dene Mitteilige. Mängisch drückt dä Spruch oder das Figürli es berächtigets Aaligen uus, mängisch isch's witzig und originell. Mängisch o nid. Aber di anderi Syte gwichtet äben ou. Es wird da allergattig Lüten öppis ufzwunge. Si wei's nid, aber si chöi sech nid dergäge wehre. Der Besitzer vo der Underlag wott kei Wandschmuck, süsch hätt er vermuetlech sälber derfür gluegt. Politiker u anderi exponierti Pärsone müesse sech Beschimpfige la gfalle, wo si nid chöi zruggwyse. Dä, wo anders dänkt, wird mit ere Meinig terrorisiert, won er nid cha akzeptiere, u won er nid cha widerlege, u heig er no so gueti Argumänt. Dä, wo no nid ganz e verkümmerete Schönheitssinn het, mues sech de tagtäglech la beleidige vo däm Gchaar Dernäbe isch das Trybgas alls andere als harmlos, aber halt gäbig. Wenn di Künschtler mit em Pinsel müesste fäliere, gieng's ordeli lenger, u mi würd am Änd no verwütscht. Das stört mi eigetlech no am meischte. We me sy Meinig unbedingt so ufdringlech mues usetrumpeetet ha, sött men ou bereit sy, d Konsequänze z trage u sech dene z stelle, wo nid yverstande sy, statt i der Fyschteri z verschwinde.

I gibe zue, dass i mi o scho amüsiert ha ab so eme Kunschtwärk, dass i o scho bi nachdänklech worde. Geschter han i amene Bouzuun gläse: „Hesch hüt scho gläbt?" Da bin i scho ne Momänt i ds Studiere cho. Han i hüt scho gläbt, oder bin i am Änd nume gläbt worde? Mängisch sy mer ja imene Ghetz inn, dass mer gar nid merke, wi ds Läbe an is verbyruuschet. Mir stecke i allerhand Zwäng u chöi nid gäng, wi mer wei. U wi meh mer juflen u hüschtere, descht meh pressiert's, u mir hei nid emal meh Zyt z merke, dass es ou mit weniger gieng. Mir legen is no öppe sälber e Halfteren aa, meine, es mües so sy, es gang nid anders, u gloube's nid, wenn is öpper ds Gägeteil bewyst.

Es isch ganz nützlech, hin u wider e Zäsur z mache, e Pouse, wo mer wider einisch zum Dänke chöme, wo mer chöi still sy, wo mer chöi losen u luege. Einisch öppis anders mache als jede Tag. Da wärde Fähigkeiten aagsproche, wo mer süsch nid nutze, Chreft wärde frei, wo mer nüt dervo hei gwüsst, Saite chöme zum Töne, wo süsch nie aagschlage wärde. So hei mer einisch mym Maa sy Brueder u d Frou nach Südfrankrych mitgschleipft. Bi ihre hei mer nid so fescht müessen aawände, si isch gsundheitlech nid grad uf der Höchi u het di Ferie guet chönne bruuche. Bi ihm het's herter gha, der Bärgbuur het partout nid wöllen ygseh, was är dert nide söll. Wenn er wenigschtens d Geiss hätt chönne mitnäh, de wär's no eis gsi. Aber wo mer ne du ändtlech hei vorumebrunge gha, isch er gsi wi ne umgcheerte Händsche. Dä het di Ferie chönne gniesse, i hätt's nie gloubt. Die, wo heige behouptet, Dresli chönn nid Ferie mache, söllen itz nume cho luege! het er albe gseit, wenn er uf em Ligistuel plegeret isch un alli vieri vo sech gstreckt het. Einisch sy mer uf Monte Carlo. Dert het er feiechly en Ufruer verursacht. Mit sym schöne Vollbart, der Haaggepfyffe, em blaue Bändelihemmli, de bluemete

Hosetreger u de halblynige Hose, wo der Pfyffegrübel u ds Schnüerli vom Tubakseckel zum Sack usgluegt hei, het er fasch chly exotisch usgseh i der mondänen Umgäbig. D Lüt sy schier blybe stah, für di ungwaneti Erschynig z betrachte. Dresli het das nüt gstört. Si sölli nume luege, de gseie si einisch öppis Rächts! het er troche gmeint.

Einisch het ds Outo gstagglet. Da hei di zwee Cholere verchündet, si gangi hurti i ds Dorf füre ga z rouke reiche nach em Zmittag, de chönne si de grad luege, wo's fähli. Mir hei se der ganz Namittag nüt meh gseh. Die baggli wahrschynlech imene Mimosewäldli oder i de Räbbärge am kabutte Outo. Vilicht heige si ou der Wääg nümme gfunde, hei mer is usgmale. Es isch gar en unübersichtlechi Gäged dert. Aber zum Znacht sy si cho z trötschgele, beid feiechly z gäggels, u hei wortrych u wytlöifig vo dene intressante Unterhaltige i de verschidene Wirtschäftli verzellt, wo si zuefelig drygrate syge. Öb si de vil verstande heige? Si sy drum beid nid grad Helde uf französisch. Nid di gringschte Problem heige si gha, „döö Goniagg" heige si ömel fliessend chönne bstelle.

Mängisch bruucht's nume chly e Mupf, dass me der täglech Tramp einisch abschüttlet. Un es isch schön, we me's fertigbringt, übere eiget Schatte z springe. Es mues ja nid unbedingt d Côte d'Azur sy, es geit ou ohni Goniagg. E Namittag ga lädele oder es spannends Buech läse, we me eigetlech gar nid Zyt hätt, settigs cha Wunder würke.

Dä Früelig gangi mer wider abe, hei mer abgmacht. Ursprünglech wäre mer üsere sächsi gsi, aber di andere hei eis um ds andere der Hindertsigang yneta. Der erscht Momänt het's mi chly gheglet, dass i itz alls für d Chatz söll organisiert ha. Aber gly einisch het's mi düecht, wenn die itz plötzlech alli nümm wölli, mües das nid heisse, dass i o nid wöll.

De gang i halt eleini dert abe, mira wohl. Ds Verruckte drann isch, die lö mi gah! Eifach so, ganz sälbverständlech. My Familie het nüt dergäge gha, i cha sogar no ds Outo mitnäh. I finde das unheimlech schön. Wenn i de zruggchume, will i mit nöiem Schwung früsch ume wäsche u glette u putze u chüderle u chräbele.

Also, wenn dir das z läsen überchömet, bin i am Meer. Hoffetlech schynt d Sunne.

Dopfeteli

Selig sind die Stunden der Untätigkeit, denn dann arbeiten unsere Seelen. – Dä Satz vom Egon Friedell isch mer eismal aaglüffe u grad yche. We me syr Läbtig fasch gäng meh Arbeit het gha, als me het chönne bewältige, wird es schlächts Gwüsse wäge me vertschöiderlete Namittag, eme länge Sunnebad oder eme unzytige Gaffeechlapper no gärn zum unabhärdlige Begleiter. I ha zwar gäng probiert, mer echly Ellbogefreiheit z bewahre, und ou im strübschte Gstürm öppen einisch frei gno. Me cha ja nid gäng numen us sech useschrysse, einisch mues me wider öppis ynetue. Aber es isch halt scho vil blybe lige, wo nid hätt dörfe, u das cha ou es robuschts Gmüet uf d Lengi chly belaschte. I ha mer mängisch gwünscht, i hätt es Halbdotzen Arme wi da di indischi Göttin. Item, das Gjufel isch verby, und uguets Gfüel han i o scho lang keis meh, wenn i einisch chly usstyge. I ha gmerkt, dass ds Nüttue nid für nüt isch, denn lade sech d Batterie wider uf. Drum gfallt mer dä Spruch so guet. Es isch gäng schön u tuet eim wohl, wenn en eigeti Erkenntnis vo öpper vil gschyderem bestätiget wird.

I ha itz grad Glägeheit, d Richtigkeit vo däm Satz z überprüefe. Ds Meiteli vo üser Marianne, d Kathrin, isch by mer i de Ferie. Si het es Schwöschterli übercho u wartet itz bi üs druuf, dass ds Mueti wider heichunnt us em Spital. Si isch guet zwöieshalbs und en ufgweckti Trulla, di grossmüeterlechi Begeischterig scho abzoge. Wo sech ds Grosi ergelschteret het wäge me vernuuschete Paar Schue, het si verschmitzt behouptet, si heig se usgschosse, der Alex (der Hund) heig se gfrässe. Si cha sech guet sälber vertöörle u spilt o ganz härzig mit em achtmönetige David, ömel we's ere drum isch, aber es git halt glych no vil „untätigi" Stunde für d Grossmueter. Schutte oder i Wald gah cha me schlächt mit Hemmliglette oder Fänschterputze kombiniere. Aber es düecht mi gar nid, i mach nüt. I gspüren albe my Seel diräkt tätig wärde. My Grossätti söll albe gseit ha: „Chind goumen isch o gwärchet!" Es het früecher o gschydi Lüt gä.

D Kathrin un ig chöme guet uus zäme, das hei mer z Frankrych usprobiert. I bi du denn glych nid ganz eleini i d Ferie, d Marianne u d Kathrin sy mitcho. I bi süsch nid derfür, sövel chlyni Chind weis der Gugger wohäre mitzschleipfe, aber es het sech du eifach so ergä. U si het sech ganz guet gstellt u di ändlosi Outofahrt problemlos gmeischteret, chly gschlafe, chly bäbelet, chly der Znünichorb usgruumt. Dunde het si sech meischtens sälber goumet. Es pflegeliechts Chind. Di Tagen am Meer sy mer nid zletscht wäge der Kathrin zum unvergässlechen Erläbnis worde. Es fasziniert mi gäng wi meh z beobachte, wi us eme Hämpfeli Fleisch, wo nume brüelet u schlaft, nahdinah es Mönschli wird mit Gedanke, mit eme Wille, mit ere Pärsönlechkeit. Bi den eigete Chind cha me's gloub nid so gniesse. Me isch vil z hert mit allem mügleche verhänkt u steit vil z hert mitts drin. I meine das ömel itz, aber vilicht han i's nume vergässe. Grosseltere sy sicher chly iren andere Situation als d Eltere. Me isch elter, hoffetlech ou chly gschyder, u weis afe, was wichtig isch u was men öppe darf dürelaa. I finde, d Beziehig zwüsche Grosseltere u Grosschind heig eigetlech fasch nume schöni Syte. Mit de Problem sölle sech mira Vatter u Mueter umeschla.

Wi d Kathrin di unbekannti Wält, di nöien Erläbnis i ihri Erfahrig het yboue, isch scho intressant gsi. Mir hei sälber grad echly nöji Ougen übercho. Der erscht Blick uf ds Meer isch ou für üs gäng chly e bsundere Momänt. D Kathrin het chugelrundi Ouge gmacht, lang gluegt u schliesslech mit eme töife Schnuuf gseit: „Lueg einis glosses Wassel! Dopfeteli, Dopfeteli, Dopfeteli!" Bündiger hätt i my Begeischterig o nid chönnen usdrücke.

Ds Meer het sen unghüür aazoge, jede Tag het si abe wölle. Am Aafang het si göisset un isch hindertsi, wenn e Wälle cho isch, nach paarne Tag isch si blybe stah u het glachet, we re ds Wasser um d Stifel gschuumet het. Völlig us em Hüsli isch si cho, wo der Ponant gangen isch, der Sägelluft. Es het höchi Wälle gha, u si hei gsurfet wi sturm. D Kathrin isch höch ufgumpet u het gchrääit vor Übersüünigi: „Plützt mi, plützt mi!" und „Siffli slümmt, Siffli slümmt!" Es isch Dopfeteli herrlech gsi.

Itz isch's de scho zwe Monet, aber si chunnt gäng no dermit. We der Grossätti ds Outo füerenimmt, wo mer dermit abegfahre sy, seit si: „Glossätti Meel luege, Gaggi (Kathrin) ou mit!" Di Charte mit der Pinie höch über em Wasser, wo mer e Läsere gschickt het, isch uf der Stell behändiget worde. „Hei näh, gäu, Meel luege!" Dass di bruune, mieschüberwachsene Möcken im Wasser Steine syge, het si nid wölle gloube. Für seie sy das Chüeplättele gsi. Es geit üs ja o nid anders. Wi mängisch wärde mer e vorgfassti Meinig nümm los, u nid numen über Chüedräck.

Einisch sy mer uf St. Tropez z Märit. Es isch grad Etappestart vom Velorenne Paris-Nice gsi. Es isch ja scho süsch nid fürige Platz am Hafe, aber denn isch es heilloses Gstungg gsi. Mir hei usgibig chönne Studie mache, was der Liebgott für merkwürdigi Choschtgänger het.

D Kathrin het dä Rummel uf ihrem Stüeli glychmüetig betrachtet, mit de Beine plampet und ihri Brattige gmacht. Grad näbezueche het eine mit eme Ungetüm vo Töff Vorstelig gä. E Harley Davidson isch es gsi, en unheimleche Stuel. Der stolz Bsitzer het di Höllemaschine la rochlen und ufhüüle, bis er sicher isch gsi, dass alls luegt. Won er ändtlech dervobruuset isch, het d Kathrin chüel gseit: „Töffli geit." I wett, i chönnt ds Wäsentleche i jedem Fall so haargenau ufe Punkt bringe.

I ha würklech nüt gmacht dert nide. Numen e Pullover füre Buur isch entstande, aber lisme isch ja nid gwärchet, o we das d Manne nid wei begryffe. Aber i ha überhoupt nid ds Gfüel gha, i tüei d Zyt verplämpele, my Seel het ja gschaffet.

I wünschen öich nöji Ouge für das, wo der meinet, dir kennit's, und albeneinisch Glägeheit, öji Seel la z wärche.

Der Himel i der Glungge

Letschthin isch mer es Buech i d Händ cho, e Sammlig vo Mundarttäxte us der dütschsprachige Schwyz. Es heisst „Gredt u gschribe" und isch im Suurländer usecho. We me sälber probiert, uf däm Gebiet chly öppis z mache, intressiert eim, was änet em Hag geit. I ha das Buech gchouft u bi derhinder. Di Vilfalt u dä Rychtum, wo da sy zämetreit worde, hei mi fasch erschlage. 121 Näme stö im Verzeichnis, und es isch nume e Uswahl.

Luschtigs u Truurigs findet me drinn, Schöns u Wüeschts, Sache, wo eim gfalle, Sache, wo me der Chopf schüttlet. Usdruck vore Kultur, wo chly im Versteckte blüeit, wo eim nid lut u brüelig vo de Plakatwänd i ds Gsicht springt, e Kultur, wo vom Fernseh nid gross usebracht wird, wo vo de Zytige höchschtens am Rand chly pflegt wird. Di gueti Mundartliteratur – es git ou vil weniger gueti – chunnt bescheide derhär. Si liferet keni Schlagzyle, si verschlingt keni Millione, u die, wo se mache, chöi nid dervo läbe. Aber si isch wichtig u wärtvoll, wül si üses Läbe, üsi Eigenart widerspieglet. Si isch nüt Künschtlechs, si wachst uf üsem eigete Bode, si isch ächt.

Si isch es Byspil derfür, wi weni dass mer das schetze, wo mer gäng hei, das, wo sälbverständlech isch. Alli Dütschschwyzer rede Mundart, nume weni hei Sorg derzue, pflege se u läse se. Ds Volkstheater – hie git's ou guets u weniger guets – findet nid überall di Beachtig, won es eigetlech verdienet. Es macht halt kes Wäse, hout nid lut uf d Pouke, Starrummel isch ihm frömd. Aber es wachst dert, wo mer alli üser Würze hei, es zeigt uuf, wo mer eigetlech häreghöre. Drum cha me's gar nid höch gnue yschetze.

Ou di andere Sache, ds Jodle u ds Hornusse, ds Handörgele, d Buremalerei u no vil anders, ghöre i dä Chratte. Ganz glych, öb's eim gfallt oder nid, ganz glych, wi guet dass es gmacht wird: Es ghört zu üser Volkskultur. U d Volkskultur isch üse Bode, u solang mer no chly Bode under de Füesse gspüre, wüsse mer gäng, wo mer stö.

I däm Mundartbuech isch mer e Satz begägnet, wo mi ganz bsunders aagrüert het. Es isch e Strophe us eme Gedicht vome grosse Walliser, vom Hannes Taugwalder. Das Gedicht heisst „Der Alltag", u di letschti Strophe, wo mer so yne isch, geit eso:

> Lüeg, i jedum Glungje
> schpieglut schi
> der Himmel.
> Ma müess nu numma gseh.

Ds Läben isch mängisch es klars Brünneli, wo fröhlech vor sech häreplätscheret, u dür ds lutere Wasser gseht me bis ufe Bode. Jede wünscht sech der Himel uf Ärde, u wenn alls so eifach usgseht, we's eim guet geit u sech d Problem fasch vo sälber löse, de isch es ou kei Kunscht, sech chly im Himel z füele. Aber mängisch styge dräckigi Wülchli uuf vom Grund, breite sech uus u verwandle das Läbeswässerli ine trüebi Glungge. Allergattig Ungezyfer, gschliferigi Schnägge, unappetitlechi Güeg fö sech aa breitmache. U wi meh mer dryschlö u schwadere, descht undurchsichtiger wird di Brüeji. Wär wett itz i der troschtlose Sach no nes bitzeli private Himel finde.

„Ma müess nu numma gseh", seit der Dichter. Eifach isch das nid, der Himel fallt eim nid i Schoos. „Lüeg!" Bevor mer öppis chöi gseh, müesse mer luege. Ds Glück springt is nid nache, mir müesse sälber öppis derzue tue. Keis

Läbe besteit us luter himmlische Momänte. Paar Glanzliechter hälfen is, ringer dürezcho. Aber es heisst ufpasse, dass mer di glänzige Fünkli nid überluege, wül mer nume no chrampfhaft i üse Tümpel stare.

We me sy zwänzigscht Geburtstag scho nes Wyli hinder sech het, fat me langsam aa merke, dass me gar nid so vil cha mache, wi me als jung sech ybildet het. Es chunnt, wi's mues. Jede het sys Päckli uf em Buggel, un es nützt nüt, sech mit aller Chraft dergäge z wehre. Mir chöi nid jedi Lascht abwärfe, nid mit aller Gwalt. Statt üsi Chraft z vergüüde u se mit sinnlosem Widerstand z erschöpfe, bruuche mer se vil gschyder zum Trage. Mir luege, wi mer dä Pündtel am gäbigschte chöi uflade, u plötzlech hei mer no ne ganze Huuffe Chreft fürig für anders. Zum Byspil für d Suechi nach eme Räschteli Himel. Läbe heisst nid nume, pouselos desumesyrache, bis mer vor luter Betribsamkeit nümm zur Bsinnig chöme. Läbe cha ou heisse still wärde, lose u luege. We mer em Ungfröite Glägeheit gä sech z sädle, we mer chöi warte, bis sech d Wälle glette, gseh mer undereinisch, wi sech der Himel spieglet i üsem Weierli. Vilicht müesse mer nume paar Schritt näbenume u di Sach einisch chly us eme andere Blickwinkel betrachte, u scho heiteret's i der Töifi, u der blau Himel güggelet füre.

U was isch de, we sech der Himel sälber versteckt? We Gwülch ufstygt vo allne Syte u ds Blaue überziet, we sech nume no e truurige, graue Dechel i üser Glungge spieglet? Es git es Läsibuechgschichtli. I däm beobachtet es Chind der Himel, wo über un über verhäicht isch. Plötzlech teile sech d Wulche, es Eggeli Blau chunnt füre. Näbedrann git's es zwöits Loch, ds andere wird grösser, beidi gö wider zue. D Mueter chunnt yne u süüfzget über dä trüeb Tag.

„Der blau Himel isch da, Mueter", seit ds Chind, „mir gseh ne nume nid." Mir wüssti's eigetlech. Der blau Himel isch gäng da, ob de Wulche.

Würze

„Du chasch dy büürlechi Abstammig o nid verlügne!" het mer e Bekannte gseit, nachdäm er öppis vo mer het gläse gha. Verlügne. I ha gmeint, i ghör nid rächt. Vilicht het er's ja nid eso gmeint, vilicht nume ds lätze Wort verwütscht, aber es het mi i d Nase gstoche. We Gschribnigs söll Hand u Fuess ha, isch en intensivi Gedankenarbeit nötig. I ha müglecherwys vorhär i vierzg Jahr nid sövel gstudiert u nachedänkt über ds Läbe, d Lüt, d Wält u mi sälber wi i der churze Zyt, sit i ärnschthaft ha aagfange mit der Schryberei. Es sy mer scho paar Liechter ufgange derby. Bim Sueche nach trääfe Formulierige wärden eim Sache klar, wo me früecher bloss halbbatzig gspürt und eigetlech nume gmeint het, mi wüssi's. Me mues mängisch feiechly mit sech worte u töif i sech abetouche, für eifache Erkenntnis uf d Spur z cho. Das cha no rächt schmärzhaft sy. Me schleipft äbe scho vil mit sech ume, wo men am liebschten i hinderscht Egge vo der Seel stunggeti u mit Gfröiterem zuedeckti, mit Züüg, wo eim nid pickt.
Nüt vorspiegle, zu däm stah, won i bi. Das isch so nes Latärndli, won i probieren am Brönne z halte. I gseh kei Grund, my Härkunft z verlügne, es nützti ou nüt. Ganz glych, was i no aastelle, ganz glych, was es us mer git, i bi gäng d Aeberhardt Christine, Grosschind vome Chlybuur,

Tochter vome Chlybuur, Ehefrou vome Chlybuur. Öb's mer passt oder nid. U wi elter dass i wirde, wi dankbarer bin i für di Würze. Vil z vil Lüt schwadere dür ds Läbe, wüsse nid, wohär si chöme, wo si sy u wo si häregö. Si hei kei Boden under de Füesse. Mi düecht di längerschi meh, d Arbeit im Härd, mit Pflanzen u Tier, ds Ygspannetsy i Jahresablouf, d Abhängigkeit vo der Natur, vom Wätter syg e gueti Schuel und e Hilf für ne gsundi Läbesystelig. Me lehrt unmissverständlech, dass nid alls machbar isch, dass der Mönsch numen es Redli isch, ypasst i ds grosse Ganze. Me cha sääie, setze, chräbele, jätte, bschütte – u dermit het's es scho. La errünne chöi mer nüt, gleitiger mache z wachse o nid. Es bruucht alls sy Zyt, da hilft weder Jufle no Ufgumpe. Ds einte chunnt, ds andere geit, u das Wächselspil wird ou nid ändere, we sech d Mönschheit ändgültig vergiftet oder i d Luft gsprängt het. D Natur isch nid ufe Mönsch aagwise, u we's ere z bunt wird, ruumt si ne de dänne. Si isch scho dranne.

Jammerorgele bin i gwüss keni. Aber i finde's bedänklech, wi d Ysicht i eifachi, unabänderlechi Tatsache gäng meh verloregeit. D Sälbschtmordrate stygt, d Kriminalität nimmt zue, wenn eine keni Depressione het, isch er nid gsund, wär ohni Psychiater uschunnt, dä spinnt. Also, de sölle doch die alli ga bure, wo so Chnörz hei! Geit nid, nümm gnue Platz, uf Parkplätz, i Betonblöck u Fabrigge cha me nid Härdöpfel setze. Es nützti ou nid vil, es ligt nid am Bruef. Was i da schrybe, nützt ou nüt. Die, wo's wüsse, hei's nid nötig, u die, wo's nötig hätte, intressiere sech nid für so eifältigi Philosophie. Wältverbesserer hei's zu allne Zyte schwär gha, i la mi lieber nid i das undankbare Gschäft yne. Jede mues halt der Chopf sälber paarmal aaschla, bis er gloubt, dass es wehtuet. I kenne ou Bure, wo i däm Spittel chrank sy. Si hei vor luter Wüsseschafts- u Fortschrittsglöibigkeit ds Määs verlore. Drum han i unerchannt wohlgläbt a däm Vortrag, wo mer a der Diplomfyr vore Landwirtschaftsschuel dä Früelig ghört hei.

Der Pfarrer Christoph Zimmermaa het gredt. Er het nach em theologische ou no nes landwirtschaftlechs Studium absolviert u schaffet i der Entwickligshilf. Di Reed isch sicher öppis vom Intelligäntischte gsi, wo di junge Bure währed ihrer Usbildig hei z ghören übercho. Der Redner isch zu de Würzen abe. D Wüsseschaft vo de Bure isch ds Thema gsi. „Syt nid so liechtglöibig!" het er gseit. „Gstudierti müesse nid gäng rächt ha. U we si einisch öppis ganz Gschyds usefinde u bewyse, isch es meischtens öppis, wo scho öier Grossvättere gwüsst hei. Heit der Muet, nech uf öji eigeti Wüsseschaft z verla, loset, lueget u redet. Dir heit alli e Grind, bruuchet ne! D Füürwehr isch wichtiger als der Computer. Ir Füürwehrüebig redet der mitenand, tuuschet Erfahrigen uus, erhaltet öji eigete Forschigsergäbnis. Vor em Computer isch jeden eleini." Es isch es Muschterbyspil gsi voren Aasprach, inhaltlech und rhetorisch es Meischterstück. E Frou hinder mir het am Schluss ganz erstuunt gseit: „Me isch nid emal ygschlafe derby!" Die het allwäg ou scho mängs müessen über sech la ergah.

Uf üser Polereis sy mer gäng öppe mit drüne Ehepaar zämegsi, ou Bärner. Mir hei's luschtig gha, ou we mer alli grundverschide sy, u drum hei mer abgmacht, mir wöllen is albeneinisch bi eim von is ame Sunndig zum Zmittag träffe. Letschthin isch's ömel ou wider sowyt gsi. Dasmal sy mer zum Erwin. Är u sy Frou sy Burelüt vor alte, solide Sorte. Si hei e byspilhafti Ornig im und um ds Huus, da ligt kes Schübeli Strou, hanget ke Spinnhubbele. Si gryffe zu Schluuch und Rysbürschte u fäge entschlosse d Fassaden abe, we's nötig isch. Si wüsse, was sech ghört, und halte sech dra. Der Werner isch e fortschrittleche, moderne Buur, fasch echly e Managertyp. Sy Frou isch im Gmeinrat, si hei Lehrbuebe u Lehrtöchtere u sy unheimlech tätig u tüechtig. Der Walter isch no einisch ganz en andere. Er het verschmitzti Öigli u guslet gärn echly. Er isch nid bi allne Lüte beliebt, wül er anderi Gedanke het als der gross Huuffe. Er findet, itz syg gnue zuebetoniert, u bekämpft überrisseni Bouprojekt mit Erfolg. Das hei nid alli gärn. Sy Frou ziet am glyche Strick. Er syg gloub chly e Grüene! hei mer ne ghelkt. Also, we de d Bure nid dörfte grüen sy, wär ächt de! Mir hei's allimal churzwylig zäme. Vilicht wül mer alli no wüsse, wo mer üsi Würze hei. Es müesse nid alli glych dänke, es müesse nid alli ds Glyche wichtig finde, aber la gälte mues men enand. Schön isch, wi alli di Ehepaar uf ihri Art es guets Gspann sy, bi Ross seiti me „e guete Zug". Wi de das bi üs zwöine syg? Das cha men allwäg sälber nid eso säge. E Nachber het eismal gmeint: „Mi düecht gäng, dir passit überhoupt nid zäme, aber dir passet wahnsinnig guet zäme." Henu.

Mönscheverachtig

Z Pole streike si wider. Si hei ou alle Grund. D Zytige sy voll, u Radio u Fernseh reden ou all Tag dervo. I ertappe mi öppe derby, win i gar nümm zuelose, we i de Nachrichte ei Schreckensmäldig di anderi ablöst. I der Zytig überspringen i d Artikle übere Libanon und über d Palästinenser, d Tagesschou luegen i nume ganz sälte. Was doch Mönschen imstand sy, enand anezmache! I cha das nid i mi ynela, i halte das nid uus. Es hilft ou niemerem, wenn i mi dermit kabuttmache. Nume mir u myne Lüt ds Läbe vergifte tuen i mit mym schlächte Luun, wenn i nid echly probiere, Distanz z halte. Und überhoupt! Was söll i Züüg uslöffle, won i nid ybrochet ha, bi ja no nie z Irland gsi oder in Sri Lanka, u wi das z Indien es Verhäich isch, weis i o nid. Aber z Pole bin i äbe gsi, u we me weis, wi's dert isch, we me mit paarne Lüt gredt u gseh het, wi die dert läbe, de geit's eim plötzlech öppis aa.

De chöme so Mäldigen use us der Anonymität u wärden undereinisch läbig. De isch es nümm so romantisch wi im Schwarze Hecht, wo der Obolsky mit syr polnische Zirkusprinzässin sy Wahlheimat als Land vo grosser Freiheit u gränzeloser Wyti rüemt. D Wyti ma stimme, aber vo Freiheit hei mer nid der Huuffe gmerkt.

Komisch, wi sech mängisch Bezüg ergä, we me chly ärnschthaft über ne Sach nachedänkt. Grad vori isch im Fernseh e Film über ds Läbe vom Crazy Horse cho, däm Indianerhäuptling, wo i der Schlacht vo Little Big Horn mit syne Chrieger e zahlemässig wyt überlägeni Armee vernichtend gschlage het. Dä Film het mer wider einisch in Erinnerig grüeft, was d Gschicht vo de Nordamerikanischen Indianer doch für ne Tragödien isch. E strube Tolggen im Reinheft vo der Mönschlechkeit. Das isch e Schuld, wo sech nie meh lat guetmache. Ou nid dür dä Spinner, wo sys Läbe, sy Chraft u sys Gäld ysetzt, für ds Aadänke a Crazy Horse würdig z verewige. Er lat us eme Bärg es gigantisches Ryterstandbild usehoue zu Ehre vo däm tapfere

Sioux, grösser als der Mount Rushmore, wo di vier Presidäntechöpf dry ygmeisslet sy. Stell me sech einisch der Schybegütsch mit ere fliegende Mähne vor! Das Dänkmal chunnt mer vor wi nes Pfläschterli uf eme bösartige Gschwür, wo sech gäng wyter usbreitet, we me's nid radikal useschnydt. Es geit ja z Südamerika i der glyche Art wyter. Ganzi Indianerstämm wärde systematisch ermordet, wül si de Inträsse vo paarne wysse Grossgringen i d Queri chöme. U de Südafrika? U Australie? U Neukaledonie? U de d Kurde u d Armenier? U wi gseht's bi üs uus? Indianer hei mer zwar keni, aber es wysses Gilet hei mer o nid i dere Beziehig.

D Pole wette nüt anders als d Indianer und alli andere unterdrückte Völker: I Freiheit u Fride dert läbe, wo si deheime sy. Ou si sy gäng wider als Untermönschen aagluegt worde.

Sit Jahrhunderte wird ihres Land vo Frömde regiert, usgnützt, verschobe, nach Beliebe verteilt. Trotz allne Schwirigkeite git's es gäng no, das Pole. „Noch ist Polen nicht verloren!" heisst der Wahlspruch vo de Nationalischte, u so het ou ds Motto vo der Reis glutet, wo mer vor drüne Jahr unterno hei. I ha eismal das Album füregschleipft, won i vo der Reis zämegstellt ha. Es het mi wundergno, wivil ächt blibe syg vo all dene Ydrück. Es isch ungloublech, mi het düecht, mir sygi ersch geschter heicho. Mir sy ja würklech scho vil umegfotzlet, und alls cha men eifach nid bhalte, aber das Pole isch scho öppis ganz Speziells, das sägen alli Reiseteilnämer, won i sider mit ne bi z brichte cho.

Mir sy organisiert gange. Privat wär's allwäg schwiriger u vilicht nid luschtig mit dene Kontrolle. Öb me sech frei chönnt bewege, und öb si eim de liesse luege, was me gärn gsäch, chan i nid beurteile. Mir hei jedefalls es paarmal stober gluegt, u derby isch üsi Route samt allnen Übernachtige, Verpflegigshalte u Besichtigunge düreorganisiert, voraagmäldet, behördlech abgsägnet u voruszalt gsi. Füfzg Pärsone sy mitcho, mit wenigen Usnahme alls Bure. Gschicht u Landwirtschaft vo Pole, Schwärpunkt Oschtpreusse, het di Exkursion zum Thema gha.

I gah no gärn mit Bure ga reise. Es git sälten es Gstürm, si halte sech a di abgmachte Zyte u raue nid wäge jedem Schütteli.

Es isch e Reis i d Vergangeheit worde. Scho der allerierscht Ydruck isch absolut unwürklech gsi. Nach der Gränze zwüsche der Tschechoslowakei u Schlesie sy mer innerhalb vo füfzg Meter um hundert Jahr zruggversetzt worde. Hienache riisigi, pflegti Fälder als Zügnis vore offesichtlech guet funktionierende, total verstaatlechte Landwirtschaft, änenache winzigi Ächerli, schier nume so Pflanzblätze, myggerigi Mätteli, verlottereti Hüttli, da u dert es magers Chueli ame Pflock, paar Hüener u Gäns. Dert wärde no Technike aagwändet, won i mi zum Teil nümm dra ma bsinne. D Härdöpfel wärde vo Hand usgcharschtet, ds Gwächs wird mit der Sägesse oder sogar no mit der Sichle abghoue u mit eme Schübeli Halme zu Bürdeli bunde. So armüetelig wi dert hei mer's speter niene meh aatroffe, aber es geit ne im ganze Land schlächt, u nid nume de Bure. A der Gränze het e polnische Reiseleiter uf is gwartet u di ganzi Reis mitgmacht. E stellelose Lehrer, allwäg nid grad systemkonform, er het ömel sy Meinig über di sozialistischi Misswirtschaft ohni Hemmige verkündet. D Bure wehri sech wi d Hänker gäge d Verstaatlichung, trotz allne Schikane, het er is verzellt. Sit em Chrieg syg's mit

der polnische Wirtschaft nume no bärgab gange. Ds Land wärd vore Parteiclique regiert, wo interni Machtkämpf als Houptinträsse verfolgi, u ds Volk syg am Verhungere. Mir hei en erschti Ahnig übercho, werum das Land hüt als Armehuus vo Europa gilt. Aber mir, wo im Wohlstand hocke wi der Vogel im Hanf, sötte d Nase nid z höch ufstrecke. Vor zwöihundert Jahr het d Schwyz dä Titel dörfe in Aaspruch näh. Sy mer sicher, dass es nid wider einisch cheert?
Der Chrieg, wo di meischte Lüt im Weschte scho vergässe hei, isch z Pole uf Schritt u Tritt no gägewärtig. D Folge sy no bi wytem nid verwärchet, trotz de schöne Dänkmäler uf de Dorfplätz. I wünschti mir, es stellti einisch eine ere eifache Mueter es Dänkmal, wo als einzigs Aadänke a ihre Maa und a ihri Sühn paar vergilbeti Telegramm hüetet, mit em härzleche Byleid vom Chriegsministerium.

Vertribe

We mer im Fall z Breslau dürechömi, so sölle mer de ds Rathuus guet aaluege, dert syg si nämlech no registriert! het is e Frou vom Dorf a ds Härz gleit, wo si vo üsne Poleplän verno het.
I der Houptstadt vo Schlesie sy mer zum erschtemal uf polnischem Gebiet übernachtet. Es isch nid üses eigetleche Zil gsi, mir sy nume düregfahre. Es isch e grossi Stadt u macht e trüebseligen Ydruck. Aber für ne Blick uf ds verwinklete, gotische Rathuus mit de unzählige Türmli het's glängt. Alli di Stedt sy im Chrieg meh oder weniger wüescht zä-

megschlage u sider wider rekonstruiert worde. Feiechly gschickt, me gseht nid grad ohni wyteres, was ächt isch u was Kopie. Aber z Bärn isch schliesslech ou scho ds meischte ersetzt.

Üsi Bekannti isch also z Breslau uf d Wält cho, het füfevierzg mit ihrer Familie müesse nach Weschte flie, isch über Bayern i ds Rhynland cho u am Schluss i üsem Dorf blybe hange. Heimatvertribe, eini vo vilne. Si bsinnt sech nümm a Schlesie, het kei Beziehig meh derzue u wett nümm zrugg. Si isch denn no z chlyn gsi. Und itz isch si bi üs deheime. Hoffen i ömel. Si het mer vomene Fründ verzellt, dä isch de elter gsi bim Uszug. Sy Mueter het alls ufgschribe, wi si's dert hei gha, u wi das gangen isch uf der Flucht. Mit dene Ufzeichnige u syne eigete Erinnerige het er sech ufe Wääg gmacht i sy ursprünglechi Heimat. Er het alls no umekennt, nüt het sech veränderet gha i däm Dorf. Der Bach, won er drinn gchoslet het, ds Strässli, won er druff umegsprungen isch, der überwachsnig Gartehaag, ds Hüsli – alls no glych. Nume syner Chlätterböim sy höcher gsi. I der Chuchi isch no Mueters Schaft gstande u druffe ds Zibelegschiirli, wo scho zu syr Zyt füre glych Zwäck isch bruucht worde. Es mues gspänschtisch gsi sy. Dä Gascht us der Vergangeheit isch misstrouisch aagluegt worde. D Lüt hei Angscht gha, dä wöll sys Eigetum cho reklamiere. Si füele sech äbe gar nid sicher dert, sy drum mehrheitlech ou Heimatvertribeni, zwangsumgsidlet us em Oschte. Dä Bsuecher het nüt weder nume uf all Syten ume müesse versichere, är wöll nüt, chömm eifach z Visite. Ds Schlimmschte isch das mit em Fridhof gsi. Er het uf ds Grab vo de Grosseltere wölle, isch aber nümm sicher gsi, öb er's de eleini ou findet. Drum het er e Begleitig gsuecht.

Der Wunsch vo däm Frömdling het sech umegsproche, u won er du ändtlech zu däm Grab cho isch, het me's usglochet gha. Es mues öpper vermuetet ha, dert syge dennzumal Koschtbarkeite vergrabe worde, un är chömm die itz cho reiche.

Einisch isch er vo öpperem zum Zmittag yglade worde. Won er cho isch, het sech d Husfrou tuusigmal entschuldiget, si syg gwüss rächtzytig ga aastah, aber wo si a d Reie cho syg, heig's halt keni Würscht u ke Fleisch meh gha. Er mües mit Härdöpfelsalat u Brot vorlieb näh. Das isch keis Gschichtli us grauer Vorzyt, es isch ersch chürzlech passiert.

Mir hei se o gseh stah uf em Trottoir. Das isch nid luschtig, es hout eim richtig eis. Pole steckt ire fürchterleche Wirtschaftskrise u luegt Devise z ergattere, wo's nume müglech isch. Ds Fleisch isch rationiert, wül fasch di gsamti Produktion exportiert wird. Das Wenige, wo i d Läde chunnt, längt nie für alli. Z Prag isch es ou nid vil anders gsi, obschon i der Tschechei ds System schynbar besser funktioniert. Di Hurrakommunischtin, won is uf der Stadtrundfahrt begleitet het, isch zwar unerchannt wortgwaltig gsi u het is mit de Sägnige vom Sozialismus diräkt bschüttet, aber d Ouge het sin is nid guet chönne verbinde. D Metzgereie sy eifach läär am Namittag am zwöi, höchschtens zwöi, drü verlüffni Büchsli het's uf de Gstell. I dänke itz mängisch dra, wenn i vor luter Uswahl albe nid weis, was i söll näh.

Ds Ässe isch rächt gsi. Die, wo di glychi Reis es Jahr früecher gmacht hei, sy regelrächt abgrisse worde. Es mues ja alls vorhär zalt wärde, i Dollar wäge de Devise, u im Höische sy si de nid schüüch. Was me der erschte Gsellschaft für di saftige Pryse vorgsetzt heig, syg e Frächheit gsi. Der Protäscht a zueständiger Stell het battet. Mir hei nüt gha z chlage, wäre mängisch ou mit weniger zfride gsi. Di früsche Ananas zum Dessert hei mi richtig verruckt gmacht, settigs isch reini Ougewüscherei. Di polnischi Randesuppe hingäge (im Bärnbiet seit me Räätech) het weni Aaklang gfunde. Wenn albe früecher üses Marie Söihärdöpfel gschwellt u paar Räätech dermit gchochet het, isch gäng so ne bruunrote Saft zämeglüffe. Genau eso het di Suppe usgseh u gschmöckt, o d Chuscht het gstumme. Aber Fondue wär für polnischi Müüler ou nid grad öppis Gaarigs.

Mir hei e landwirtschaftlechi Studiereis gmacht u mänge Betriib besichtiget. Zum Byspil Walewice, wo di legendäri Maria Walewska isch deheime gsi. Si het mit em Napoleon e churzi Romanze erläbt u von ihm e Bueb übercho. Es Rededuell zwüsche Verwalter und Reiseleiter het nid chönne kläre, öb der französisch Cheiser würklech z Walewice übernachtet het. Es isch mer fasch vorcho wi bim Wilhälm Täll. Me weis ja ou nid gnau, öb er würklech gläbt het, aber dass er der Gessler erschosse het, isch sicher. Hüt isch Walewice e staatlechi Trakehnerzucht. Di Ross wärde zwöijährig für vil Gäld nach Amerika verhützt. Devise halt.

In Schlesie und Oschtpreusse hei fasch alli grosse Rittergüeter dütsche Adelsfamilie ghört, wo vor de Russe hei müesse flüchte und i de meischte Fäll weni meh als ds blutte Läbe hei chönne rette. Vil sygi nume wäg ihrne Trakehner dürecho. Das müesse ungloublech usduurendi, gnüegsami u zääji Ross gsi sy. Vo zwene hei mer ghört, wo sech als Landarbeiter usgä u mit Ross u Chare, ere Sägesse und ere Gable Hunderti vo Kilometer hinder sech bracht hei. We d Situation isch kritisch worde, hei si zum Excusez chly Gras gmääit und ufglade.

Di grosse Ländereie sy nach em Chrieg alli verstaatlechet worde. Nach Eigetumsverhältnis het me nid gfragt. Hüt wärde di Güeter mit bescheidenem Erfolg vo staatlechen Equipe betribe. Mir hei allergattig gseh. Di private Bure erwirtschafte uf ihrne Hudelheimetli dütlech meh als di Staatsbetriibe.

Für d Herrehüser u Schlösser ou nume notdürftig z underhalte, fählt em Staat ds Gäld. Si sy lengschten unbewohnbar und am Zämegheie.

Me sött nid hindertsi dür ds Läbe loufe. Alls müesse verlüüre, vertribe wärde us der Heimat, wo me sit Generatione häreghört het, isch allwäg scho öppis vom Schlimmschte, wo eim cha passiere. Aber nach meh als vierzg Jahr alls wöllen umehöische u die furtjage, wo itz dert deheim sy, wi das paar Scharfmacher vo de Vertribeneverbänd gäng no im Sinn hei, isch scho chly dernäbe. Es Unrächt lat sech nid rückgängig mache, we me anderne ds Glyche zleid tuet. E Fähler cha me nie mit eme andere Fähler guetmache.

Chriegerisches

Di Pole, wo me us Filme und Operette kennt, hei alli so ne romantische, melancholische Huuch um sech. I cha mer scho vorstelle, dass ds Schicksal vomene Land, wo Jahrhunderti lang um sy Freiheit kämpft het u gäng wider undere Chare cho isch, der Charakter vo de Bewoner beyflusst. Üse Adam het zwar nid vil vomene tragische Held a sech gha, aber bsunders fröhlech isch er eim scho nid vorcho. Einersyts het er fasch bluetigi Träne vergosse über ds Eländ vo syne Landslüt, andersyts het er der Lech Walesa u syner Mitstryter verächtlech mit „wältfrömdi Aktivischte" tituliert u d Nase grümpft über d Idee, me chönnt uf dä Wääg öppis ändere. Ergät ech, nützt nüt!

Der Chrieg het is vom erschte bis zum letschte Tag begleitet. Afe isch ds Abreisedatum gschichtsträchtig gsi. Am 1. Septämber 1939 het der Hitler mit em Überfall ufe Sänder Gleiwitz und uf d Danziger Westerplatte der Zwöit Wältchrieg vom Zuun grisse. U de isch im ganze Land mit grosse Plakat u Transparänt ds 40-Jahr-Jubiläum vo der Befrejig düre gross Brueder verherrlecht worde. U schliesslech het üse Schwyzer Reiseleiter übere Chrieg alls gwüsst, eifach alls. Mir isch es ehrlech gseit mängisch fasch zvil worde.

Für mi isch jede Chrieg e mörderische Blödsinn, weder vom moralische, no vom wirtschaftleche, no vo süsch eme Standpunkt uus z rächtfertige. I bi nid so naiv z meine, mit Mönscheliebi u guete Wort löi sech jedi militärischi Usenandersetzig verhindere. Aber es isch e Schand, dass üsi zivilisierti Wält no nid wyter isch. E Chrieg isch ds Ergäbnis vo Sturheit, Überheblechkeit, Dummheit und Unvernunft. Kei Angscht, i wott der Schwyzer Armee nid a ds Läbige. Aber i frage mi scho, was me de mit dene uschaflig tüüre nöie Flügerli wott usrichte, wenn würklech einisch so ne Rageete chunnt. Hindernachepfuure und usejage? Excusez, bi halt es eifalts Wybervölchli, wo ds Stimmrächt nume irrtümlech übercho het u nüt versteit. Immerhin, für jahrelang jede Sunndig fäldgraui Hemmli u Socke z wäsche, wül gäng eine vo myne dreine isch i der RS oder am Abverdiene gsi, het my Qualifikation no grad glängt. Vilicht poliert das mys Renommee chly uuf.

I ha einisch gläse, Manne syge lieber tod als feig. Aber Froue hei im allgemeine lieber feigi Sühn und Ehemanne als toti Helde. Item.

Di moderni Chriegsmaschinerie, di hochspezialisierti Tötigsindustrie üebe e gfährlechi Aaziehigschraft uus. Bi eim vo üsne zahlryche Bsueche bi der Schwyzer Armee isch e Bekannte mit sym Erschtelerbueb mitcho. Dä Pfüderi isch fasziniert gsi vo de Panzer. Unermüedlech isch er druff umegogeret, het drygwunderet u sachverständig erklärt, die heigi Einzelzimmer. U mit sehnsüchtigen Ouge het er gseit, so eine wett är!

Aber er wüss doch, dass me di Maschine füre Chrieg bruuchi, u Chrieg syg ds Schlimmschte, was es gäb, han i di Begeischterig chly probiert z dämpfe. – Jä, är wett ne nid füre Chrieg, är wett ne vor ds Huus stelle. De chönnte di andere Giele ne cho luege u druff umestägere.

Chrieg als Spil. I wett nid wüsse, wivil vo üsne höchschte Militärpärsone no nid ganz frei sy vo settigem Dänke.

Darf i no grad ines anders Wäschpinäscht gusle? Chriegsspilzüüg isch bi üsne Chind rundewäg verbotte gsi, über das isch nid diskutiert worde. Mir hei ou nie Problem gha derwäge, si sy ender no stolz gsi druuf, dass si settigs nid nötig heige. Der Jüngscht, denn no nid emal Chindergärteler, het sech einisch für nes Zwänzgi es Plastikpischtöli gänggelet. Es isch sys ganze Gäld gsi. Di andere hei ne so fertiggmacht, dass er's i Ghüderchübel gschosse het. Nach gwüsse Theorie hätte üsi Chind Anarchischte, Asoziali u Kriminelli müesse wärde, wül si ihrer Aggressione nid hei chönne abreagiere. Mir müessen öppis faltsch gmacht ha, si sy hüt alli ganz ordentlechi Staatsbürger.

E Bsuech im Füererhouptquartier Rastenburg/Ketrzyn het di Faszination dütlech ufzeigt. Wolfsschanze! Scho der Name vo däm gigantische Grössewahnsinnsdänkmal charakterisiert d Planer und Erbouer dütlech gnue. Di Feschtig in Oschpreusse isch vo de Dütsche errichtet u bim Abzug gsprängt worde.

Dotzewys riisigi Bunker mit achtmeterige Muure us armiertem Beton. Üsi brave, fridliebende Schwyzermanne sy beydruckt drinn umegstopfet u hei ehrfürchtig a di Ruine ufegstuunet. D Froue hei verständnislos drygluegt oder e toubi Mouggere gmacht.

I wüsst nüt, wo d Sinnlosigkeit vom Chrieg besser chönnt demonschtriere als di Aalag. Bsunders grotesk het das vergjättete Bahntrassee gwürkt, wo irgendwo i ds Lääre isch. Chrieg mit Glöisaaschluss. I ha da o allerhand Aggressione i mer gspürt ufstyge. Was für ne himelschreiendi Verschwändig vo Mönscheläbe, Arbeitschraft u Material! Plötzlech han i gseh, dass Graspolschter di Steiplatten überzie, dass Birke u Tanndli us de Spelt usewachse. Das het mer richtig wohlta. Der Mönsch i sym Übermächtigkeitswahn ma sech no so grossartig uffüere, d Natur isch stercher. Si het Zyt.

Nach em Bsuech im Konzentrationslager Strutthof hei du d Manne ou e Lätsch gmacht. A de Wänd längi Lyschte, Zügnis vore perfekte Todesbuechhaltig: Näme, denn u denn verstorbe, Härzversäge, Härzlehmig. Am soundsovilte soundsovil Zahnguld abgliferet. Denn und denn sövel Kilo Mönschehaar abgä. Gaschammere, Verbrönnigsofe, e grosse Glassarg mit Äsche u Chnocheräschte u derhinder e

Wand mit Fotone vom Lagerpärsonal. Keni Verbrächergsüün, Lüt wi mir alli. Ds Schlimmschte isch es Zimmer voll Schue gsi vo settige, wo dert vernichtet worde sy. Vernichtet. Wi Ungezifer. Und es git gäng wider so unverantwortlech dummi Lüt, wo pralaagge, das heig's alls gar nie gä. Es gseht itz bal so uus, wi wenn di Polereis ei Jammer u eis Eländ wär gsi. Aber das stimmt nid. Mir hei vil Schöns gseh und erläbt, unverglychlech Schöns. Masuren, di Längizytilandschaft mit See u Birkewälder; ds Trakehnergstüet Liski a der russische Gränze, wo vom Friedrich em Grosse isch gründet worde; di Wäägbörter, wo blüeie, wi mir's nume no uf Bilder chöi bewundere; der Abstächer a d Oschtsee; Danzig, es Schmuckdruckli vore Altstadt. I chönnt ring no einisch drü Stübli fülle oder no meh. Aber me söll e Sach nie übertrybe. Ds nächschte Mal chunnt de wider öppis Hiesigs.

Täglechi Fröideli

Itz bin i grad fertig worde mit em dritte Polestübli. Bal wohl e troschtlosi Aaglägeheit, was i da di letschte Monet gschribe ha. Es mues wider chly anders töne. I füere itz bis zum nächschte Stüblitermin es Tagebuech, wo nume luter Gfröits drinn steit. Mal luege, wivil Grund zur Fröid dass i ha, vier Wuche lang.

13.10. Mir hei es originells Chind. Anderi mugge Schoggela u Chätschgumi, der David chunnt hinder em Gstell füre u räuet seelevergnüegt arc Tomate.

14.10. Hüt isch warm wi im Summer. I bewillige mer no einisch es Sunnebad. Der David schleipft es alts Schirmgstell desume und amüsiert sich u mi köschtlech.

15.10. I bi ke begabti Zimmergärtnere. Aber wenn einisch öppis gratet, meine mi albe. Sit eme Vierteljahr setzen i alli abblüeite St. Pouliveieli us Schale u Arrangements i chlyni Gschiirli u stelle se uf nes Schämeli a ds Fänschter. Zäh Stück sy's bis itze, ganz verschideni. Itz wei die mytüüri alli blüeie.

16.10. D Mariann isch unverhofft mit de Meitli verbycho. Es sy zwo härzigi Bohne, d Kathrin isch itz drü, d Muriel halbjährig.

17.10. D Himpeli sy putzt und ufbunde. Es isch mer scho lang zwider gsi, aber itz isch's gmacht.

18.10. Mir hei en Egge vom Burehuus müesse lüpfe. Chly e chutzeligi Sach. I ha di Prozedur gfötelet, der Thomas het gseit, das gloub üs süsch niemer. Itz sy di erschte Bilder cho, gstoche scharf.

19.10. Hüt hei mer en Yladig zum Znacht übercho vo gmögige Lüte. Das git e gmögigen Aabe.

20.10. I bi der ganz Namittag eleini gsi. I ha nes Füür gmacht u chly gschribe. Für das Cheminée han i mi synerzyt feiechly müesse wehre, my Maa het gmeint, es gieng ou ohni. Aber itz füüret er ömel ou mängisch.

21.10. Uf der Poscht isch es Päckli cho mit Mozartchugle vo Wien. Das sy grossi, herrlechi Pralinés, richtigi Kaloriebombe. Aber lieber dick u luschtig als dünn u suur.

22.10. Dä Morgen isch mer es Büechli i d Finger grate, won i färn bire Läsig ha übercho. Bim Blettere gheit wahrhaftig es Couvert use mit em damalige Honorar. I ha nid gärn Batzechlemmer u läbe richtig wohl dranne, dass i ehrlech verdienets Gäld eifach cha vergässe.

23.10. En unbekannte Läser het aaglüte u sech für ds Stübli bedankt. Är syg scho vor füfzg Jahr für ds Frouestimmrächt gsi. Settigs cha mir alben e ganze Tag übergulde.
24.10. Der Maja Beutler ihres hütige Wort zum Tag isch mer us em Härz gsproche. Sälbschtverwürklechung u Sälbschtbefridigung syg nid ds Glyche. Für ds erschte bruuch me der Mitmönsch, für ds zwöite nid. Stimmt genau.
25.10. I ha chly Müei, Händsche z choufe, myni Riisetatze passe i kes Fueteral. Bringt mer doch der Hans Chaschper wunderbari Fällhändsche hei, eifach so. Gross gnue.
26.10. D Buebe hei mer e junge Bärner Sennehund gchouft. I ha nüt gwüsst dervo. Er isch no chlyn u wulig, aber het Talpe wi nes Kamel. Das git e grosse, würdevolle Hund, drum überchunnt er ou e grosse Name: Cäsar. I ha Fröid wi verruckt.
27.10. Em David git's fasch öppis wäge däm Hundeli. Rede chöi beid glychvil: Wu wu wu.
28.10. Bi der Amaryllis, won i gänggelet ha, gugget der Chnopf.
29.10. Klassezämekunft. Bi näb eim ghocket, wo ou chly schrybt. Mir hei grossartig zäme chönne fachsimple.
30.10. Zuefelig es feins Buech verwütscht i der Bibliothek: Die Linden von Lautenbach, vom Jean Egen.
31.10. Hüt hei si im Lädeli Chüttene gha. Üses Böimli het scho vor Jahre der Geischt ufgä, u choufe cha me hie nume sälte. Die wärde de schlabere a Gelée u Konfitüre.
1.11. Ha di letschte Rosen ygstellt. Si hei's albe nümm lang, aber paar Tag goukle si no chly Summer i d Stube.
2.11. Wenn alben am Morge früech eis vo myne Lieblingslieder im Radio chunnt, geit mer ds Ufstah vil ringer. Der Kaffee ist fertig! isch es hüt gsi.

3.11. Hüt bin i i däm Dorf ga vorläse, won i als chlys Chind bi deheime gsi, u wo mys Gartetööribuech spilt. Ganz e bsunderi Reis i d Vergangeheit.

4.11. Für nes Bandeli mit Rosen aazsetze, han i e Bärete Mischt zwäggmacht. Sider dass i di Stöck verteilt u mi grad e Momänt nid gachtet ha, het der David mit beidne Händ früsche Chuemischt verzütteret uf em Strässli. I ha ne du la wytermoore, er het einewäg gstunke wi ne Bock. Ds Gfröite a der unappetitleche Aaglägeheit? Dass i hüt d Närve ha, mi ab settigem nid ufzrege. Es lohnt sech eifach nid, aber das mues me halt zersch merke.

5.11. Es Jahr lang überchumen i als Geburtstagsgschänk all zwe Monet es Bouquet. Vori isch wider eis cho, roseroti Gerbera mit violettem Schleierchrut.

6.11. E Wildweschtfilm vo der schöne altmodische Sorte gluegt. Am Schluss ligen alli Böse am Bode, u der Held rytet stolz, aber einsam, de Rocky Mountains zue. We ds richtige Läbe ou so simpel wär!

7.11. Richtig e verleidige Tag, nass, chalt, längwylig. Uf em tägleche Waldspaziergang mit em Hund isch mer derzue e gueti Gedichtstrophe zuegfloge.

8.11. Ds Birkli am Bach vore isch e guldige Herbschttroum.

9.11. Der Fritz Widmer het mer sys nöie Buech gschickt, Ryter unger em Ys. I bi gspannt druuf, wott's aber no chly spare. Gah no paar Tag furt, denn nimen i's de mit.

Das wär itz also my Fröidekaländer. I hätt vil meh chönne schrybe, ha mi aber uf ei Sach pro Tag beschränkt, süsch hätt's de das Stübli gsprängt. Es intressants Experimänt, das selektive Tagebuech. I ha mi derby verwütscht, win i

scho am Morge früech mer überleit ha, über was i mi hüt chönnt fröie. Das git natürlech en anderi Erwartigshaltig, als we me scho bim Ufstah e suure Stei macht. Das Värsli, wo mer enand albe hei i ds Poesiealbum gschribe, isch gar nid so eifältig, wi's ufe erscht Blick usgseht:
Mach es wie die Sonnenuhr,
zähl' die heitern Stunden nur.
Me chönnt ja ou nume ds Unerfröileche protokolliere, aber uf dä Versuech verzichten i itz lieber.

Keis Gschys

Am vierte Dezämber isch üsi Tante achzgi worde. Si het es Läbe lang ihri eigete Grundsätz gha u sech nie wichtiger gno als unbedingt nötig. Es git nüt, wo si meh hasset, als vo öpperem abhängig sy. Mir drei Schwöschtere sy ihri einzige Verwandte, u dass mer regelmässig gö ga luege, wi's ere geit u öb me re öppis chönn hälfe, passt ere ou nid so rächt. Wo mer hei vorgschlage, es Fescht z mache a däm runde Geburtstag, isch sin is fasch a Chopf gumpet, und i d Zytig het si um kei Prys wölle. Si müesst sech ja schäme, syg ihrer Läbtig nie i der Zytig gsi. Dass ere der Stadtpresidänt, der Pfarer u süsch no ne Huuffe Lüt gschribe hei, het se schwär verwunderet. Wohär die das ächt wüssi? U d Nachbere heigi ou so nes Gschys gmacht. Si chönn sech öppe dänke, wär das ustrumpeetet heig, di sälbi husieri no gärn mit settigem Züüg.
Won i am Sunndig, äbe am Geburtstag, chly zue re bi, isch si i ihrem Lähnstuel ghöcklet, het e Dechi uf de Chnöi gha

und imene Heftli bletteret. Für seie isch es e Tag gsi wi jeden ander. Di Frou het sech nie als Mittelpunkt vo der Wält aagluegt, het vo niemerem nüt verlangt un isch niemerem nüt schuldig blibe. Si het eifach ganz sälbverständlech ihri Pflicht ta. „I ha's schön gha u cha zfride sy mit em Läbe", het si gseit, „u wott ömel nid chlage, dass i langsam worde bi u nümm so ma."

I ha re ne schöne Meiestock brunge, aber nid e Wienachtsstärn. Die hei ja denn Saison. Di einti Schwöschter het ere einisch eine brunge, si het ihre chlyn Bueb by sech gha. Wo dä gseh het, dass scho nes Halbdotze vo dene rote Stude desumestö, het er chly verdutzt gfragt: „Tante, sammlisch du die?"

Am vierte Dezämber, am Barbaratag, tuet me Zweigen abschnyde und i ds warme Wasser ystelle. Wenn si bis ar Wienacht zum Blüeie chöme, söll das allergattig Glück bringe. Es git zahllosi Wienachtsbrüüch, jedi Familie het ihri eigete.

Uf em Chemineesims sto sit paarne Tage wider myni Brienzer Holzfigure. Ganz naturalistisch gschnitzt, nüt lakkiert, nüt aagmale, rous Lindeholz. Ganz ohni Firlifanz. Vo beidne Syte sträbe si em Chrüpfli zue, Chünige, Hirte, Ängle, Froue, Chind u Tier. Si mache kes Gschys um dä Geburtstag, si chömen eifach u luege das Chind aa. Si hei Fröid u bringe mit, was si grad hei.

I ha mer di Figure über mängs Jahr zämegspart u zämegwünscht. Fasch jedi het e Gschicht. Aagfange han i mit eme Hirt u zwöine Schäfli, won i mer mit der Füfzgernote gänggelet ha, wo mer der Götti i ds Spital brunge het. Hüt längti das nienemeh häre. Maria und Joseph, ds Chind im Chrüpfli, en Esel und e Chue han i vo re Schuelkommission zum Abschid übercho. Der Hund isch es Wienachtsgschänk vo de Chind, ds chlyne Kamel han i vo re Praktikantin. Der Mohr, wo sött bim Ross stah, han i nümm, der Hund het nen einisch verchätschet. Er het mi gröit; e schwirigi Oberschuelklass, won i e Zytlang i der Religion gha ha, het mer dä gchouft gha. I wott scho lang e nöie zuechetue. Es sy itz vierezwänzg Figure, aber es hätte scho no paar Platz uf em Balke. Nume Geduld.

Eis vo de rüerendschte Gschänk, wo mer je übercho hei, sy Maria und Joseph gsi, wo der Hans Chaschper i der erschte Klass für is glättelet het. My Maa het zersch gmeint, der Joseph syg e Bäremani, u ds Chind het usgseh wi ne Ängerling. Leider isch di Gruppe nume tröchnet gsi, nid brönnt. Vatter u Chind sy gly einisch usenandgheit. Aber d Mueter steit hüt no uf em Buffert obe, breit, bhäbig, d Rue sälber.

I probiere ou, d Rue z bewahre i däm ganze Wienachtstrubel. Mir fröien is u fyre gärn, aber Ghetz u Stress git's bi üs nümm. Es geit ohni, es wird glych Wienachte. I ma eifach nid desumesuure wi nes sturms Wäschpi u de am Fescht vor luter Vorbereitigschrämpf halb tod em Böimli zue wanke. I mache, was i ma u was mi gluschtet, u der Räschte lan i blybe.

Hüt bin i hurti z Märit gsi, eifach so, zu mym private Vergnüege. Güezeli machen i denn, we's mi aachunnt. Da tuen i albe grad, wi wenn i süsch nüt z tüe hätt. I mache ganz chlyni, härzigi, derfür vil. Mängisch zäh Sorte, mängisch weniger. Aber Zimetstärne fähle nie, mir sy die di wichtigschte. E Chranz han i o gmacht, e blaue dasmal, und a der Hustüre hanget ou eine. Und alls ohni Gjufel.

Am heiligen Aabe fyre mer gäng im Familiekreis, so zwüsche zwölf u zwänzg Pärsone. Am füfezwänzigschte chunnt d Nachberschaft. Einisch han i am vierezwänzigschte am Aabe am halbi füfi zum Grosi gseit, öb mer für morn alli Nachbere zumene Zmorgezmittag wölli ylade. Äs isch sofort z ha gsi, aber der Buur het gseit, mir spinni. Da chömm ke Mönsch, sövel churzfrischtig chönn me das nid mache. Mir hei gfunde, das wüss me nid, bevor me's usprobiert heig, u sy uf d Socke. Alli sy cho, ohni Usnahm. Mir hei ufe Tisch gstellt, was mer hei gha, Chäs u Späck, Anke u Konfitüre, Milch u Gaffee. Jedes het sech sälber bedient u sech irgendwo e Platz gsuecht. Es isch so zfride u gmüetlech gsi, dass mer hei beschlosse, das machi mer itz gäng. Hüür isch es ds achte Mal. Das Wienachtsträffe bi Cholers isch bereits e feschti Tradition i üsem Egge. Teil Lüt sägen ihrne Verwandten ab, wül si süsch nid chönnte cho. Mir hei der Kreis jedes Jahr echly erwyteret, färn sy öppe füfzgi cho im ganze. Es isch albe chly es Gstungg, aber das stört niemer. Geit natürlech nume, wül mer es grosses Huus hei, und wül alls ganz zwanglos abloft. D Müetere dörfen einisch nüt a ihrne Chind umemeckere, mir tole kes Gmöögg wägeme usgläärte Glas. Für das hei mir e Plattebode.

Der Sinn vo der Wienacht cha doch eifach nid im Gstürm lige, wo me drum macht. I wünschen öich e gäbigi Zyt. Ganz ohni Gschys.

1989
Redensarte

Vil Gschär u weni Wule

Es lohnt sech nid, der Ufwand steit i keim Verhältnis zum mageren Ergäbnis. Das isch öppe d Bedütig vo däm alten Usdruck. Er passt ou für ne Reed, wo meh es Glafer isch, we vil gredt wird u weni gseit. U süsch no für mängs. I nimen aa, di Redewändig gang uf ds Schafschäre zrugg. E guete Schärer macht fasch keis Gschär, e schlächte cha das Vlies so wüescht vergnägge, dass me nume no ne chlyne Teil vo der Wule cha spinne, u der gross Räschte isch de äbe Gschär.

Zum Aafang vo mym vierte Stüblijahr wünschen i öich u mir weni Gschär u vil Wule.

I möcht einisch der Redaktion danke, dass si mer kei Halftere aaleit. No nie isch öppis gstriche oder gänderet worde, i schetze das. Aber äbe, we me em Tüüfel der chlyn Finger git, nimmt er di ganzi Hand. I tue di Freiheit hüt einisch chly strablaziere u mache Reklame für öppis, wo mi ou aageit. Ds Schwyzer Fernseh macht e Sändig über Mundartliteratur. Das isch eigetlech es halbs Wältwunder, u drum sötte die de luege, wo sech derfür intressiere.

We me so gmüetlech vor em Bildschirm hocket u Nüssli rafflet, macht me sech kei Begriff, was es alls bruucht, bis so ne Film im Chaschten isch. I ha itz scho paarmal dörfe hinder di Kulisse luege u weis afe chly, wi das öppe geit, aber my Familie het's zimli gstört gfunde. Drei Maa zwe Tag lang uf de Socke für nes füfminütigs Filmli, vo de Vorbereitige u der Arbeit im Studio nid z rede!

Zersch isch afe der Realisator cho, Outor, Dramaturg, Regisseur u no vil anders i eir Pärson. Mir hei e Stund lang über ds Buech, über mi, über allergattig Hintergründ brichtet als Vorbereitig für ds Interview. Nächär sy mer zäme uf Motivsuechi im Quartier umenand, es syg schliesslech Fernseh, si müessi Bilder zeige. Sider isch di technischi Equipe aagrückt, e Kameramaa un e Tontechniker. Der Realisator het mer erklärt, was si im Sinn heige, aber was der eint im Chopf het, isch füren ander halt Theorie. I ha dänkt, die wärdi wohl wüsse, was nötig syg, das syg ja schliesslech ihre Bruef, nid myne, u ha brav gmacht, was me mer gseit het. Zersch han i i der Matte müesse mit em Hund lauere. Druuf sy si ga Bildli mache, ig natürlech uuf u nache, o we's mi nid bruucht het. Erschti Station: es Rytigampfi vor eme alte Hüsli. Di chlyni Sabrina het gwunderet, was ächt da söll gah, un isch grad yboue worde. Vilicht bruuchi si de no Chinderouge. D Sabrina isch i ds Liecht gstellt worde, aber d Sunne het se bländet, si het Schlitze gmacht. Also het me sen umgcheert. Tue d Ougen uuf! Tue d Ougen uuf! Aber der Schnee isch so wyss gsi, si het d Ouge zämegchlemmt. Si söll umeluege, ohni der Chopf z bewege. Si het d Ouge verdrääit wi nes Huen, wo Ankemilch suuft. De söll si halt der Chopf bewege u däm Bleistift nacheluege. Si het's gmacht un isch erliechteret abghüpft, ga ne Schneehütte boue. Un itz ds Rytigampfi. Zersch isch es ufgno worde, win es z läärem plampet, druuf isch der Kameramaa ufegogeret u het d Bewegig gfilmet. Vo allem gäng öppe vier Ufnahme. For safety. Für sicher z sy. Vil änglischi Fachusdrück. Das Hüttli het kei guete Hintergrund abgä, also het me di ganzi Üebig uf äi Wääg ume gmacht, gäge d Hoschtert use. Itz isch e Flüger cho. Itz het e Laschtwage gsuuret. Itz isch e Frou mit Hund i ds Bild gloffe. Ändlech isch's grate. Schöni Schwüng, alti Böim, blaue Himel, wyssi Wulche. Nächär sy si uf d Gartetööri los. Scheieli vo obe, vo unde, vo naachem, vo wytem. Kei Mönsch cha sech vorstelle, wi me so me Gartetööri mues chüderle, bis es zueschletzt, wi der Kameramaa wott, u bis es chlepft, wi der Tontechniker meint, dass es mües. Einisch het me d Hand gseh wo der Mupf gä het, einisch isch d Schnuer i ds Bild cho, wo me drann zoge het, einisch het der ganz Haag gwaggelet, einisch het's nid tätscht, und einisch isch es nid zue. Aber si sy hartnäckig, di Fernsehmönsche, die hören eifach nid uuf, bis si hei, was si wei. Im ganze sy gloub es Halbdotze Tööri ufgno worde.

No hurti e Fassade mit verschneite Trämle und eme verhudlete Gartehaag dervor, nächär sy mer hei.

D Läsig mach i vor em Füür, das isch sofort klar gsi. Also han i gfüüret, u si hei ds Liecht ygrichtet. I ha im Lähnstuel Platz gno, u si hei mer es Mikrophon aagsteckt. I ha gläse. Aber ds Füür het so lut gsprätzlet, dass es der Tontechniker nume so tschuderet het. Derzue het d Sunne dusse e Stimmig us de Wulche zouberet, also die het uf ds Bild müesse. I ha Platz gwächslet – haaalt, ds Mikrophon! – uf ds Ruebett, ds Fänschter im Rügge. Interview mit Stimmig. Anderi Frage als am Morge, anderi Antworte. Aber dir heit doch gseit...

No einisch. I improvisiere, vilicht Chabis, was i da säge. Nei, si sy zfride. Wider Platzwächsel – haaalt, ds Mikrophon! – i lise. Ds Füür het chly verchräschlet. Itz no ne Ufnahm vom Buech uf em Tischli. Es Tütschi undere Fuess, es Cigarettepäckli under ds Buech – los. Ds ygleite Schachbrätt gseht uus wi ne Parkettbode. Also es Decheli under ds Buech, so geit's. Fertig, morn fahre mer wyter. Ds Buech isch nid guet usecho, di Ufnahm wird widerholt.

Si hätte mi no gärn als Burefrou zeigt, aber was söll i mitts im Winter ga bure. Öppis a de Haare härezie hei si ou nid grad wölle, süsch sägi de d Zueschouer: Was isch das ou für ne Büüri, würklech gschyder, die schrybt! Das meinen i ou, aber der Film het syni eigete Gsetz. Ds Bild vore Frou, wo i Mantel u Halstuech näb ere alte Freesi us eme Buech list, u de no im Schneegstöber, würd i mir bim Schrybe nid erloube, jä itze! E Chatz isch no i ds Bild gumpet u het am Buech gschnupperet, schampar schön! Aber si hei du glych no ne Ufnahm ohni Bussle gmacht, for safety! Drufabe sy si no uf d Lueg ga verschneiti Höger filme. Das isch e Churzfassig vo zwene Ufnahmetage. Mir het's gfalle. Di drei hei ihri Arbeit wichtig gno, nid sich sälber.

Jedi Art vo Kunscht zeigt e künschtlechi Wält. Malerei, Musig, Theater, Schriftstellerei, Film, alli stellen es künschtlechs Bild här, wo real nid exischtiert. U we de das Kunschtprodukt im Idealfall ganz natürlech derhärchunnt, das isch de äbe di höchschti Kunscht.

I hoffe, es heig e gueti Wulequalität usegluegt, nid numen e Huuffe Gschär.

Es isch e Fure gange

Geschter bin i mit em Grosi vo Südfrankrych heicho. Es isch e himelblaue Tag gsi, mir sy dür d Haute Provence gfahre, d Outobahn kennen i itz afe. E längi Reis. Nach jedem Rank han i mi gfragt: „Was schrybsch du morn i dys Stübli?" I hätt natürlech scho öppis gwüsst, no so erfüllt vo Sunne, Meer u Mimoseduft. Aber i cha doch nid jedes Jahr drü Stübli über d Côte d'Azur mache, das wurd doch de afe längwylig.

I bi dert nide gsi, für mit eme Romanmanuskript wyterzcho, won i scho meh weder zwöi Jahr desumeschleipfe. U ds Grosi wär scho lang gärn einisch dert ache. Im Chopf hätt i di Gschicht lengschte fertig, aber gschribe sött si ja o no sy, u für ne lengeri Sach fähle mer deheime d Rue u d Konzentration mängisch echly.

I bi am uralte, ewig junge Thema Frou und Maa. Wi eifach dass es im Grund gno wär, mitenand ds Troom z finde. Aaständig sy gägenand, ds andere so aanäh, win es isch, u gäng im Oug bhalte, dass me sälber e ganzi Zylete Mugge het, u drum ou jede Tag uf Verständnis u Nachsicht aagwisen isch. Das wär's scho. U wi schwirig isch es doch, das z merken u z begryffe. Wo Fründe vo üs uf ne nid schöni Art usenand sy, isch mer das Romänli i Sinn cho, scho fertig i de grobe Züge, der letscht Satz han i vo Aafang aa gwüsst. E Frou i de Vierzge merkt undereinisch, dass ihri Beziehig zum Maa am Verheien isch. Si rysst uus, geit i d Einsamkeit u probiert, sech sälber uf d Spur z cho. Das isch alls. So nes Gripp längt natürlech no nid, da mues Fleisch dra. Der Wääg vor Idee zum fertige Buech isch en unheimlech lange Prozäss, vil Zyt und Studieren isch da nötig. I finde's ungloublech spannend, wi so öppis langsam Gstalt aanimmt. Zersch geit's no ring, me cha frei schalten u walte, erfinden und spintisiere, weder das duuret nid lang. Scho gly folget di Handlig ihrnen eigete Gsetz, d Pärsone wärde gäng wi klarer und überchöme gäng wi usgeprägteri Charaktere. Vil vo däm, wo men ursprünglech wölle het, mues me la gheie, wül's unmüglech isch oder nid passt. Derfür chunnt e Huuffe Züüg derzue, wo me gar nid weis, wohär me's het. Aber es bruucht's, drum isch es da. Einisch isch de der Momänt, wo so ne Gschicht ds Leitseili ändgültig sälber i d Finger nimmt u seit: „So, itz bin i fertig, itz wott i gschribe wärde!" Es isch e kategorischi Ufforderig, Wehre treit nid vil ab. Me cha lang säge: „Ja ja, i gah de derhinder, wenn i de Zyt ha, es wird wohl nid so pressiere!" Es pressiert, me wird umetribe, es isch nid zum Säge. Me cha nüt meh anders dänke, es passieren eim di stürmschte u dümmschte Sache, wül me der Chopf gäng i de Wulche het, me wird hässig, wül me nid cha mache, was me mues. Es isch de nid emal meh wichtig, was ander Lüt derzue säge, öb's einisch druckt wird, öb überhoupt einisch öpper sech derfür intressiert. Wichtig isch nume no, dass me's los wird. U de wird me willig. I ha beschlosse, itz mües e Fure gfahre sy, u bi ungstört paar Tag a ds Meer ga schrybe. Es het dert kes Telefon, u wenn i mi nid sälber mälde, bin i fasch unerreichbar.

I ha zwar nid zwölf Stund im Tag gschribe, aber es isch e rächti Fure gange, i bi fasch fertig. En Aasträngig isch es de richtig scho, my Chopf isch schön strabliziert worde.

Nächär uf der ganze Heifahrt di Frag: „Was schrybsch i ds Stübli? Dir chunnt nüt meh z Sinn, du bisch läär, usgläärt." Deheim het no en Überraschig gwartet. „Dir syt de hinecht yglade, der Pole wird füfzgi." I ha nid guet us em Lätsch chönne, di Lüt hätte das schuderhaft i Aate zoge. Also sy mer gange. Es isch e richtig glatte, fröhlechen Aabe gsi, me het gspürt, wi der Jubilar a syr Frou u syr Familie Hebi het. Nach den unvermydleche Värsli, wo sech fasch ryme, isch als Clou vom Aaben e Jazzband cho, acht Maa starch. Chly fasnächtlech ufgleit, alls gueti Musiker. Die hei Musig gmacht, dass es gchlepft het, es isch e Fröid gsi, zuezlose

u zuezluege. Vom Wild Cat Blues übere Tiger Rag bis zum Negerbegräbnis. D Musiker hei sälber e Riisefröid gha, u das düecht mi albe no ds Schönschte. Ihri Begeischterig het sech uf ds Publikum übertreit, u gly hei alli gchlatschet u gsunge, dass es en Art het gha. Sogar der Grossmueter het's der Ermel ynegno. Es isch feiechly e Fure gange.
Zwüschyne isch mir gäng en andere Geburtstag i Sinn cho. Mir sy da einisch bi sogenannt Mehbesseren yglade gsi, e grossi Sach, fasch hundert Pärsone. Mir hei nume ds Geburtstagschind u sy Frou kennt. Was leit me da aa? Bimene Maa isch das nid so nes Problem, en aaständigi Bchleidig het öppe jede. Aber i bi nid bereit gsi, e Stange Gäld usezschiesse für ne Fahne, wo nächär glych im Schaft hanget. Mir gheji uf all Fäll us em Rahme, hei mer aagno, de machi mer's mit Stil. Mir hei beidi d Tracht aagleit. Das Fescht isch de z Dütschland gsi, und üsen Uftritt d Sensation vom Programm. Eine hei mer scho vorhär einisch gseh gha, eine mit emen absolut gstörte Verhältnis zu de Froue. Er wächslet se, wi ander ds Hemmli. Er het mer einisch en Aabe lang vo syne Eheproblem vorglyret, derby hei mer enand nüt kennt. Da hilft de albe ds Gäld o nid.

Won er is erlickt het, isch er sofort cho ds Manndli mache u het mer der Schmuus bracht. Är hätt Hemmige, mit ere Frou uszgah, wo so „schmuck" usgsei. My Maa gsei ja ou schmuck uus, da chönnt i ou Hemmige ha. Ach so, das heig er itz würklech nid grad gachtet. E schöni Halblynigi isch halt kes Narregwand, wo eim grad i d Ouge sticht. I han ihm gseit, das syg itz äbe Bärnerart, me zeig, was me heig, aber nid so uffällig. Furt isch der Herr Millionär gsi, u het sech der ganz Aabe nümm i d Neechi gla. A däm Fescht isch ke Fure gange, mir sy fasch di einzige gsi, wo sech amüsiert hei. Mir sy scho vil so a Geburts- u Hochzytstage gsi. Eine het syr Frou es Chilchekonzärt organisiert, bi öpperem hei mer bis am Morge brätlet u Gsundheit gmacht, a mym Füfzgischte isch e zuekünftigi Schwigertochter mit ihrne Schwöschtere cho Musig mache, dass mer tanzet hei wi d Lumpen am Stäcke. Jedesmal isch es ganz anders gsi, aber gäng het's uf ne ganz bsunderi Art de Lüt entsproche, wo yglade hei. Wi me zäme sy Freizyt verbringt, öb u wie me zäme cha feschte, was für gmeinsami Fründen u Bekannti dass me het, das alls seit ou öppis uus über ne Beziehig.

I wünschen öich es schöns Fescht, es Reisli, es guets Gspräch, oder was der süsch nötig heit, dass i öine Beziehige wider einisch e Fure geit.

Wasser i Bach trage

Vori bin i zuefelig ine schöni Fernsehsändig yneglaueret. Romantischi Lyrik u Chammermusig imene norddütsche Heresitz. E Schouspiler im entsprächende Kostüm, paar Statischte, ou stilgerächt zwäggmacht, un e Handvoll Musiker, wo mit Fröid und Eleganz Schubert u Mendelssohn gspilt hei. Der Liedsatz us em Forällequintett ghört zu myne Lieblingsstück, aber es isch gäng es Tröpfeli Wehmuet drinn. Der Klavierpart isch ja ganz bsunders meischterhaft gstaltet, das rünelet u chrällelet, dass me d Wälle richtig gseht über d Steine gümperle i däm Bechli. Jedesmal, wenn i's lose, röit's mi, dass i nie richtig ha glehrt Klavier spile. My Vatter isch e gschickte Pianischt gsi u het mer scho gly zeigt, wi das öppe gieng, aber richtig Stunde gno han i ersch vil speter, won i se sälber ha chönne zale. Leider numen es halbs Jahr. D Finger hätt i zwar gha derzue, und unbegabt wär i ou nid gsi, aber es het sech us verschidene Gründ eifach nid ergä. Es isch gloub ds einzige, won i anders miech, wenn i hinderfür chönnt. I ha ds Gfüel, hie heig i würklech öppis versuumt, u zwar unwiderrueflech. I weis, dass i hüt d Energie nümm würd ufbringe, es het also kei Wärt, wölle ga nachezhole. Es drückt mi nid z Bode, gwüss nid, es röit mi eifach echly. Am meischte denn, wenn i das Schubertstück ghöre. Aber Sache nachegränne, wo me nümm cha ändere, das wär Wasser i Bach treit.

Füre Chilchesunndig bin i yglade worde, e Predig z mache. Im Kanton Bärn isch das ja e Laiesunndig. I ha no gärn zuegseit, es isch e Glägeheit gsi, Verschidnigs loszwärde, wo mer scho lang uf em Mage ligt. I ha probiert z zeige, wi Aastand, Rücksicht u Reschpäkt vor em Mitmönsch gäng meh undere Chare chöme, wi di politischi Kultur verliederliget, wi ds Verständnis für di eifachschte demokratische Grundsätz langsam abhande chunnt. U dass mir da dranne sälber tschuld sy, wül mer's lö la gscheh. I ha äxtra nid vo der Dritte Wält gredt, o we di Problematik vom Thema här uf der Hand gläge wär. I ha lieber vo däm gredt, wo vor u hinder üser eigete Hustüür nid suber isch. U mit dere Diräktheit, wo me nid gmüetlech het chönne hinderelige u dänke, es gang eim nüt aa, bin i eim vo dene Zuehörer rächt uf d Zeeje trappet.

Er het mi ömel bim Usgang abgfasset u mer zimli massiv d Chappe gwäsche. I mües nid vo mönschlechem Aastand rede, wenn i de der Gmein settigs Züüg wöll zuemuete. Si syge ja zwunge gsi, blybe z hocke u zuezlose, u das heig i usgnützt, u das syg o nid aaständig. Me chönnt ja meine, i üser Schwyz syg überhoupt nüt meh i der Ornig, u vo der Chanzle dörf i settigi Sache gar nid säge. I han ihm du erklärt, är syg itz grad der Bewys derfür, wi nötig my Reed gsi syg. I heig nämlech längs u breits über di bedrohti Meinigsfreiheit gredt, u genau a settigi Praktike heig i derby dänkt. Er dörf rüejig en anderi Meinig ha, aber er dörf mer nid ds Muul verbiete. Er het gar nid zueglost, isch eifach überzügt gsi, die Aasichte dörf i höchschtens im private Kreis verbreite, i der Chilche syge si nid am Platz. Wenn eim öppis am Härz ligi, mües me dermit derthäre, wo me ghört wärd, han i gseit. We me's gäng nume dene säg, wo einewäg scho di glychi Meinig heige, bewürki me nüt, u di ganzi Üebig wär Wasser i Bach treit. I tüei doch nid e Wuche lang are Predig umestudiere, für dass d Lüt nächär d Ouge verdrääji u sägi: „Het die schöön gredt!" Für das bruuchi si nid z Predig, da sölle si deheim blybe un es schöns Buech läse. Es het alls nüt gnützt. Wasser i Bach treit.

Dä Maa isch nid öppe dryssg Jahr elter, sondern zwänzgi jünger als i, u wi dä Jüngling mir der Gibel gchirschet het, isch scho chly grotesk gsi. Er het de no so ne vätterleche Ton aagschlage. Er het sech zwar ergelschteret, isch mer aber nid öppe fräch verbycho, gar nid, u drum ha ne nid no meh wölle gusle. Aber es isch nid eifach gsi, my Sälbschtbeherrschig isch rächt uf d Prob gstellt worde. Dummerwys het no der Organischt hinderzueche geduldig gwartet, für adie z säge. I han ihm am Gsicht abgläse, was er dänkt het, u dütlech gseh, win er sy Chopf fasch mit Gwalt het müesse brämse, dass er nid het aafa schüttle.

I cha nume vermuete, was dä jung Maa so i Gusel brunge het. Vilicht d Armee. I ha nämlech gseit, di Armeeabschaffigsinitiative syg e Vorlag wi jedi anderi u mües sachlech chönne diskutiert wärde. We me ihri Befürworter als Näschtverdräcker u Kriminelli härestell, syg das undemokratisch u verstossi gäge di verfassigsmässig garantierte Rächt. I ha weder für no gäge di Initiative Stelig gno, i ha se nume härezoge, für z zeige, wi mängisch ds Rächt uf di freji Meinigsüsserig mit Füesse trappet wärd.

Es git Lüt, die hei paar Schlitzen im Hirni wi ne Münzoutomat, u die sy programmiert uf verschideni Reizwörter. We itz so nes Wort ine Schlitz gheit, spuelet e Film ab, wo me nid cha beyflusse, nid cha aahalte. De wird nüt meh wahrgno als äbe dä Film, ds Dänke isch usgschaltet, d Ohre sy toub, d Ouge sy zue.

I ha im Zämehang mit em Begriff Heimat are Veranstaltig vo üser asiatische Nachbere gredt. Imene chlyne Gedicht han i verzellt, wi beliebt si isch u voll akzeptiert i üsem Egge. Aber si het ou öppis derfür ta, zum Byspil bärndütsch glehrt. Si redt hüt fasch so wi mir. Itz het mi wahrhaftig eini la frage, öb si das Gedicht chönnt ha für nes Frouezmorge. Es zeigi so ydrücklech d Diskriminierig vo dene unglückleche Gschöpf, wo vo verantwortigslose Schwyzermanne häregschleipft wärdi. Si het's nid übercho.

My einti Grossmueter het albe so Sprüch gchlopfet. Meischtens sy si nid grad fyn gsi, aber i ds Schwarze hei si gäng breicht. Imene settige Fall hätt si wahrschynlech gseit: „Dasch ame tote Hund a ds Füdle gspöit."

Manne hei vilicht mängisch ou no anderi Gründ für z hürate als der Wunsch nach eme Bodedecheli und eme vilfach bruuchbare Tschumpeli. My Buur het mir einisch gseit, für mi tät är es Chesseli Sand dür d Wüeschti trage. Das Kumplimänt cha nume ganz würdige, wär my Maa kennt. Das isch itz würklech nid eine, wo Wasser i Bach treit. Also, loufet rüejig mit Sand dür d Wüeschti, aber nume, we der das weit u wüsst, für was der das machet. Süsch isch es Wasser i Bach treit.

Wi me's trybt, so het me's

Es geit eim mängs düre Chopf, we me so im Garte chrauet. D Gedanke müesse ja nid unbedingt de gjättige Garte wägli nachestudiere, si chöi guet chly intressanteri Wäägen yschla. I bi mängisch e Mordiogärtnere. Mit em Gjätt stahn i uf feiechly fründschaftlechem Fuess, es geit lang, bis es mi aafat störe. So han i ömel chly liederlig ygwinteret, u bi däm milde Wätter het das leschtige Müschergras fröhlech vor sech häre gwuecheret. Itz han i's äbe. Also hacken i di Studen uus u verbiete mer energisch, derwäge hässig z wärde. Sälber tschuld. Wi me's trybt, so het me's.

Eigetlech isch es no z früech. Es isch zwar warm wi im Summer, aber es het ke Wärt, öppis wölle z erjufle. Es chunnt no chalt, bi fasch sicher. U scho itze empfindleche Setzlig i dä chalt Härd pflanze u de mit Tüecher u Plastic desumerenne, für dass i vilicht e Wuchen ender früsches Gmües ha – also, das isch nüt für mi, das machen i mer nid ane. Sunneblueme han i afe gsteckt am Haag nah. Paar Jahr han i dert Wicke gha, mues einisch wächsle. Die han i scho im Herbscht undereta, i dene zwöine Bandeli, won i synerzyt Boumtropfe vergiftet ha. I ha de nid möge gwarte, bis es richtig gwürkt het, u ha no nachedopplet. So unerchannt würksam, dass alls andere ou grad nümm cho isch. Dä Bode het sech lang nümm erholt, di zwöi lääre Bettli sy e stumme Vorwurf gsi. Sövel sorglos isch men e Zytlang mit däm Züüg umgange, un es wird wyter unbekümmeret druflos gsündiget. I bi vorsichtiger worde, ha z mängisch ohni Erfolg probiert, dert öppis z setze. Aber das hei no lang nid alli gmerkt, da mues me nid uf Alaska, für das z gseh. Färn isch du afe toll Gjätt errunne, u d Wicke guggen itz ömel ou. Hoffetlech überstö si's, es düecht mi, si heige gäng no chly gälbi Rändli. We nume i jedem settige Fall di Suppe vo dene usglöfflet wurd, wo sen ybrochet hei! Aber vilfach trybe's äbe di einte, u di andere hei's de.

Hüt isch würklech e prächtige Tag, richtig Früelig. D Vögel liede i allne Tonarte, im Weier rugget e Chrott. Süsch isch ds Wasser alben um die Zyt chly trüeb gsi, aber hüür isch es glasklar, me gseht der Bode. So ufen erschte Blick het's eifach Wasser u Grüens, aber we me sech chly Zyt nimmt für z luege, de fat di Glunggen aa läbe. Sit öppe vier oder füf Jahr isch itz kei Laich meh fürcho, kener Rossnegel, nüt. I ha zersch d Libellelarven im Verdacht gha u d Gälbrandchäfer. Die frässe ja alls, sowyt si möge gcho. Aber e Naturgartespezialischt het mer gseit, das chönn nid sy, es wärdi nie all Rossnegel gfrässe. Di Erschynig wärd a vilnen Orte beobachtet, me vermueti d Luftverschmutzig als Ursach. Vor no nid langer Zyt heige si di reine Rägewasserweier empfole, ohni Zue- und Abfluss. Das syg ds Natürlechschte. Aber dür d Verdunschtig nähm d Schadstoffkonzentration gäng meh zue, u di Weier wärde langsam vergiftet. E chlyni, aber regelmässigi Früschwasserzuefuer, am beschten us em Hane, und en Abfluss wäre scho guet. Aber das isch bi üs schlächt z mache. Ds Natürleche isch nümm natürlech. Scho verruckt. Hie sy itz o nid d Chrotten u d Frösche tschuld am Dräck, wo der Räge mitbringt.

Ei Tag, won i uf em grosse Stei ghocket bi un i dä Tümpel gluegt ha, sy mer plötzlech ganz e Huuffe so komischi, schwarzi Pflaatschen ufgfalle a der Oberflechi. Zersch han i gmeint, das sygi en Art Alge, oder Dräck oder abgstorbni Pflanze, aber es sy Poschthornschnägge. I ha kei Ahnig, wo die plötzlech härchöme, dotzewys schwümme si desume. Vilicht isch ds Wasser wäge dene so klar, i den Aquarie het me ja settig zum Putze. U so churzi, gälbi Blitze han i undereinisch gseh, wo a d Oberflechi zuckt u wider verschwunde sy. Rägemoli, en Invasion vo Mölch. We me sech chly still het u d Ougen e Momänt a d Töifi gwanet, wimmlet's plötzlech vo dene Vychli mit zierlech tüpflete Bei u orange Büüch. Zum Schnuufe touche si albeneinisch uuf u mache blitzschnäll e Bürziboum under em Wasserspiegel.

Di Schnägge u Schwanzlurche hei mi du chly tröschtet. Sövel bodebös cha's nid stah um my Weier, we die sech offesichtlech däwäg wohl füele. Ja ja, d Natur. Mir machen is so wichtig u begryffe nid, dass si uf all Fäll stercher isch. Si het Millione vo Jahr zur Verfüegig u cha sech's leischte, nöi aazfaa.

Das Gras isch ungloublech widerstandsfähig. Es macht es dicks Gflächt vo unzählige Würzeli, i mues rächt z Bode ha. Ganzi Chessle voll han i scho usegruumt. Aber däm zääje Teppich rücken i itz z grächtem ufe Lyb, radikal.

Dä Ölteppich z Alaska. U di Arroganz vo der Firma. U di Hilflosigkeit vo allne, wo no probiere z rette, was z retten isch. Der Mönsch isch richtig es leschtigs Gjätt im Garte vo der Natur. Breitet sech hemmigslos uus, überziet alls, underdrückt alls. Wi Müschergras. U we mer's de z wyt trybe, uf d Spitzi, de hei mer's de. D Natur nimmt ds grosse Jätthoueli u ruumt uuf mit is, radikal. U nächär nimmt si e nöien Aalouf u macht e nöji Wält, eini ohni di Fählkonschtruktion Mönsch.

Ds Fueder nid überlade

I däm Theaterstück, wo mer itz grad dranne sy, bruucht eine ds Wort Fürgstütz. Ei Aabe het e Spiler gseit, er heig em ganze Lehrerzimmer müessen erkläre, was es Fürgstütz syg, das heig niemer gwüsst. Das verwunderet mi nüt. Hüt weis ja der gross Huuffe nümm vil meh vo der Burerei, als dass d Bure uverschant vil Subväntionen überchöme u dervo Mercedes choufe. Si wärde langsam zumene Relikt us grauer Vorzyt, historisch no rächt intressant, aber eigetlech nümm für vil. Gly sy mer sowyt, dass me di letschte richtige Bure, wo no vo Hand wärche, gägen Ytritt imene Reservat cha ga aaluege, als usstärbendi Rasse. Vilicht wär das öppis füre Ballebärg?
Mängisch geit es Wort verlore, wül's der Gägestand nümm git, wo's bezeichnet. I ha einisch i der Schuel vom biblische Joseph u syne Tröim verzellt, wi sech d Garbe vo de Brüeder vor syre verböigt hei. D Chind hei mi völlig verständnislos aagluegt, u won i ha aafa frage, han i gmerkt,

dass die nümm wüsse, was e Garben isch. Das het mi denn richtig troffe, i weis es no guet. So ne Garbe, e Bund vo guldige Halme mit feissen Ähri drann, isch doch es Sinnbild für vil und e zentrale Begriff i der Landwirtschaft. I ha ömel ganz entsetzt bim Zmittag verzellt, myni Schuelchind heige kei Ahnig meh vore Garbe. Da het der Thomas, denn en Underschüeler, verwunderet gfragt: „Was isch das, e Garbe?" Das isch mer es Lehrstück gsi. Wi wett es Chind, wo im Flachland deheimen isch, hüt no wüsse, wi ne Garben usgseht, we's no nie eini gseh het? Derfür kennt es sämtlechi Määidröschermargge. Mit der Technik wandlet sech äben ou alls andere, d Gsellschaft, d Läbesystelig, d Sprach. Es geit numen afe verruckt gleitig, drum möge mer nümm nache.

Fürgstütz git's no, aber es isch e Fachusdruck, wo fasch nume no de Bure glöifig isch, u das sy ja bloss no paar wenigi Prozänt vo der Bevölkerig. Bimene Brügiwage cha me zvorderscht es breits, leiterenartigs Gstell montiere als Stützi für das, wo me wott uflade. Für loses Höi zum Byspil isch es Fürgstütz unentbehrlech. So nes höchs, schön gmodlets Höifueder z laden isch en apartigi Kunscht. Di lugge Walme stosst me mit der Gable zu grosse Balle zäme u git die ufe. Der Lader mues de di riisige Wüüsche büschele u der rächt Wääg cheere u genau a ds richtigen Ort placiere, dass si enand gägesytig hei u nid zletscht ds ganze Fueder usenandgageret. Wenn's höch gnue isch, wird vornache bim Fürgstütz der Bindboum yghänkt. Zhinderscht a däm länge, starche Trämel wird de mit eme spezielle Lätsch es dicks Seili befeschtiget. Beidi Ändi lyret me um ne Wälle hinden am Wage, u mit zwone Scheitle – das sy längi Holzgriffe, wo grad i d Löcher vo der Wälle passe – ziet me das Seili aa u bindet das ganze Fueder fescht zäme. O d Garbefueder het me so ygfüert, aber hie umenand tuet me ds Gwächs itz praktisch alls uf em Fäld drösche. Ds Strou wird entweder fyn ghacket, de cha me's la ligen als Dünger, oder i feschti Balle presst. O Höi und Ämd wird vil presst, ömel bi dene, wo kei Höibelüftig hei. So nes Ballefueder bruucht kei Bindboum meh, di Burdine sy rächteggig u lö sech guet byge, aber ohni Fürgstütz geit's ou nid. Un es isch ganz glych, was ufglade wird, Höi oder Strou, Mählseck oder Papierholz, me mues wüsse, wenn's gnue isch. Es isch allerhand z berücksichtige, der Zuestand vom Wage, der Wääg, d Künscht vom Fuerme u d Fertigkeit vom Lader. Vo grobem, übersteligem Höi ma's meh verlyden als vo fynem, rütschigem Ämd. We me sech verschetzt u das Fueder überladt, chunnt's nid guet use. So wi denn, wo eine mitts uf ere Chrüzig es grüüsligs Stroufueder umkippt u der Vercheer uf all vier Syten ume blokkiert het. Ds Grosi un ig sy grad mit de Velo cho z fahre. Es isch nid schön gsi von is, aber mir hei müesse lache wi d Lööle. E dümmeri Stell hätt er im ganze Dorf niene gfunde. U üser Manne hei ou einisch so krouteret im Gjufel inne, wo's Räge drööit het. Si hei ds glyche Fueder drümal usgläärt, einisch ab em Laden uf em Bitz usse u no zwöimal underwägs. Uf gnue uechen isch bim Ufzie no d Helfti i ds Tenn abegheit. Der Nachber, wo het ghulfe, het du afe gseit, bim dritte Mal syg er hindere ga luege, öb der Tüüfel stossi.

Ds Fueder nid überlade, da sött me nid nume bi Höi u Strou dra dänke, das gilt für jede Läbesbereich. Me sött e Sach nid übertrybe, me mues wüsse, wenn's gnue isch. Es isch nid gäng eifach. We me so äberächt im Chutt isch, leit me gärn no grad e Legi meh uuf als guet wär. I ha's bi myr Schryberei o zersch müesse lehre. Us Fröid a de sprachleche Müglechkeite und am Fabuliere han i am Aafang mängisch chly überbordet u mer müesse la säge, weniger wär meh.

Ds Übertryben isch hüt a der Tagesornig. Was eim da mängisch afe zuegmuetet wird i der Musig, im Theater, i der Malerei. I wünschti mer de albe chly weniger geniali Yfäll, derfür chly meh handwärklechs Chönne. Aber di Uswüchs passiere nid numen im Olymp bi de Künschtler. Bi üs gwöhnleche Stärbleche chieret ou mängs Fueder bedänklech, wül niemer rächtzytig halt grüeft het. Dä Yschturm für di Wältusstelig isch doch eifach würklech e Schnapsidee. Für sövel Gäld öppis sövel Sturms ga yrichte. Oder dänket a Spitzesport, wo am Entgleisen isch, a d Gschwindigkeitssucht, a d Konsumglöibigkeit oder a dä ganz Freizytrummel, wo em Mönsch systematisch ds Dänken abgwanet wird. Es Chind het eismal d Chindergärtnere gfragt: „Müesse mer hüt scho wider spile, was mer wei?" Settigs chunnt nid vo nüt. Ou das Gsünderläbegstürm sticht mi langsam i d Nase. Es isch mer ganz glych, wär i alls trappe, aber dä nöimödisch Lightanke mit 35% weniger Kalorie chunnt mer scho chly pervers vor. Es Zeiche meh vo der verheerende Füfi-u-Weggli-Mentalität, nume näh u näh u nüt leischte.

Ds Beschte alls i sech ynestopfe, uf nüt verzichte u schön gsund u schlank blybe derby. Weniger ässe u meh bewege, das wär ou no ne halbvergässeni Methode für fit z wärde. U de geit's de no unerchannt übel, dass dä Kunschtanke chly meh söll choschten als der natürlech. Mi düecht das nüt weder rächt. Wär Äxtrawürscht verlangt, söll blääche.

Geschter het einen ir Chäserei gseit, är chüscheli itz syne Chüe jeden Aaben und jede Morgen i d Ohre, si sölli doch so guet sy und ab sofort vil, vil Eiwyss u ganz weni Fett gä. Das wärd öppis chönne, die syge sech drum disewääg gwanet.

Vo nüt chunnt nüt

Herbstmilch heisst das Büechli, won i grad gläse ha. Es isch im Piper Verlag erschine. D Anna Wimschneider, en alti Burefrou us Bayern, verzellt mit eifache Wort us ihrem Läbe.
Si het's nid liecht gha. Wo si achti isch gsi, isch ere d Mueter gstorbe, u si het vo denn aa als Husfrou di ganzi Familie düregschleipft, der Vatter, e Zylete Gschwüschterti und e Söigling. Si het gchochet, gwäsche, gflickt u gartnet, alls ohni Hilf. Numen e Nachbersfrou het eren albeneinisch chly zeigt, wi si's am ringschte chönnt aagattige. Vo Vatter u Brüeder het si weni Verständnis erfahre. Es isch fasch nid z gloube, dass si das jahrelang präschtiert het.
Si het e Buresuhn ghürate, wo churz nach em Hochzyt yzoge worden isch u het i Chrieg müesse. Mit ere tüüfelsüchtige Schwigermueter, wo re vo eir Tagheiteri zur andere zleid gwärchet het, u drüne alte, pflegebedürftige Verwandte het d Anna mängs Jahr lang das Heimet bewirtschaftet eme Mannevolch z Trutz. Das Büechli isch e Bestseller worde, u me het's ou verfilmet. Es isch es mönschlechs Dokumänt vore ganz eigeten Art. D Anna jammeret nüt über ihres verpfuschte Läbe. Si verzellt Tat-

sache, eifach so, mit ere rüejige Sicherheit u Zfrideheit, wo me nume cha erwärbe, we men es Läbe lang gwüssehaft sy Pflicht erfüllt.

Si grännet nid über Vergangnigs, chlöönet nid über ihri verpassti Jugend. Si het gmacht, was ere isch müglech gsi, u meh cha kei Mönsch verlange. Si fröit sech, dass eren im Alter e läbeslange Wunsch in Erfüllig gangen isch: Si cha am Morge blybe lige, so lang si wott. Di fridlechi Rue und Abgeklärtheit em Läbe gägenüber sy re nid vom Himel gheit, si het sen erwärchet. Vo nüt chunnt nüt.

Es git zwo Müglechkeite. Entweder wirsch mit em Läbe fertig, oder es wird mit dir fertig. Ab em Läse han i di ganzi Zyt a my einti Grossmueter müesse dänke. Si wär en intelligänti Frou gsi, het aber wägen unglücklechen Umständ nie richtig chönne zeige, was eigetlech i re gsteckt wär. Si het nachzueche fählerfrei gschribe, was denn für nes Armlütechind nid sälbverständlech gsi isch, u het chönne Klavier spile wi ne Sibechätzer. Ihri Häägglikunscht isch berüemt gsi. Die het mer no zumene einsame Glanzpunkt i myr nid grad ydrückleche Handarbeitskarriere verhulfe. I bi zimli ungschickt gsi, ömel am Aafang. I mym erschte Schuelbricht het's nid vergäbe gheisse: Handarbeiten zu langsam. Hääggle han i bire Cousine vo der Grossmueter müesse lehre, wo denn i mym Dorf isch Arbeitslehrere gsi. I ha mit däm Häággli nüt chönnen aafa, wenn i's so elegant zwüsche drei Finger gchlemmt ha, wi d Lehrere befole het. Für das gstabelige Wärchzüüg z meischtere, han i's müessen i d Fuuscht näh, wi ne Schrubeziejer. D Lehrere het fasch der Schlag troffe, wo si mi so het gseh chnorze.

I söll einisch myr Grossmueter ga zueluege, wi me das mach, het si mer empfole. I bi hei, ha mer öppis la vorhääggle u bi fasch i d Luft vor Fröid. D Grossmueter het glych güferet win ig, d Nadlen ir Fuuscht. Es isch en Triumph gsi für mi. Für d Lehrere weniger.

My Grossmueter het ds Läbe nid gmeischteret, aber si wär tödlech beleidiget gsi, we me re das hätt wölle säge. Si isch enttüüscht, unzfride u bös gsi, mit em Alter gäng wi schlimmer. D Lüt hei das nid so gwüsst; si het zu dene ghört, wo d Sunnsyte gäge d Strass cheere, u me het's ou nid grad a di grossi Glogge ghänkt. Si het der Familie ds Läbe schwär gmacht, u de no us luter Guetmeinigi. Si isch scho vor mängem Jahr gstorbe, und us der zytleche Distanz und dür di psychologischi Brülle chan i se gloub itz chly grächter beurteile als denn, wo mer is Blätzen abgripset hei. Si het vil Wüeschts erläbt, das mues me säge. Als Unehligs vomen arme Meitschi isch si zersch paar Jahr bir Grossmueter gsi. Speter hei de d Eltere ghürate u das Elise zue sech gno. Es het nid Fröid gha a däm Wächsel. Wo's öpper gfragt het, öb äs itz da deheime syg, het es gseit, nenei, es syg numo da verdinget. Der junger Brueder het gäng meh gulte.

Mit nünzähni het my Grossmueter es Schuldebuurli ghürate, u mit däm isch si vierzg Jahr vo eim Läche zum andere züglet. Denn het me no wyt u breit nüt gwüsst vo Pächterschutz; si hei zäh oder meh Mal fürers müesse. Dass si so uf kei grüene Zweig hei chönne cho, isch ja klar. Me het albe gseit, drümal züglet syg einisch abbrönnt. Vo füf Chind sy zwöi ganz chlyn gstorbe.

I cha nume vermuete, werum di Frou so herrschsüchtig worden isch. O das chunnt ja nid eifach vo sälber. Afe het si sicher als Chind zweni Liebi erfahre. Ihre Vatter isch halt ou chly e Mürggel gsi. Bi ihm het's uf nen andere Wäg ume gheisse: Vo nüt chunnt nüt. Als Rächemacher het er grad bösdings sy Familie chönne dürebringe. Aber er het jedi Glägeheit ergriffe, für Tanzmusig z mache. Di paar Zuesatzfränkli sy de verbisse bygelet worde, bis es glängt het für nes Eggeli Land. So het er im Louf vo de Jahren es styffs Heimetli zämegmusiget.

En ungloublechi Leischtig, zuegä, aber vilicht hätt er gschyder chly meh a sys Chind dänkt u chly weniger a ds Gäld. Nu, das cha me de hindedry ga säge.

Di unehligi Geburt het d Grossmueter nie verwärchet. Si het zwar nid dervo gredt, aber i ha nie öpper hässiger u giftiger über nes Meitli ghören urteile, wo dumm drycho isch. Eis han i jedefalls glehrt vo myr Grossmueter: Settigi Lüt darf me nid eifach la fuuschte, süsch macht me sech ou chly schuldig. Si hei zwar absolut nid ds Rächt, anderne pouselos a de Närve z rupfe u mit allne Mittle ihre Grind dürezsetze, aber si merke's ja gar nid, we me ne's nid seit. Si sy nämlech überzügt, si meini's nume guet. Won i zum erschte Mal ds Annebäbi Jowäger gläse ha, isch's mer vorcho, wi we der Gotthälf vo myr Grossmueter verzellti. Auch Annebäbi meinte es gut, aber uf sy Gattig.

Hüt erbarmet mi di Frou richtig. Si het so gueti Aalage gha u het nüt chönne drus mache. Nume sich und andere ds Läbe vergifte mit Chybe und Jammere. I ha gäng probiert, nid lehrgottig z tue. Aber wenn i a ds Elise dänke, möcht i allne Lüte zuerüefe: Loufet doch vorwärts dür ds Läbe! Was düren isch, lat sech nümm ändere. Ds Läben isch ersch fertig, we mer der letscht Aatezug tüe, u bis denn wei mer's nid vergüüde. Näht ech d Anna Wimschneider als Byspil, nid üsi Elise. Chly öppis cha me nämlech a sym Läbe scho reise, me mues es nume mache.

Excusez für dä Usbruch. Es mues ja zletscht einewäg jede mit syr eigete Hut i d Gärbi. Aber glych: Vo nüt chunnt nüt.

Nid nüt

Won i ha aagfange mit der Schryberei, han i kei Ahnig gha, was de das alls nacheziet. Zersch, won i numen afe so Gschichtli gschribe ha für vorzläse, het di Sach keni grosse Wälle gschlage. Me het öppe gfragt, öb i nid wöll es Büechli mache dervo, un i ha gseit, es pressier mer nüt. Fertig. Mit em Stübli het du das gänderet. I bi mer bal vorcho wi nes Chind, wo Steine lat i Weier gheie u verstuunet zueluegt, wi's Ringe git, wi si sech chrüze und usbreite, hie es Blettli bewege u dert es Härdchnölleli netze, dass es ganz en anderi Farb überchunnt. Vo de Läserreaktione uf ds Stübli und uf ds Gartetööribuech gäb's ou scho gly e Roman. U derby bhoupte gschydi Lüt lut und unermüedlech, Mundartliteratur syg veraltet, nümm zytgemäss, i der Krise, es löi sech nüt meh nöis schrybe, es mög's niemer meh läse. Das chönnt i itz nöie nid säge. Vilicht wär über d Krise vo der Schriftsprach ou öppis z bemerke. Wenn i a di paar moderne Büecher dänke, wo mer da ir Letschti i d Finger grate sy, also, i bi wahrschynlech z eifältig, für die z begryffe. Jedefalls bin i froh, dass es no paar Läser git, wo a myne Sache Fröid hei u mer's z wüsse tüe. U de vilfach uf nen Art, wo mer chly ynegeit. Chürzlech het mer eine e ghüslete Block brunge mit em fründtleche Wunsch, der Stoff für ds Stübli söll mer no lang nid usgah. Er weis drum, dass i myner Entwürf uf ghüslets Papier schrybe. Es het ja jede u jedi gwüssi Marotte. E silberige Chugelschryber isch derby gsi, mit Gravur: Stübli-Fädere. Es isch natürlech Ehresach, dass i ds Stübli nume no mit däm Wärchzüüg möbliere.

Oder färn han i zum Geburtstag es Alphabet übercho, für jede Buechstaben es Päckli. Aagfange het's mit eme Schnuerchlungeli, wül me ja gäng en A-afang bruucht, u ghanget isch di ganzi Bescheerig imene Chörbli amene riisige B-allon, für di geischtige Höheflüg. So isch es wytergangen über Sicherheitsgufen als C-hummerzhilf, Früschhaltebütle für I-dee, fuli U-sreede, gueti W-ünsch, Tigerbalsam für d X-undheit bis zumene Bygeli Z-edle. U hüür het's e Wedele Bleischtift gä, für jede Luun es anders. Are Läsig han i einisch es Keramikdöseli übercho mit eme Züpflimeiteli uf em Dechel. Das syg d Judith us em Gartetööri, het me mer gseit, und i ds Druckeli söll i di gueten Yfäll versorge, dass i se de no wüss, wenn i se nötig heig.

Es überrascht mi gäng wider, wi Aateil gno wird a der Arbeit. Di meischte Lüt sy ehrlech intressiert, wei wüsse, wie u wenn dass i schrybi, o won i d Idee härnähm, u anderi verfolge di Tätigkeite ender misstrouisch. I üsne Kreise isch es nid üeblech, dass me i d Zytig schrybt u Büecher usegit, dass men eim im Fernseh gseht und im Radio ghört. Das isch alls chly exotisch, chly verdächtig. Ömel hie uf em Land.

My Maa wird vil gfragt, win er das ushalti, öb er nid schaluus syg, öb ne myni Aktivitäte nid störi, öb er nid ds Gfüel heig, er chömm z churz. Er het nid ds Gfüel, er lächlet albe chly. Er isch sälber öpper. Nähm mi wunder, wi mängi Frou settigs Züüg isch gfragt worde i de letschte drütuusig Jahr. Die wäri sicher z zelle, das isch äbe öppis ganz anders.

E Läsere het mer vo ihrer Grossmueter gschribe. Dere isch's no vil leider gangen als üser Elise, won i im letschte Stübli vore verzellt ha. Si het nach ere schlimme Jugend mit zwänzgi müesse hürate, u dä Maa het ere das syr Läbtig nachetreit. Er het se dermit gstraft, dass er se nie meh aagrüert het. Gstraft! Sibezg Jahr sy si zämegsi. U di Frou het das Läbe gmeischteret und isch no vilnen andere e starchi Stützi u zueverlässigi Hilf gsi. Die het vilicht nid Elise gheisse.

I ha eini kennt, wo re der Maa ganz früech gstorben isch, vo drüne Chind ewäg. Vo AHV u Sozialhilf het denn no niemer gredt, di Frou isch ire absolut verzwyflete Situation gsi. Aber si het eifach ei Tag umen ander hinder sech bracht, het taglöhneret, het Chüngle gha un e Pflanzblätz bewirtschaftet, isch i Wald ga holze u het der Chare gäng irgendwie i Gang ghalte. Alli Chind hei e Bruef glehrt, nie isch öpper vo der Familie öpperem zur Lascht gfalle. Di zwöi Byspil stöh für di x-tuusig Froue, wo iren ähnleche Art unufällig u still Leischtigen erbrunge hei, wo sech nid jeden erfolgrych Maa dermit cha brüschte.

E Bekannte het mer gseit, wi ihn di Gschicht vo der Elise beschäftiget heig. Är kenn hüt no settigi Froue, u d Verhältnis syge doch ganz anders, u Müglechkeite heig men ou vil meh als denn. Aber ihn düech, d Lüt syge gäng glych blöd u lehri nüt derzue. Cha scho sy, es git gäng settigi u settigi. Und es chöme halt gäng wider anderi nache, wo ihri Dummheite ou unbedingt sälber wei mache. Es isch ou nid so eifach, e Dänkwys abzlege, wo über unzähligi Generatione isch yguebt worde. Es git ou Froue, wo my Maa beduure, u nid weni.

I bi kei Feminischtin. I ha nie drunder glitte, dass i Name u

Heimatort ha müesse wächsle, i cha ganz bequem wyterläbe ohni wyblechi Sprachforme, u der Liebgott darf für mi rüejig e Maa blybe. Für mi isch ds Grundsätzleche entscheidend. Glychberächtigung u Chanceglychheit sy keis Diskussionsthema meh, das sy Sälbverständlechkeite. Hüt mues me handle.
D Froue sölle itz ändtlech ufhöre, der Chopf yzzie u sech minderwärtig vorzcho. Si sölle sech ändtlech sälber so wichtig näh, wi si sy. Ohni das, wo d Froue leischte, im Stille, unbeachtet, für gring aagluegt, ohni das alls würd üses gsellschaftleche und politische Syschtem zämebräche. Heit ech das nume vor Ouge, dir bescheidene, flyssige Froue. Das isch nid nüt.

Nid gsprängt

Kennet dir „Bunte Steine" vom Adalbert Stifter? Di Gschichte lisen i itz grad. Es isch kei aktuelli Lektüre, di Beschoulechkeit u di Rue ghöre ine vergangeni Zyt. U Beschoulechkeit u Rue bruucht me, we me das wott läse, süsch cha me di Sprach nid gniesse. Nume so überflüge wi ne Zytig oder wi ne Krimi cha me das nid. Me mues härehocke, wi we me süsch nüt z tüe hätt, und ufmerksam u langsam di verschachtlete Sätz i sech ufnäh. Jedi Gschicht geit vomene Stei uus, Granit, Chalchstei, Turmalin, Bärgkristall etc. I der erschte sitzt e chlyne Bueb uf eme Bank us Granit u lat sech vome Husierer di blutte Füess mit Wagesalbi aachaare. Nächär taslet er übere früsch gfägtnig Riemebode, u d Mueter u d Jumpfere gö der Dili nah. Der

Bueb überchunnt schuderhaft Balgis u Schleg un isch bodelos verzwyflet, wül er gar nid begryfft, was er aagstellt het. Aber der Grossvatter nimmt sech der ganz Namittag Zyt für ne, geit mit ihm ga loufe, brichtet mit ihm u bringt di Sach wider i d Ornig.

Di Gschicht gfallt mer am beschte, vilicht wül i ou öppe mit Grosschind underwägs bi. Der David wird gly zwöi und isch itz grad so richtig dranne, d Wält z entdecke u z erfahre. We mer zämen i ds Dorf gö, mues i mys Tämpo sym aapasse, süsch chunnt das nid guet use. Alls, wo dürefahrt, wird usgibig aagstuunet u kommentiert, Otou, Tachoo, Lölo. Er stägeret uf jedes Müürli, gwunderet dür jede Scheielihag, gumpet zäche Mal ab em glyche Trottoirrand. Er list Steine uuf, cheert se uf all Syte, studiert se usgibig u seit tiefsinnig: „Tei!" U we mer heichöme, han i vilicht e Viertelstund lenger gha als normalerwys, aber mir sy beidi zfride u hei e guete Luun.

Won i ha ufghört mit der Schuel, han i beschlosse, i syg gnue umegrennt, itz pressier i nume no, wenn's gar nid anders göi. Es geit meischtens anders. U komischerwys chumen i gwüss no styff vorwärts mit der langsamere Gangart. „Nume nid gsprängt, aber gäng echly hü!" seit me mit eme spöttische Underton vo eim, wo sech nid lat zu sym Trapp usbringe. „Er isch gwüss no ne Gäbige, aber halt e Tschalpi!" U me merkt nid, dass dä Tschalpi meh verrichtet als mänge, wo umehürschet wi nes sturms Wäschpi u vo eir Arbeit zur andere furzet. Er isch äbe gäng drann u verpfuderet nüt. Wi mängisch macht men im Gjufel us eir Arbeit zwo.

I gah all Tag mit em Hund ga loufe, mängisch zwöimal. Teil Lüt finde, i hätt Gschyders z tüe, aber das stimmt nämlech gar nid. Uf dene Spaziergäng chöme mir di beschte Gedanke. De chan i ungstört spintisiere, und etlechi Stübli u mängs anders sy so i Fäld u Wald scho usbrüetet worde. Ei Tag han i ömel gstudiert, was mir ächt zu Steine i Sinn chäm. Es längti für ne ganzi Zytig, nid nume für nes Stübli.

Stein und Flöte, e Märliroman. Brot und Steine, e Kitschfilm. Steinige Bode, es Theaterstück. Steichratte, e stabile, viereggige Chratte mit Holzbode und eisytigem Hänkel, wo me dermit früecher Steine zämegläse u zum Acher usgschleipft het. Hüt git's Steisammelmaschine, u der Steichratte het e Metamorphose düregmacht. Er isch itz e dekorative Zytigschorb im Intérieur très rustique. Halbedelstei; e Bekannti het mer es Tigeroug gchramet vo Bolivie. Amethyst; my Maa het mer einisch e settigen Aahänger heibracht, u derby hei mer fasch kei Gäld gha. E schöni Foto uf der hinderschte Syte vom chlyne Bund, es Bachbett mit farbige Steine. Der Houptme vo mym Vatter, der Herr Wettstei. Di zwe riisige Möcke, wo mer der Thomas einisch zum Weier gfüert het. Für z beobachte, wi d Weiernadle a de Schilfhälm obe usschlüffe, sy si cheibe gäbig. Dir gseht, Gschichte über Gschichte.

Steine hei öppis Bsunders a sech, öppis Gheimnissvolls. Ou di ganz gwöhnleche, nid numen em Goschteli Kari sy Meteorit. I ha dä alt Maa uf ne glungnigi Art lehre kenne. I bi am Chirsche gsi, da het plötzlech eine unden a der Leitere aafa futtere. I söll mache, dass i abe chömm, u zwar enanderna. E Mueter vo vierne Chind heig nüt uf eme Boum obe z tüe. Öpper mües dänk di Chirschi abläse, han i gseit, un i syg di einzigi, wo Zyt heig. Das chönn är dänk ou, er heig sauft derwyl, het er mi belehrt. Vo denn aa het er mer mängs Jahr gchirschet, bis er furtzüglet isch. Einisch isch er mit em Velo derhärcho, het öppis imene Überblusli yglyret uf em Gepäcktreger ygchlemmt gha. Er wöll is da öppis zeige. U nächär het er dä Stei uspackt, ganz verruckt schön isch dä gsi. Er het ungfähr d Grössi vome Pfünder gha un isch quer glideret gsi, wi wenn e Wüüsch Nadle zämechläbti, un er het schwarz, blau u grüen gschimmeret wi ne tropische Schmätterling. Es syg e Meteorit, er heig dä einisch im Jura gfunde u vo der Uni la prüefe. Zwänzgtuusig heige sin ihm botte, aber für das vermög er ne z bhalte. E märlihafti Summe für ne märlihafte Stei. I ha ne numen einisch gseh, aber i gloube, i kennti ne sofort wider.

Steine hei Jahrtuusigi hinder sech und Jahrtuusigi vor sech. Jedes angfährte Bröcheli chönnt e Roman verzelle. I weis nid, wi lang en Ämmestei bruucht vom Hohgant bis zu üs, aber hie isch er rund gschmirglet, u niemer het en Ahnig dervo, was er uf der Reis alls het müesse düremache.

Trocheni Steine sy unuffällig u zimli glychmässig grau. Ersch we Wasser drüberlouft, zeige si ihri versteckti Pracht. Si hei alli Farbe, sy tüpflet, gschägget, gstreift. Es isch e stilli Schönheit, nid eini, wo eim brüelig aagumpet. „I bi da", seit si, „chasch luege, we de wosch, u we chly Zyt hesch."

Chind spile gärn mit Steine. Vilicht gspüre si no chly vo däm gheime Zouber. Einisch sy mer mit üser Marianne i Jura, si het grad aagfange mit Rede. Si isch uf der sunnige Weid schier us em Hüsli cho, isch vo Steiplatte zu Steiplatte gumpet, het Händ u Backe drufgleit u gäng wider gchrääit: „Sön waam, sön waam!" D Kathrin, ds eltischte Grosschind, het sech am Meer stundelang dermit vertöörlet, Steine i ds Wasser z schiesse, u der David tuet mit sym chlyne Bagger Grien uflade un uslääre, uflade, uslääre, uflade, uslääre...

Es git es Läsibuechgschichtli. Es Chind het Erbarme mit eme grosse Stei, wül dä Tag u Nacht, bi Rägen u Schnee am glychen Ort mues lige. „I bi nid arm, i lige so gärn hie, wi du umegumpisch. I bi so gärn e Stei wi du es Chind, i bi zfride!" seit der Stei. Vilicht isch das e wichtigi Botschaft. Vilicht isch das ds Gheimnis vome usgfüllte Läben überhoupt: Ganz das sy, wo men isch. Sy eigetlechi Ufgab usefinde u sen erfülle, so guet's eim müglech isch. Aber di Ysicht lat sech nid eis Chlapfs erzwänge, da mues me lang dranne sy. Gäng echly hü.

Nimm myni Ougen u lueg

„Geschter sy mer us de Ferie heicho, u hüt han i dys Stübli gläse. Aber vo eim Stei weisch itz halt no nüt", het my Fründin gseit. Si und ihre Maa hei am Gotthard obe en alte Wäägstei ufgladen u heizaagget. Die lige dert zu Hunderte desume. I bi di Trophäe sofort ga besichtige. Es isch so en Art Pfoschte, gägen obe liecht zuegspitzt, grad so gross, dass me ne no vo Hand cha i nes Outo chnorze. Er steit itz am Rand vomene Grienplätzli, u beidi sy der Meinig, hie syg er am einzig rächten Ort, das Eggeli heig uf dä Chnüüre gwartet.

I ha gseit, es zwöits Steistübli chönn i itz nid schrybe über dä Chemp, o wenn er ne schuderhaft a ds Härz gwachse syg. Für das heig i doch de chly weni Beziehig derzue.

Hindedry het's mi du glych aafa gusle, öb mer ächt würklech nüt i Sinn chömm zumene gwöhnleche Steipfyler. Er isch nüt Usserordentlechs, dä Stei, eifach so ne Granitzapfe, weder schön no wüescht, nume zwäckmässig. Lang het er en Ufgab gha z erfülle, itz sy Zyt u Fortschritt über ne wäggange, er isch nutzlos. Der Houer het syner Wärchspure hinderla druffe, chly schwarzi Farb chläbt no drann, das isch alls. Di meischte Lüt würde an ihm verbytschalpe, ohni sech z achte, ig vermuetlech ou. Für d Ussag von ihm z verstah, müesst me mit den Ohre vo myne Fründe chönne lose, für sy Schönheit z erchenne, müesst men ihri Ouge chönne bruuche. Er möcht e settige Grabstei, het der Wali sogar gmeint. I ha dä Stei aagluegt u gfunde, he wohl, so nes Miniaturdänkmal syg no luschtig i däm Gärtli. Aber für my Grössi wär dä Stei nid so günschtig, i würd wahrschynlech drübergheie. Wenn i mer aber Zyt nuhm, härehocketi u ne gründlech würd betrachte, de wüsst er mer sicher allergattig z verzelle, aber ganz anderi Sache, i luegti ja mit mynen Ouge.

Mir säge doch mängisch: „Was het dä a dere gseh? Wo het ächt die häregluegt, wo si dä gno het? Wi chunnt öpper derzue, so ne strubi Hütten ufzstelle? Wi cha me numen e Wonig so gruusig yrichte? Merkt die nid, wi alt si usgseht mit däm aagstrichene Gfrääs?" Nimm myni Ougen u lueg. Das gilt für alls, nid nume für ne Stei. Aber es düecht mi glych no guet, dass alli verschideni Ouge hei. Das wär e längwyligi Wält, wenn allne ds Glyche gfallti. Dra dänke mues me natürlech scho, dass di andere ds Rächt hei, uf ihri Gattig z luege.

I gibe zue, dass i mit der abstrakte Kunscht meischtens nid vil cha aafa. I wett mer mindischtens öppis chönne vorstelle. Es paar zuefeligi Pflaatschen am Bode oder drü dilettantisch zämegschweissti Abfallröhrli rysse mi nid vom Stuel. Vilicht han i lätzi Ouge? Ei Tag han i imene Heftli es Bild gseh vo re Elisabeth Strässle. I kenne die nüt, weis ou nüt über ihres Wärk. Nume di chlyni Reproduktion uf billigem Papier han i. Abstrakter cha me nid male, aber das Bildli gfallt mer. Es isch e dräckig grüenbruungrau überschlaarggeti Flechi, aber i der Mitti het öpper chly gribe mit eme Hudel, u dert lüüchtet itz lötigs Guld füre. Märliguld, wi em Hans im Glück sy Guldchlumpe. Mir seit das Bild öppis: Under mänger unschynbare Oberflechi chäm Guld füre, we me besser luegti.

Füre Peter Bichsel, wo paar Zyle gschribe het drunder, bedütet's öppis anders. Är gseht e schwygendi Stadt, eini, wo über sich sälber nüt meh weis z säge.

Es het mi albe chly möge, wenn es Chind isch cho verzelle, em Mueti gfall das sälbergmachte Gschänkli nid, es heig's grad furtgschosse, u der Vati heig glachet übere sälber glättelet Äschebächer. Wüsse di Eltere nid, was si mit ihrem Unverstand aastelle? Was macht itz das, wenn e Zytlang es glitzerigs Kitschängeli am Fänschter hanget? Fröid u Stolz vom Chind sy wichtiger als e gschnigleti Wonig. Es tuet ou üs Grosse weh, wenn öppis verächtlech gmacht wird, wo mer gärn hei. I dänke da a gwüssi Kritiker, wo ne ihri eigeti Pracht u Herrlechkeit wichtiger isch als das, wo si bespräche. Wird nid mängisch mit boshafter Schadefröid öppis nume verrupft, wül's vilne Lüte gfallt? Wo blybt da der Reschpäkt vor em Mitmönsch? Natürlech darf me säge, dass eim öppis nid gfallt, aber me mues es ja nid grad düre Dräck zie.

Mit de Steine isch es eifacher. Wäägstei, Gränzstei, Marchstei, alls dütlechi Zeiche, wo säge: Das isch richtig, das gilt, hiedüre geit's. Jede chunnt nache. E Marchstei versetze isch früecher für ne Buur eis vo de schlimmschte Verbräche gsi. Wär sech e settigi Schuld het ufglade, het ke Rue gfunde im Grab, het müessen umecho und desumegeischtere, bis nen e mitleidigi Seel erlöst het. Einisch het der Männerchor d Waldmarch vom Kari Grunder ufgfüert. I ha's fasch vergässe, aber wi mer en yschchalte Tschuder düre Rüggen ab isch, wo der Scheidegger mit hohler Stimm dür d Grotzli grüeft het: „Hannes, hör uuf, hör uuf", das weis i nach meh als vierzg Jahr no genau.

Wi mängs anders sy di eifache Wäägzeiche i churzer Zyt us der Mode cho u bedütigslos worde. Wenn hüt eine wett e Marchstei versetze, miech er sech lächerlech. Der Kreisgeometer schickti e Gstudierte, u dä würd ihm mit ustüftleten Apparätli u komplizierte Berächnige bewyse, was er für ne Träll isch. Hüt isch ja alls regischtriert, dokumäntiert u feschtghalte vo dert bis änenume. Aber der Buur isch gäng no guet beratc, wenn er weis, wo syni Marchsteine sy. E verschrissni Maschine geit no gly einisch i ds Guettuech. Und allem sogenannte Fortschritt ztrutz: E Wäägstei, e Gränzstei, e Marchstei sy gäng no Zeiche, wo der Dümmscht begryfft.

Es git Mahnpföschte, wo me nid gseht u nid cha aarüere. Die, wo der Mönsch i sech inne het. Bi jedem gseh si chly anders uus, stö chly amen andere Platz, aber für dä Mönsch sy si unverrückbar gültig, ou we si yghärdet sy, mit Schutt überfüert oder vo Gstrüpp überwachse. Wi weniger dass mer vo üsne eigete Orientierigspföschte wüsse, descht unbekümmereter fuerwärche mer umenand, u de fahre mer aa u gheie drüber u stuune, wi höllisch weh dass es tuet.

Bruucht üsi chranki Gsellschaft sövel Soziologe, Psychologe, Psychiater u Dökter, wül mer verlehrt hei, uf üsi pärsönleche Merksteine z achte?

Allergattig Tröim

Jedi Nacht troumen i, meischtens so sturms Züüg, dass i's chuum chönnt verzelle. Eme Tiefepsycholog möcht i ömel myner Tröim nid aavertroue; das tschuderet mi grad, was dä us mym Unterbewusstsy chönnt füregrüble. Aber zwüschyne troumen i de mängisch Sache, wo mer niemer mues usdütsche. Won i uswärts ha Schuel gha un uf ds Outo bi aagwise gsi, han i vil Outotröim gha. Es isch mer gstole worde, i ha's nid chönnen aala, oder es isch numen im Schrittämpo gfahre. Vo denn aa, won i z Fuess ha i d Schuel chönne, han i nie meh vomene Outo troumet.
Di meischte, wo boue, hei zersch e rächti Durschtstrecki z überwinde. Üs isch es ömel o so gange, di Finanze hein is am Aafang mörderlech belaschtet. Denn het mi ou gäng der glych Troum verfolget. I ha ne wunderschöni, originelli Wonig gha, bi aber nume ganz müesam derzuecho. I ha müesse dür ne längi Stangen ufechlädere u cha gar nid. Oder i ha uf eme schmale Balken über nen Abgrund müesse balanciere u bi nid schwindelfrei. Oder i ha dür nen änge Schluuch müesse schnaagge, derby überchumen i Zueständ, wenn i kei Platz ha. Wo sech di Chnüpple du hei glöst gha, isch dä Troum no einisch cho. Dasmal isch my Wonig imene Schloss gsi, ähnlech wi Chillon, e Wunderwonig, aber der Ygang isch mit eme dicke Teppich ver-

macht gsi. Er het numen es winzigs Loch gha, i bi fasch nid dürecho. Da han i e grossi Schäri greicht u das Loch erwyteret. Vo denn aa han i Rue gha.

Letschthin han i ou wider so ne bedütigsvolle Troum gha. I bi Stammgascht gsi ire schöne, gmüetleche Wirtschaft. Aber für uf ds Hüsli het me ufe Drachefels müesse, e sänkrächti Felswand mit ere Leitere us roschtigem Wededraht. Mit Todesangscht u gschundtne Finger han i dä halsbräcnerisch Ufstig meh als einisch hinder mi bracht. Einisch han i bi der Toilettefrou du reklamiert. Afe dä Chrampf u nächär no zale, das syg scho chly dick. I mües nüt gä, het si glychmüetig gmeint, das syg alls freiwillig. I ha re freiwillig e Füfliber gä, wül si uf däm blöde Felsechnubel het müesse hocke u di blödi Schyssi goume, u de no so ne gruusigi. Denide bin i uf d Wirti los. Das syg doch eifach e Zuemuetig, d Lüt dert ufezjage. Es syg ere sälber es Rätsel, het si gseit, im Gang syg doch e Toilettenaalag mit allne Schikane, aber d Stammgescht heige dä Fimmel. Es mües en Art es Ritual sy. Da han i plötzlech gmerkt, dass mi die am runde Tisch eigetlech gäng fürchterlech glängwylet hei, die hei ja nüt anders gwüsst z rede, als wi si der Drachefels bezwunge hei. Da mües i nid derzueghöre u chönn mer dä roschtig Leiteretürgg schänke, han i gmerkt. Meinen i vilicht mängisch, i mües öppis unbedingt mache, u chönnt's grad so guet la sy? Gsehn i vilicht im Troum heiterer, als wenn i wach bi?

Verlö mer di Troumwält. Mir hei hie zwöi Hornusserfescht gha, ds Ämmitalische un es Interkantonals. I üser Familie het nie öpper ghornusset, bi no froh, aber es düecht mi glych no nes intressants Wäse. D Hornusser hei e Blätz wyt ds Kunschtstück fertigbrunge, d Tradition vo Jahrhunderte mit der moderne Technik und eme gwandlete Sportverständnis under ei Huet z versorge.

Für die, wo gar kei Ahnig hei, zersch paar Informatione. Es isch es Mannschaftsspil u glychzytig en Einzelwettkampf. Di einti Mannschaft mues schla. Für das bruucht's der Bock, zwo gschweifti Yseschine, wo sech vo usse zämeschwinge u liecht obsi parallel usloufe. Zvorderscht uf der Schine wird mit Lätt sorgfältig der Nouss gsetzt, linggs oder rächts, je nachdäm, wi eine schlat. Der Nouss isch e abgrundeti Hertgummischybe mit fyne Zähn am Rand, exakt zwöienachzg Gramm schwär. Der Schleger het e länge, biegsame Stäcke, früecher us Holz, speter us Metall, hüt us Glasfiber. Zusserscht isch ds Trääf, gäng no hölzig, es gseht uus wi ne Kanunneputzer. Dermit zwickt der Schleger der Nouss so wyt wi müglech i ds Ris hindere. Dert het sech d Gägemannschaft verteilt u probiert mit grosse Holzschufle, dä Nouss abezreiche. We si eine nid verwütsche, un er geit sälber z Bode, de isch das es Nummero un e mittleri Katastrophe. We vo der einte Gsellschaft alli gschlage hei, wird gwächslet. Ds Zil isch, müglechscht vil Punkt z mache u keinen abezla. I der Schlussranglyschte chöme nämlech die ohni Nummero vorewäg, ou we si weniger Punkt hei. Di beschte Gsellschafte überchömen es Trinkhorn, di beschte Einzelschleger e Chranz.

Di Fescht zie gäng e Huuffe Zueschouer aa. Aber es empfilt sech nid, vo Buretennis, Puck und Abschussrampi z rede, di Hornusser hei meischtens Poschture wi Schwinger. Es cha schütte wi us Chüble, das macht dene nüt, die sy usgrüschtet. I ha eine gfragt, werum är hornussi. Zersch het er mi chly stober aagluegt, er het di Frag nid so intelligänt gfunde. He, sy Vatter heig ghornusset, u syner Brüetsche tüeie, da chönn är ömel di Tradition nid underbräche. U d Kameradschaft halt, u d Erfolge, wo me zäme erringi, das erläbi me eifach im Bruef hüt nümm. Für d Familie syg's mängisch scho chly es Problem, der Vatter ei u all Sunndig furt, da mües me halt scho luege, dass alli chly uf d Rächnig chömi.

Kameradschaft wird gross gschribe. Ohni die wär so nes Fescht nid z organisiere, das isch en ufwändigi Aaglägeheit. D Bure mues me drü Jahr vorhär frage für ds Land, dass si sech chöi yrichte mit der Fruchtfolg. Uf eme Härdöpfelacher cha me nid hornusse. Es bruucht vil Platz. Es Ris isch über drühundert Meter läng u öppe füfezwänzg breit, u bi üs het's zwänzgi gha. Für ds Fescht sälber isch en unghüüri Arbeit gleischtet worde, da hei all drahi müesse. Es paar hei sogar Ferie gno.

Kameradschaft, Fründschaft, zämeha u zämestah. Sy d Hornusser besseri Mönsche? Me chönnt's bal meine. Aber nume bal. Es syg nümm ganz das gmüetleche Spil vo albe, han i mer la säge, es syg e Leischtigssport worde. Spitzeschleger trainieri jede Tag, d Gsellschafte wärbi enand di guete Lüt ab, ehrgyzigi Hornusser verlöji ihri Dorfmannschaft u gangi zure erfolgrychere. Wenn es um d Chränz göng, syg das e Närvechrieg, wo nume di psychisch stabilschten ushalti. Das han i doch o scho ghört?

Liebi Hornusser, liebi Schwinger, Chugelstösser, Springer, Löifer u Wärfer. Dir troumet vom Siig. Guet. Dir setzet nech y. O guet. Aber höret uuf jammere über di läbesgfährlechi Steilwand namens Spitzesport. Dir müesst nämlech nid ufe, we der nid weit. Dir chöit sälber entscheide, öb sech der Chrampf lohnt, öb für öich meh doben isch als en alten Aabee. Dir müesst merke, öb die am Stammtisch vi-

licht luter Längwyler sy, wo numen eis Thema kenne. Wär ja müglech, oder?
Guet Nouss!

Aafa und ufhöre

Mängisch han i so Zyte, wo's mi düecht, lang chönn i das Stübli nümm mache, itz gang mer de churzum der Stoff uus. Öppe no für ds nächschte wüss i öppis, u nächär syg de Fürabe. U de stoglen i unverhofft über nes Thema, oder es chunnt mer eis etgägen us eme ganz unerwarteten Egge. Der Herr Kotoun schrybt mit schöner Schrift gueti Sprüch uf Pärgamäntpapier. Er het mer scho paarmal eine gschickt u mi dermit gmacht z dänke. Nach em letschte Stübli bin i ou wider einisch imene Loch ghocket u ha vergäben Usschou ghalte nach ere gueten Idee. Da isch ume so nes kalligraphisches Briefli cho. „Nie aafa ufhöre, nie ufhöre aafa." So heisst dasmal di Wysheit. Es isch mer gange wi so mängisch, wenn i ändtlech ds richtige Troom verwütscht gha ha. E längi Zylete vo ähnleche Redensarte han i a däm Fade a ds Liecht zoge. Nie der Huet ufschiesse. Nie der Schirm zuetue. Nie der Löffel abgä. Nie der Pärsch la gah. Nie d Fäcke, der Labi, der Duller la hange. Oder de disewäg ume: D Ohre stelle, i d Hänt spöie, d Zähn zeige, drybisse, hinderelitze.
I ha mi grad echly sälber müesse bir Nase näh. I wüsst's doch eigetlech, es chunnt gäng öppis, we me öppis bruucht, u nid nume bim Stübli. Erzwänge cha me's nid, aber wach sy mues me, süsch isch es düre. U das Ufpasse,

dä Gwunder uf das, wo chönnt cho, das isch scho der Aafang. Sech la gheie, dänke, es nütz ja doch alls nüt, das isch der Aafang vom Änd.

Won i eismal der Peter Bichsel im Gspräch mit em Bundesrat Cotti ghört ha, also, das het mir fasch öppis gä. Das isch ja fürchterlech, was dä Schriftsteller für ne Hoffnigslosigkeit usgstrahlet het. D Wält isch troschtlos, und am troschtlosischten isch üses Land. Es fähle di grossen Idee überhoupt. I üsem Wohlstandseländ cha gar niemer meh grossi Idee entwickle, der Peter Bichsel o nid. So het das tönt. Gloub der Gugger, i däm Zuestand chäme mir nid emal chlyni Yfäll, vo de grosse nid z rede. Isch es würklech d Ufgab vo de Kulturschaffende, e settige abgrundtöife Pessimismus z verbreite? Die, wo so vil dänke, wo so vil gschyder sy, wo so vil besser düregseh alls alli andere, die hei doch e Verantwortig. U die cha gwüss nid drin bestah, de Lüten yzrede, d Wält göng zum Tüüfel, da chönn me nüt meh mache, mir syge nume z dumm, für das z merke. Mir isch kei einzige Fall bekannt, wo me mit Jammere öppis verbesseret hätt. Me cha öppis mache, jede nume weni, aber weni isch meh als nüt.

Der Peter Bichsel isch nid der einzig, wo das Lyde het. Weli Filme sy am berüemtischte? Katastrophefilme. Weli Büecher wärden uszeichnet? Die, wo nes broches Verhältnis zum Läbe verrate, wi we das scho ne literarische Qualitätsuswys wär, dass der Held mit em ganz gwöhnleche Alltag nid z Schlag chunnt. Schöne Held, das. Was für Theaterinszenierige wärde vo der Kritik i Himel glüpft? Wältundergang, Läbeszerstörig, Sinnlosigkeit. Was läse mer i der Zytig, was gseh mer i der Tagesschou? I ma gar nümm wyterfahre.

Isch es ächt echly e Mode? Wott me bedütigsvoll würke, wott me sech der Aastrich gä, me heig nachedänkt, me syg nid so oberflächlech wi der gross Huuffe? „Ach Gott, was sind wir alle anspruchsvoll!" singt der Reinhard Mey. Das Schwaderen im Eländ chönnt ou en Art Sucht sy. Oder en Art Abergloube. Vilicht geit's is würklech z guet. Vilicht trybt ds schlächte Gwüsse wäge däm unverdienete Wohlläbe vil Lüt i di Haltig yne. I kenne vil, wo todunglücklech sy, we si nüt z chlage hei.

Sy am Änd so Viren ume, wo der mönschlech Gfüelscomputer sturm mache? Aber e Computer funktioniert doch uf rein logischer Basis, u was het Gfüel mit Logik z tüe? Heit dir en Ahnig! Uf em Sektor Gfüel git's Mechanisme, wo absolut zwingend u logisch abloufe. Wenn i my Nachber mit eme strube Grind aaluege, macht dä ou e Mouggere. Wenn i ne aalächle u grüesse, chunnt e Gruess un es Lächle zrugg. Logisch, oder?

Nie ufhöre aafa. Vilicht sötte di bedütende, wichtige Lüt das zu de chlyne ga lehre, wo sech sälber nid bsunders wichtig näh u eifach ei Tag umen ander so aaständig und erträglech wi müglech probiere hinder sech z bringe. Uf ne speziell ydrücklechi Art macht das my Schwägeri. Si het sit vilne Jahr Polyarthritis, en unheilbari, unerchannt schmärzhafti Chrankheit, wo d Glänk kabutt macht. My Schwägeri het unzähligi Klinikufenthalte u meh als es Dotze Operatione hinder sech, nid alli erfolgrych. Wivil no vor ere lige, cha si nid wüsse. Di Frou chlagt nie. Mit byspilhaftem Muet nimmt si jede Tag in Aagriff. Mit bal füfzgi het si under schwirigschte Bedingige no glehrt Outofahre, dass si chly, chly unabhängiger isch. Einisch het si mer gseit, si hätt lengschten Aaspruch uf d Hilflosenentschädigung vo der IV, aber die wöll si nid. We si die einisch aanähm, wüss si de, dass si ufgä heig. Nie aafa ufhöre. Si isch ine Sälbschthilfegruppe vo Polyarthritiker gange, aber nid lang. Das heig si nid usghalte, die heige nüt anders gwüsst z brichte als vo ihrer Chrankheit. Über die müess si nid rede, da wüss si Bscheid. Itz geit si ine Gruppe, wo sech Lüt mit verschidene Behinderige träffe. D Chrankheit syg dert keis Thema. I bi färn zue ne ga läse, u nächär hei mer no lang zäme gredt. Keis Wort über ihri Schwirigkeite. Für mi en unvergässlechi Lektion. My Schwägeri wott nid, dass men es Wäse macht um se. „Das isch wi Chräbs", seit si albe, „teil breicht's, teil nid." Cha ou sy, dass si's nid verruckt schetzt, wenn i über se schrybe. Aber es isch si weiss Gott so hert derwärt, einisch paar Wort über das stille Heldetum z verlüüre, wi über di zwo Hundertschtelssekunde, wo der eint em andere bimene Rennen abjagt.

I der Not

„I der Not frisst der Tüüfel Flöige", seit me mängisch, wenn eim öppis mörderlech gäge Strich geit u me macht's glych, wül men under dene verflixten Umständ mues, wi's de no geit, u nid cha, wi me gärn wett. Jede Mönsch chunnt albeneinisch ine Lag dernah, dass er Züüg macht oder aanimmt, won er im Normalfall für unmüglech aaluegt. Aber we's de heisst „Vogel, friss oder stirb", wärde di ysigschte Grundsätz plötzlech bemerkenswärt elastisch, u d Aasprüch schmuure zäme. U nid sälte lehrt me sech sälber vore ganz nöie Syte kenne, wül me mit em Mässer am

Hals Sache fertigbringt, wo eim süsch nie grateti. My Grossmueter het settigi Notlage uf ihri Art umschribe: „I der Not frisst der Tüüfel Chuder u Wagesalb!" Dass me schlimmschtefalls Flöigen achebrung, chan i mer no halbersch vorstelle, aber für Wagesalbi mit Chuderpägglen abezworgle, da müesst sogar der Tüüfel wyt usse sy.

Chuder isch der Abfall, wo's git bim Hächle vom Flachs. Di churze u di brüchige Fasere blyben im Strähl hange, u me cha se nid spinne, höchschtens öppis abdichte, polschtere oder es Loch verschoppe dermit. Schriftdütsch heisst dä Chuder Werg. Und Wagesalbi isch e zääji, bruuni Schmieri, früecher ds Schreckgspänscht vo allne Wöschfroue. Schlargge vo Charesalbi het me fasch mit nüt chönnen usmache.

Einisch het e jungi Spilere vo üser Theatergruppe uf offener Büni fürchterlechi Chrämpf übercho. Es isch ere so schlächt worde, u si het so schrecklechi Schmärze gha, dass si i jeder andere Situation lut brüelet u sech am Bode gwunde hätt.

Si het usgseh wi nes Lyntuech, het grossi Schweisströpf uf der Nase gha u gschlotteret vor Aasträngig. Mir hei gmeint, die ghei mitts im Spil um, aber si het düreghalte. Drufabe het si sofort i ds Spital müesse, es isch gar nid harmlos gsi. A di zwo nächschten Uffüerige het se der Maa mit em Outo bracht, mit der Infusion am Arm. Si het em Dokter Blätzen abgchlöönet, bis si uf eigeti Verantwortig für di zwe Aabe het Urloub übercho. Er het's numen erloubt, wül no ne Chrankeschwöschter mitgspilt het. Mer hei e Ligistuel hinder d Kulisse gstellt u d Infusion ame roschtige Nagel ufghänkt. Jedesmal, bevor di Patiäntin uf d Büni isch, het ere d Schwöschter das Röhrli usegno u nächär wider gsteckt.

Di Spilere het sider mängisch gseit, settigi Schmärze hätt si sech vorhär nie chönne vorstelle, u dass si so öppis ushalteti, ersch rächt nid.

U bim letschte Stück het sech e junge Bursch am Namittag chly wohl hert usgä bim Spörtle, het sech ergelschteret und isch ersch no ohni Znacht cho. Mitts im letschten Akt isch es ihm plötzlech gschmuecht worde. Er het alls gseit u gmacht, won er het müesse, aber offebar het er halb bewusstlos fertiggspilt. Er het sech ömel a nüt meh chönne bsinne. Mir andere hei nüt vo allem gmerkt; sy Chraft het no grad glängt, für im richtige Momant abzträtte und ohnmächtig uf nes Ruebett z gheie. Wül er gäng chly Flouse gha het, isch es no feiechly lang gange, bis mer gmerkt hei, dass er dasmal nid ds Chalb macht.

Derigi chutzeligi Situatione sy ja nid gäng so dramatisch, u meischtens lachet me speter drüber. Aber im Momänt, wo si passiere, sy si albe nid so luschtig. Wo üse Thomas het Hochzyt gha, isch ihm öppis gscheh, wo aberglöibischi Lüt als böses Vorzeiche würde düte. Er het grüeft, öb i ächt schnäll chönnt cho luege, er heig da es Problem. Er het sech en eleganti Aalegi gchouft gha, derzue e schöne Lädergurt, wül d Hose chly wohl wyt gsi sy. Won er se het aaglegt, hei die kener Gurtschloufe gha. Mit de Hose i de Chnöiäcke het er nid guet chönne hürate, u tifig öppis schnurpfe isch ou nümm guet gange, we d Gescht scho sy zur Tür ycho. Da han i halt zwo grossi Sicherheitsgufe greicht un ihm dä Bund zämegsteckt. Kei Mönsch het gwüsst, dass dä Hochzyter mit zwone Hootschgufe hüratet. Bis itz het's ömel gha.

Bekannti von is sy no chly dümmer dranne gsi. Si hei sech am Hochzytsmorge i ihri Wonig wölle ga aalege, da hei si gmerkt, dass der Maa der Schlüssel füfzg Kilometer wyt eväg bi de Schwigereltere uf em Tisch het la lige. D Lüt sy scho aagrückt u vo de Brutfüerer mit Gsundheitmache vertöörlet worde. Zum Glück isch der Wy im Brunnen usse a der Chüeli gsi. Di beidersytigen Eltere sy nümm erreichbar gsi, scho underwägs, u dene zwene Pächvögel isch nüt fürblibe als z hoffe, eini vo de Müetere heig e Schlüssel by sech. Imene chlynere Dorf het men am Hochzyt nid gärn der Schlosser, für d Lehrerwonig ufztue. Der Schlüssel isch im letschten Ougeblick cho, ds Brutpaar het sech chönne gschire un isch strahlend ufe Balkon use de Gescht ga zuewinke, wi albe bi der Queen.

Alli hei gmeint, das syg ganz e guete Regieyfall, u derby hei si scho wölle d Türen yschla. D Brut het nächär zuegä, es syg ere nümm am wöhlschte gsi, aber si heig eifach eis gwüsst: „Nume ds Muul nid uftue, süsch git's keis Hochzyt."

Eigenartig, wi das mängisch ufgeit. Bis hie bin i cho mit Schrybe. I ha no wölle drüber philosophiere, dass mer eigetlech sötte dankbar sy für ussichtslosi Lage, statt is dervor z förchte. Wül sin is stercher mache, wül mer üs sälber und üsi Chreft lehre kenne, wül i der gröschte Hilflosigkeit d Wändi zum Guete cha stecke.

Z Berlin hei si d Muur ufta. Won i das i de Nachrichte ghört ha, het's mi fasch sturmgschlage. I ha zersch nume chönne dänke: „Was wei die itz mit ihrne Vehboxen a de Übergäng?" Mir sy dert nämlech mit em Car so ine Schlöise greiset worde, hinden u vore Gitter zue, u druuf hei sin is d Päss abgno. Du isch es e Wagelengi wytergange, Gitter zue, mer hei müessen usstyge, u der Car isch pynlech genau nach Republikflüchtlingen abgsuecht worde. Wider ystyge, wider e Wagelengi fürers, Gitter zue. De sy zwee cho, bis a d Zähn bewaffnet, u hei ufmerksam jedes Gsicht mit em entsprächende Passbild verglichen. Das alls isch mit ere tödleche Präzision u Routine abglüffe, es isch grouehaft gsi. Und itz söll me dert eifach dürechönne, eifach so, es isch ungloublech. Dert äne sy gloub es paar unerchannt am Abeworgle vo Chuder u Wagesalb. Es git es Wort vom Shakespeare: „So lange währt keine Nacht, dass es nicht tagt." Wär e guete Wahlspruch, nid nume für d Wältpolitik, no fasch meh für ds ganz gwöhnleche Läbe.

Gschänkratgäber

Es isch wider sowyt. Alli, wo i mym Alter oder drüber sy, singe ds glyche Lied. Es geit jedes Jahr gleitiger, d Zyt rennt dervo, es isch gäng nume Wienacht. Me weis halt, dass men änet em Gipfel isch, dass es nidsi geit, aber wi lang no, das weis me nid. Es isch dänk ou gschyder. Schaad um jede Tag, wo me vergrüblet, verangschtet, verchummeret, er chunnt nie meh ume. Jede näh, win er eim begägnet, und öppis luege drus z mache.

Heit der öji Päckli binenand? Dir heit doch sicher gwüssehaft alli di Gschänkratgäber gstudiert, wo sit mänger Wuche probiere, di einzig richtigi Feschtfröid, di einzig ächti Wienachtsstimmig z verbreite. Für üs als Chind sy d Spilzüügkataloge di gröschti Wienachtsvorfröid gsi. Mir hein is albe druf gstürzt, ömel uf die, wo mer verwütscht hei. D Mueter het se äbe mängisch verruumt, wenn ere ds

Gstürm uf d Närve cho isch. Mir hei albe nume no vo Byslibäbi, Bäbiwage, Chochherdli u Chöcherligschirr chönne rede. Di meischte Wünsch sy absolut undiskutabel gsi, mir hei Gschyders nötig gha. Das hei mer eigetlech gwüsst, aber es isch glych schön gsi, chly vom Luxus z troume. Üser Chind hei's de es Vierteljahrhundert speter mit ferngstüüreten Outo u ufdonnerete Babitoggle mit ere Sprächplatten im Buuch gha. Ou si hei stundelang büüchlige di Wunderheftli erläse u sech mit heisse Chöpf usgmale, wi das wär i däm Chinderparadies. Ou si hei müesse merke, dass d Wält nid ygheit, we sech nid alli Wünsch erfülle, dass me uf vil mues verzichte u glych zfride cha wyterläbe. Fürigs Gäld het denn no niemer gha, aber es isch doch afe chly meh ume gsi als nach em Chrieg, u das u äis hätt scho ynemöge. Aber mer hei gfeligerwys luter vernünftigi Verwandti u Gvatterlüt gha, wo üsne Chind nid so Chabis gchouft hei. Holzspilzüüg hei si übercho, Zämesetzi, Memory u anderi gueti Spil. Der Zuelouf vo de Nachberschind isch entsprächend gsi.

I bi froh, dass üser Chind scho früech hei chönne lehre verzichte, imene Alter, wo eim ds Lehre no ring geit. Verzichte isch e schwirigi Kunscht, me cha nid gly gnue aafa üebe. So isch es mit jeder Kunscht, wo me bruucht, für nes zfrides, usgfüllts Läbe z füere, Aastand, Ehrlechkeit, Rücksicht, Toleranz, Geduld, Muet u no vil derzue. Wi meh Glägeheit es Chind het, ds Läbe a chlyne, unwichtige Sache z üebe, descht besser chan es' de, wenn's um ds Grosse, Wichtige geit. Das isch ds Schlimmschten am hütige Konsumzytalter, dass d Chind um unzähligi Glägeheite betroge wärde, wo si chönnte Läbestüechtigkeit erwärbe. Wi chan es Chind Verantwortig lehre, wenn ihm d Mueter us

faltsch verstandener Fürsorg jedes Steindli us em Wääg stüpft, wenn es nie mues uslöffle, was es sech sälber ybrochet het? Wi wett di jährlech nigelnagelnöji Schyusrüschtig bytrage zu innerer Unabhängigkeit u Zfrideheit? Wi wett es Barbiebäbi mit ere Hushaltig, wo i alli Spitzeli gstochen isch, hälfe di Chnüpple uflöse, wo's i jeder Beziehig, i jeder Familie unweigerlech git? My Wienachtswunsch für alli Eltere wär, dass si lehre erchenne, was ihres Chind nötig het, für chönne e Mönsch z wärde.
My früecheri Vorliebi für Kataloge isch mer chly nachegange. I studiere se no hüt Syte für Syte. Gchouft han i no sälten öppis, aber i ha alben e Riisefröid, wenn i gseh, was i alls nid bruuche. Das het ja vilfältigi Offerte, für jedes Portmonee. I ha o scho mit em Gedanke gspilt, win i ächt bi myne Lüten aachäm mit dene Gabe. Das guldige Zigarettenetui, diskret mit ere Zylete Brillante bsetzt, das wär doch öppis füre Buur. Dummerwys chan i nid tuusigfränkigi Gschänk mache. U de müesst i ja uf alli Überhosen e Ryssverschlusstäschen ufnääje, dass es ihm's nid usehoppereti uf em Traktor. Em Simon han i e Grawattenadlen us Platin vorgschlage, mit vier chlyne Perle. Er het gmeint, die andere Chauffeure miechen allwäg aarigi Gringe, wenn är mit ere settige Blagööriguofe chäm cho Beton füere. Dass ds Grosi Fröid hätt are mit Buremalerei verschönerete Plasticdrucke zum Ufbewahre vo de dritte Zähn isch ender unwahrschynlech, u mit eme Toilettepapierhalter, wo jedesmal „O du fröhliche" düderlet, chönnt i bi myr Familie gloub o nid lande. Die wär imstand u schänkti mer e Guetschyn für ne psychiatrischi Behandlig, mit härzleche Wünsch für gueti Besserig.
1991 jubiliere mer ja de uf tuusig u zrugg. Es het scho aa-

gfange. Irgend es Komitee schickt mer da e Brief, e Wettbewärb rund um d Wienacht. Es wärde da allergattig Fragen ufgworfe, aber es göng nid drum, allgemeingültigi Antworte z finde, d Usenandersetzig syg wichtig. Di Aktion isch als Gschänk z verstah. Es isch e Wettbewärb für Schuelklasse. Das isch ja bi mir scho lang nümm aktuell, aber dä Zedel han i du glych gstudiert. E Satz steit da vomene Friedrich Theodor Vischer: „Mach andern Freude. Du wirst erfahren, dass Freude freut!" Si fröit dä, wo sen erfahrt, u dä, wo se macht. Das düecht mi itz no der bescht Gschänkratschlag, wo mer hüür afen isch under d Ouge cho. Fröid mues me schänke, nid unbedingt Gäld. Em Surnibel im Stock obedrann jede Morgen es fründtlechs „Guete Tag!" Der kontaktarme Nachbersfrou gäng e Charte us de Ferie. Der Tanten im Altersheim z Romanshorn oder z Gänf paar füfminütigi Telefon. Em Partner oder der Partnere zäh Liebeserklärige. Em Chind offeni Ohre, allne Mitmönschen es offes Härz.

Syt chly kreativ, probieret's einisch eso, u dir wärdet stuune, wi di Fröid, wo der anderne bereitet, öich sälber aafat fröie. Fröhlechi Wienacht und es guets Nöis!

1990
Farbigi Bleistift

Konzept

Hüttigstags bruucht's für alls und jedes es Konzept. Ohni das Allerwältswort chunnt me schier niene meh düre. Me veranstaltet Konferänze, setzt Usschüss u Kommissione y, macht Organigramm, Teamsitzige u Brainstorming (chly frei übersetzt es Hirnigstürm), u we me de ändtlech weis, wi men e Sach chönnt aapacke – das isch de äben es Konzept. I bi dummerwys ou hie chly dernäbe. Ds lengerfrischtige Plane und Entwickle vo grosse Szenarie isch nid grad eini vo myne sterchschte Syte. Alli Aasträngige i der Richtig sy meischtens vo Aafang aa zum Absärble verurteilt. I bi ender eini, wo luegt, wo's chlemmt, u de litzen i halt hindere u ga drahi. Einisch han i der Stübliredakter gfragt, ob ihn das nüt störi, dass i so druflos schrybi, was mer düre Chopf gang, so ganz ohni Konzept. Da het er glachet u gseit, das syg itz äbe mys Konzept, dass i keis heig. Mit de guete Vorsätz aafangs Jahr geit's mer chly ähnlech, die hei ou nie es längs Läbe. Aber i nime de glych gäng wider en Aalouf u dänke, i tüei de, i mach de. Einisch chönnt's ja schliesslech grate. Drum präsentieren ig öich hüt mys Konzept für ds nächschte Stüblijahr: Es gseht uus wi ne Miniaturwedele u het all Farbe.
Färn han i zum Geburtstag es Bündli Bleistift übercho, alli verschide, für jede Luun es anders. Bis itz han i no keis dervo bruucht, es het mi gäng groue, das originelle Gschänk z vertrome. Un i mues ja gar nid, drüber schrybe chan i ou so. Das han i nämlech im Sinn: Für jedes Stübli mues eis vo dene Bleistift als Ufhänker häreha, aber i ha scho itz der Verdacht, es wärd sech nid vil ändere. Mal luege. Vilicht wird's no luschtig, ohni das Konzept stärbi wi-

der vorzytig ab. Im Momänt isch no nüt entschide, mit däm vilversprächende Burdeli isch no alls müglech. Mir wei einisch das farbige Wedeli als Sinnbild aaluege für das Jahr, wo vor is ligt. Dert isch ou no alls drinn, Schöns u Wüeschts, Spannends u Längwyligs, Luschtigs u Truurigs, eifach alls. Isch das nid herrlech? Ds nöie Jahr steit zwääg mit eme grosse Chorb voll Überraschige, won es wott über is abelääre. U mir luege, was da chunnt, u probiere's am gschydschten aaznäh, ou ds weniger Gfröite. Der Mönsch isch halt i Gottsname so ygrichtet, dass er albeneinisch eis ufe Dechel mues ha, süsch wird er übermüetig, grossartig oder glychgültig.

Es isch nüt für nüt, das han i scho lang dusse. Mir überluege ja nume di grössere Zämehäng, u de no lang nid gäng klar. Ds fyne, wytlöifig vereschtlete Gflächt vo Ursach u Würkig chöi mer nid erchenne. Derby het alls, wo mer mache oder lö la sy, bestimmti Folge, mir wüsse's nume nid. Das düecht mi äbe so verruckt intressant, das chrüz u quer verhänkte Beziehigsnetz, wo Läbe heisst.

Ou für mi sälber u für jede Läser cha das Hämpfeli Bleistift es Symbol sy. Mit vilne offene Müglechkeite ghört eim di ganzi Wält. We mir als Chind uf Burdlef a d Solätte sy, das isch es Chinderfescht mit ere länge Tradition, hei mer vom Götti gäng e Zwöifränkler übercho. I ha albe der halb Märit gchouft, aber nume i Gedanke. I ha mi sälte zu öppis chönne entschliesse u meischtens ds Gäld heibracht. I hätt äbe gärn alls wölle, drum han i de zletscht nüt gha.

I hoffe doch, i syg sit denn chly gschyder worde. Wenn i dänke, was i über di farbige Stängeli alls chönnt schrybe. Aber mit der Zyt lehrt me's de, me cha nid alls. Me mues sech beschränke. Me mues sech für öppis entscheide un e

Cheer derby blybe, süsch findet me nie use, öb me ds Richtige usegläse het. „Du muesch nid vom Läbe troume, du muesch dyni Tröim läbe!" I weis nid, wär das gseit het, jedefalls nid e Dumme. Läbe heisst nid, d Händ i Schooss lege u warte, dass eim ds grosse Glück widerfahrt. Für mi heisst Läbe, i d Händ spöie, di beschte Tröim uswähle u se zwägstrigle, bis si bruuchbar sy für all Tag.

I schrybe das Stübli amene trüebe Näbeltag. Di wysse Fötzle lyre sech um d Hoschtertböim u schlyche fasch zu de Fänschter y. Mir i der Äbeni gseh mängisch d Sunne wuchelang nid, we scho obenyne ei Glanztag der ander ablöst. Derfür hei mer troumhaft schöns Biecht. Schnee isch natürlech kene, hei mer sowiso sälte, aber der Wald isch es Wintermärli, wyss u suber. Wyss empfinde mir eigetlech nid als Farb. Aber we me wysses Liecht dür nes Glasprisma schickt, wird's broche u glideret sech uuf i sämtlechi Rägebogefarbe. Wyss enthaltet ds ganze Spektrum. We mer wei, chöi mer das Wyss vo däm chalte, ufründleche Wintertag als Sinnbild für ds nöie Jahr aalueg. Es isch no alls drinn.

I ha zwölf Bleistift übercho. Aber imene Jahr git's dryzäh Stübli. Für ds erschte nimen i drum der Spitzer, wo ou no derby isch, schneewyss und übersääit mit luter grüene Glückschleebletter. Wenn i itz mit däm Bleistiftspitzer der ganze Läserschaft vil Glück wünsche, de meinen i dermit nid e Million im Lotto. I wünsche nech d Chraft u d Usduur, gäng ds ganze Spektrum vom Läben im Oug z bhalte. I wünsche allne e wyssi Zyt, wo alli Strahle reflektiert, u nid es schwarzes Loch, wo ds Liecht frisst u nüt zruggschickt. I wünsche nech gschliffnigs Wärchzüüg, dass der gueti Arbeit chöit mache, houe u stäche u nid gnägge u baggle.

Häxewärch

Mys Hornerbleistift isch zimli glaarig. Schmali Bändeli lyre sech drüfach u spiralförmig drum wi Papierschlange, u zwüschinne zündte Härzli, Stärndli u Ringli i allne Farbe. Es Gnuusch, zuefelig bedruckt, es richtigs Fasnachtsbleistift. Di vile Narreveranstaltige, wo alben im Februar usbräche, chöme em Nidfasnächtler ja ou chly wild und ungregliert vor. Er versteit's nid besser. Di Brüüch, ömel die, wo no öppis vo ihrer Ursprünglechkeit hei chönne bewahre, recke ja wyt, wyt i d Vergangeheit zrugg, vilfach bis i heidnischi Zyte. Es git feschti Regle, alls louft nach ere ygspilten Ornig ab, und a die het me sech z halte, we me wott mitmache. Aber für die, wo nid ygweiht sy, isch's es chaotisches Spektakel.
I ha mys Bleistift chly neecher drufhii aagluegt, öb am Änd ou irgend es Schema derhinderstecki. Zoberscht isch e Bitz dervo wyss. Rächts obe het's öppis gälb Zaggelets, links unden e schwarze Spitz u derzwüsche Musignote, Ringli u Härzli. E Zämehang han i ersch gseh, won i's ha aafa drääje. Di gälbe Schüble ghöre zur Frisur vomene Zirkusclown, wo hindereligt wi ne Jazzmusiker, fröhlechi Note us syr Trumpete stosst und uf em schwarze, spitzige Schue roti Härzli u blaui Ringli balanciert. Dä luschtig Musikant geit rund um ds ganze Stäbli ume, drum gseht me gäng numen e Teil dervo. Aha, u wi isch es de unde, het di närvösi Buntheit ou en Ornig? Si het, aber i ha se ersch nach langem Luege usegfunde. Under em schwarze Grund isch das Blofi regelmässig gringlet, grüen, gälb, rot, blau. Di Figürli u der entsprächend Abschnitt vo de Streifeli hei ringsetum e halbe Santimeter höch di glychi Farb. Aber

wül das ganze Muschter e Spirale macht, verschiebt sech alls u wird zum schynbare Dürenand. Also, guet luege u chly studiere, de chunnt Ornig i ds Chaos.

Das schwarze Stäbli mit däm verschlüsslete Muschter mahnet mi ganz ane Zouberstab. I dänke itz nid ane Illusionischt, ane Variétézouberer mit Frack u Zylinder, i meine der Märlizouberer, der Inbegriff vo Schlächtigkeit u Bosheit. We mer i der Schuel Theater gspilt hei, isch der Zouberer gäng e beliebti Rolle gsi, fasch jede Bueb het sech als unheimleche Bösewicht wölle profiliere. Um sy Busefründin, d Häx, hei sech de d Meitli albe fasch prüglet. Ds Böse het e merkwürdigi Aaziehigschraft, u nid numen uf di Chlyne. I bilde mer y, i syg no feiechly e fridlechi Pärson, ömel we mi niemer verruckt macht, aber i luege u lise glych gärn Krimi, u bösi Wyber han i o scho gspilt uf der Büni.

Im Zämehang mit eme Vortrag han i mi chly mit Häxeverfolgig beschäftiget. Das isch starche Tubak. Es het mi mängisch gfrore, wenn i ha gläse, mit was für grouehafte Methode ds vermeintlech Böse isch bekämpft worde. Vo re Häx hei mer ja e zimli gnaui Vorstellig. Si isch mit em Tüüfel im Bund, het übersinnlechi Chreft, wo si aber konsequänt nume für ds Bösen ysetzt, si redt mit Chrääjen u schwarze Moudine, frisst Schlange, Ungezifer u chlyni Chind u cha sich und anderi i jedes Tier verwandle. Si isch chrütterkundig u cha Chrankheite mache u heile. Für das wohnt si gärn i der Neechi vome Galge; under de Ghänkte findet me bekanntlech di würksamschte Stüdeli. Mängisch hocket si uf ne Bäse, wo si vorhär mit ere Zoubersalbi aagstriche het, flügt ufe Blocksbärg oder ufe Brocken u fyret dert mit andere Häxe und ihrem Heer u Meischter wüeschti Orgie.

Es isch chly unheimlech; das populäre Bild vo der Häx us em Märli entspricht bis i alli Einzelheite der Vorstelig vo de Inquisitore u Richter, wo synerzyt Hunderttuusigi, we nid Millione vo uschuldige Gschöpf hei ufe Schyterhuuffe gschleipft. Dä Häxewahn het uf geischtig-kulturellem Gebiet gwüetet wi ne Epidemie, wi d Pescht. Mir rümpfe hüt gärn d Nase über das fyschtere Mittelalter, aber Vorsicht! Erschtens isch ds Mittelalter gar nid sövel fyschter gsi, zwöitens hei di Verfolgige der Höhepunkt ersch nach 1600 erreicht, u drittens isch sit der letschte europäische Massepsychose no nid emal es halbs Jahrhundert vergange. Bi de Judeverfolgige sy d Argumänt nüt stichhaltiger u d Vernichtigsmethode nüt fyner gsi als synerzyt bi de Häxeprozässe. So ne verderbleche Wahn isch em gsunde Mönscheverstand unbegryflech, aber es isch kes Zytalter u kei Zivilisation gschützt dervor.

Di Häxeverfolgige hei duuret bis wyt i ds 18. Jahrhundert; no 1793, elf Jahr, nachdäm z Glarus d Anna Göldi isch gchöpft worde, het me i der polnische Stadt Posen zwo alti Froue verbrönnt, wül si hei roti Ouge gha.

Vil ganz gwöhnlechi Lüt sy i di tödlechi Prozässmüli cho, ohni Grund, wül sen öpper aazeigt het. Aber mit Vorliebi isch me uf d Ussesyter los. Was frömd, anders isch, das förchtet me u wott's vertrybe. Roti Haar, e Silberblick oder en uswärtige Dialäkt hei scho glängt. Ganz schlimm isch gsi, wenn e Frou meh chönne u meh gwüsst het als anderi, u we si zweni uf ds Muul ghocket isch. Drum sy d Hebamme bsunders verbisse verfolget und usgrottet worde. Mit ihne isch ds ganze Wüsse um Geburteplanig und Empfängnisverhüetig, wo im Mittelalter allgemein verbreitet isch gsi, verloregange, u das isch vermuetlech der Grund gsi für d Bevölkerigsexplosion im 18. u 19. Jahrhundert. Hei mer is würklech alli ganz glöst vo der Dänkwys? Vilicht hei üsi Häxe bruuni Hut u schwarzi Haar u rede türkisch u tamilisch? Vilicht gseh si uus wi mir, aber wei d Armee und/oder d Atomchraftwärk abschaffe?

Der gröscht Teil vo de damalige Häxe sy Froue gsi, aber es sy o Manne verurteilt worde. A das han i dänkt, won i der Franz Hohler eismal i der Radiosändig „Persönlich" ghört ha. Muetig het er sy Überzügig verträtte, het ungschiniert der Finger uf wundi Pünkt gleit u Sache gseit, wo nid alli gärn ghöre.

I wünsche üser Zyt und üsem Land e Huuffe Häxe, männlechi u wyblechi. Aber wär sech uf das undankbare Gschäft wott yla, mues e breite Rügge ha und e dicki Hut. Grad verbrönnt wird me nümm, doch Häxe gschweigge, wenn nötig mit unzimperlige Mittel, das isch gäng no e beliebte Sport.

Elter wärde

E Mueter isch mängisch so öppis wi ne Sälbschtbedienigslade, choschtelos natürlech. Ihri Bruet befridiget di eigete Bedürfnis uf Mueters Chöschte zimli ungschiniert, u die recke vom Troscht u Bystand über ds Wörterbuech bis zu de Chläbstreife. Für jedi, wo nid nume grad im biologische Sinn e Mueter isch, ghört das zum Alltag. Es isch kei Grund zum Chlage. Früecher han i mängisch ds Gfüel gha, i wärd ufgfrässe, u ha mi mit meh Nachdruck gwehrt als wär nötig gsi. Aber wi elter dass i wirde, wi ringer geit mer settigs. Me git nid nume gäng, es chunnt ja ou öppis zrugg. Mir jedefalls isch ds guete Verhältnis zu myne lengschten erwachsene Chind sauft e plünderete Chüelschrank oder e zwäckentfrömdeti Rosesprütze wärt. Wichtig isch eifach, dass me sälber weis, wo d Gränze sy, dass me sech sälber klarmacht, was me sech wott la gfalle. U was drüber usgeit, stellt me halt ab. Drum han i di zwöi Bleistift, wo underenisch us myr Wedele verschwunde sy, energisch umeghöische, ou we si e Gummi hei u verruckt gäbig wäre füre Französischkurs.

Grad der eint vo dene verlorene u widergfundene Sühn mues hüt als Stäckli darha, won i ds Stübli drann wott aabinde. Es isch es fürnähms Bleistift, sehr diskret u gedige. Ufen erscht Blick isch es glänzig schwarz. Aber we me's dernah i ds Liecht het, lö sech fyni, dunkelroti Streife füre, äbefalls glänzig. E fingernagelgrosse Kreis isch usgspart, dert isch mit em glyche Rot d Margge drydruckt. Gseht uus wi nes Wappe, unuffällig, nobel. Ds Bleistift isch rund, nid sächseggig wi di gwöhnleche, glatt und exakt aagspitzt. Es het e kumodi Gröbi u ligt mer aagnähm i der Hand. Di bläächigi Fassig mit em Gummi drin beyträchtiget di Eleganz es bitzeli, aber das isch ja nid nöi. Ds Praktische isch meischtens nid ds Schönschte.

Das Bleistift mahnet mi a my Grossmueter, das wär ganz ihre Stil gsi. Si isch ersch zwöiefüfzgi gsi, won i bi uf d Wält cho, aber i bsinne mi nid, dass i se einisch imene farbige Rock gseh hätt. Nume nid uffällig, nume nid glaarig! Schwarz u dunkelgrau sy ihri Farbe gsi, chly gmüschterlet, aber nume ganz fyn. Ds Verwägenschte isch dunkelblau gsi mit wysse Blüemli. Si isch denn nüt us em Rahme gheit mit dene Aalegine, alli nümm ganz junge Froue sy so umegloffe. Mit füfzgi isch e Frou denn alt gsi. Nach däm gsellschaftleche Verdikt het me sech grichtet u sech entsprächend aagleit. Wenn i dänke, wi schick di eltere Semeschter hüt derhärchöme!

Elter wärde blybt niemerem erspart. I de erschte zwänzg Jahr vom Läbe geit es eim vil z langsam, me ma nid gwarte, bis me derzueghört. Das isch schön, we me sech uf ds Läbe fröit.

Schaad isch de nume, wenn eim im Louf vo de Jahre di Fröid abhande chunnt und d Angscht vor em Alter ihre Platz ynimmt. Es isch schlimm, we me us luter Panik vor däm, wo unweigerlech chunnt, nume no däm cha nachegränne, wo lengschte verby isch. Da verpasst me ja ds ganze Läbe. Es isch furchtbar, wenn öpper am Änd mues frage: „Isch itz das alls gsi?"

Vilicht isch das di gröschti Sünd überhoupt, we me ds Läbe sinnlos vergüüdet u d Zyt verplämpelet, wo eim zueteilt isch. Was uf eim zuechunnt, cha me nid beyflusse, oder omel nume sälte. Aber wi me dermit umgeit, was me drus macht, das het jedes sälber i der Hand und isch ou derfür verantwortlech. Als Thema füre hüürig Chilchesunndig isch „Elter wärde" usegläse worde. Der Gottesdienscht i üser Chilche isch ganz uf myr Linie gläge. E Spruch vom Salomo het mer bsunders gfalle, „Geniesset euer Leben, ehe es vorüber ist!" Es cha scho morn düre sy. Ds Läbe gniesse cha nid heisse, uf eme Logeplatz hocke u zueluege, wi's a eim verbyruuschet. Es heisst lose, luege, schmöcke, gspüre, zuegryffe, derbysy.

D Angscht vor em Alter u dermit vor em Tod isch Usdruck vo re faltsche Sicht. Es geit obsi, nid nidsi. Vilicht isch „alt" ds lätze Wort? Es chäm ja niemerem i Sinn z säge, en Öpfel, wo vom Boum gheit, syg en alten Öpfel. I mues my Schnabel itz glych ou no a der Schnüffleraffäre wetze. Es isch zwar scho vil gseit u gschribe worde, u di Hysterie, wo sech i de Medie breitmacht und wider einisch der Zämebruch vo der Eidgenosseschaft prophezeit, isch genau so dernäbe wi der überrissnig Verfolgigswahn vo de sogenannte Staatsschützer. Chly meh Stabilität trouen i de üsem Staatswäse scho no zue. Aber es düecht mi, da chönn men itz würklech nid gnue Lärme mache. Si wei u wei eifach nid merke, dass es itz längt. Ds gwöhnleche Volk, u da ghören i derzue, het gnue. Es wott aaständig, suber und ehrlech regiert wärde. Das isch doch weiss Gott nid zvil verlangt. Zersch han i dänkt, mi gang ja di Sach nüt aa, i syg nid bedütend gnue, für so ne Fiche z übercho. Denn han i no gmeint, es wärd nume Wichtigs feschtghalte. Aber i ha ja uverschanterwys mys demokratische Rächt uf freji Meinigsüsserig wahrgno, wenn u wo's mer passt het, u das isch schynt's nid beliebt. U di routinemässigi Regischtrierig vo Oschtreisende isch ersch vor knapp eme Monet abblase worde.

Sehr geehrti zueständigi Here, dir tüet mir leid. Es halbs Läbe lang heit der yfrig der Untergang vo der Schwyz verhinderet, und itz söll plötzlech alls nüt gsi sy. Aber das isch no nid alls. Jede Tag, jedi Stund, wo der dermit verta heit, i frömde Läben umezschnöigge u dumms Züüg uf stupidi Papierfötzle z schrybe, isch unwiderbringlech verby, verlore. Dir bruuchet my Zedel nid fürezsueche. Es intressiert mi nid, öb i eine ha u was im Fall druff steit, es isch mer z blöd. I dere Zyt, wo dir i frömde Exischtänze umegnuelet heit, han i gläbt. U bis dahii isch mys Läbe nid schwarz u brav u längwylig gsi wi ds besprochene Bleistift; es het all

Farbe gha, isch luschtig gsi u truurig, lut u lysli, wild u still, schön u weniger schön. Aber eis isch es nie gsi, papierig.

Hüt so – morn so

Der April, oder der Aberelle, wi myni Grosseltere no gseit hei, het e schlächte Ruef. Afe fat er mit eme sturme Tag aa, wo d Lüt nüt anders im Sinn hei, als wi si enand chönnten ufen Esel setze. D Medie mache gäng begeischteret mit u probiere, sech gägesytig z übertrümpfe mit meh oder weniger originelle Yfäll. I bi ömel o scho drytrappet u ha intressiert zueglost, wo si am Radio wüsseschaftlech verbrämt verzellt hei, si wölle itz de e Bitz Jura abgrabe, u mitts i däm Luftzug, wo's i der Duele gäb, chömm es Windchraftwärk häre. Das lösi de d Energieproblem. I ha das no ne gueti Sach gfunde, un es het mi fasch chly möge, won i gmerkt ha, was Gattigs. Wo my Schwöschter no z Basel gschaffet het, isch si einisch vo de Bürokollege gleit worde. Wül si tüechtig u gwüssehaft isch, het si sofort gmacht, was se dä Zedel uf em Schrybtisch gheisse het. „Bitte diese Nummer anrufen und Herrn Bär verlangen!" Si het das Nummero ygstellt, nume halb glost, wär sech mäldet, u gseit, si sött da schynt's mit eme Herr Bär rede. Die uf der andere Syte het gigelet u gfragt, wele dass si wöll, der Bruunbär, der Chragebär oder der Nasebär. Es isch der Zoologisch Garte gsi.

Aber meischtens tuet dä Monet nid numen am erschte Tag sturm. Sunne u Räge, Ryf, Schnee u früechi Gwitter hudlet er dürenand nach Beliebe. Es chunnt ihm gar nid drufaa, imene halbe Tag füf verschideni Wätter uszprobiere. Er syg luunisch, wätterwändisch, unzueverlässig u wüss nid, was er wöll, seit men ihm nache. I bi jedefalls wider einisch froh, dass i mi vo dene warme Merzetage nid ha la verlööke, zvil im Garte z mache. Das isch eifach für nüt, jedes Jahr geit's glych. Der Setzlig überchunnt chalti Füess u wachst keis Gymeli, u der Same vergrauet i der nasse Chelti. Aber äbe, so ne fründtlechi Merzewuche mit fasch sümmerleche Tämperature isch e Versuechig u verleitet nid nume zwaschpligi Wybervölcher u ungeduldigi Bure zu unzytigem Tue. Im Fäld usse blüeie scho d Chirschböim. Öb ächt das hüür Chirschi git?

Ds Aprilbleistift mahnet mi ane Begäbeheit us myr früechschte Chinderzyt. Es isch ganz en eifältigi Gschicht, schynbar ohni jedi Bedütig. Aber irgendwie mues si glych wichtig gsi sy, süsch wär si mer allwäg chuum es halbs Jahrhundert lang blibe. Chind hei äbe eigeti Wärtvorstelige, u was ds Hirni für nes Sibli bruucht, für di einte Erinnerige zruggzbhalte u di meischte andere la dürezrütsche, das weis niemer. I bi sicher, Mueter u Tante wüsse nüt meh dervo, dass si mi einisch hei i d Höibeeri mitgno. Für mi isch das en absolut verpfuschete Namittag gsi. Scho ds Gschiir het mer nid passt, wo si mer gä hei. I gseh's no vor mer, es mues e Blächtrummle gsi sy vo re Chääsraffle, mit ufgworfne Löcher i der Wand und unäbenem Bode. Dass me mit der blöde Büchse unmüglech chönn beere, isch mer sofort klar gsi. Settigs ungrymts Züüg het mi albe schuderhaft chönne ergere, un i ha natürlech ou nüt Rächts fertigbrunge. Vil wird niemer vo mer erwartet ha, aber mi het's gheglet, un i ha mi gschämt. Zum Znacht het's Beeristurm gä, u mys Bleistift het akkurat di glychi Farb wi sälbmal das Müesli, es verwäschnigs, milchigs Violett. Das Bleistift isch unregelmässig ygfärbt, chly pflaatschig. A eim Ort chunnt zimli Farb zäme, dert ziet sech e dunkle Strich z düruuf.

Ds wysse Ringli zoberscht gseht uus wi ne Nydleschlaargg, u der Gummi chunnt mer vor wi nes ganzes Höckli vo däm wysse Gchaar, won i nie ha chönne verputze. Itz chan i's wenigschtens afe schlücke, aber gäng no nid bsunders gärn. Di grüene Tüpf gseh ufen erscht Blick uus wi rundi Blettli vore Heitistude. We me de besser luegt, sy's Luftballön u Rägeschirme. Drum isch das es richtigs Aprilbleistift, ei Tag isch prächtigs Ballonwätter, der ander mues me zum Parisol gryffe.

Im Läbe git's mängisch ou so Aprilwätterzyme, wo me dür nes wahrs Wächselbad vo Gfüel düremues. Einisch isch me liecht wi ne Luftballon u möcht flüge, so höch me nume chönnt, und einisch schlat eim e Schütti schier z Bode. Mir wette natürlech am liebschte luter Sunnetage, aber uf d Lengi täte mer ds Wohlsy gar nid vertrage. U ds Schöne isch ja nie nume schön, u ds Wüeschte nie nume wüescht. Der Hans Chaschper het einisch am Märit e riisige Ballon übercho. Stolz het er ne umegfüert, vorsorglech am Handglänk aabunde, un isch fasch näb de Schue gloffe, so het er sech gmeint mit der Wunderchrugle. Du gratet ihm ds Schnüerli zwüsche zwöi Gartescheieli u verrysst. Der Bueb het sech fasch hindersinnet. „Myne Ballon, myne Ballon", het er ghornet, „Leitele näh, Leitele näh!"
U für d Mariann het's nüt Luschtigers gä, als under eme Rägeschirm i de Glunggen umezflotsche u z sprütze.

Es wär no glatt, we ds Läbe ou so ne Gummi hätt wi mys Bleistift. De chönnt me di vermurksete Tage eifach usradiere. Aber vilicht täte mer albe di lätzen uslösche, mir wüsse ja mängisch gar nid so sicher, was guet isch für is. Es wird mit em Läbe dänk ähnlech sy wi mit em April. Der Buur zum Byspil het ne nid gärn schön u früeligshaft. "April kalt und nass, füllt dem Bauer Scheuer und Fass."

Rägeboge

Gringlet wi ne Buebesocke isch mys Maibleistift. Für so ne farbige Monet muess' es farbigs sy, das blüeit ja uf Schritt u Tritt, me weis fasch nid, wo me zersch söll luege. Mys Bleistift het numen eis Grüen, aber wenn i gäge Wald useluege, gsehn i hunderti. Ussertdäm isch es guldig gälb wi d Söibluemen ir Hoschtert, töifblau wi d Vergissmeinnicht am Gartehaag, lüüchtig rot wi di füüschtige Tulpen i de Bandeli. Imene chirschiblueschtwysse ovale Schildli steit "Rainbow", Rägeboge. U mit em Dunkelgrau vo dene Buechstabe schlan i itz e Boge zumene verrägnete Tag, wo trotz Nessi u Chelti so fröhlech u farbig isch gsi wi das Rägebogebleistift.

We mir lengeri Zyt furt wei, isch das alben en umständlechi Organisiererei, wo mer üsne Lüt nid grad all Monet einisch zuemuete. Aber für zwe, drei Tag isch gäng öppe eine ume für i Stall, das git nie Problem. Drum sy mer letschti Wuche hurti uf Biarritz gfloge. Mir hein is scho lang vorhär uf chly Sunne u Wermi gfröit, u dass es am Aabe vorhär und am Morgen uf em Flughafen abegläärt het wi us Fesser, isch no gar nid schlächt gsi. Bi strahlendem Wätter hätt der Buur der Rappel gha u gmeint, är chönnt d Zyt gschyder bruuche. Mir sy also zfride ine DC 9 gstigen u abgfloge, ds atlantische Hoch ga reiche. Ob de Wulchen isch es ja gäng schön, aber z Biarritz hei mer halt z Bode müesse, u dert het's grägnet. Gfelligerwys hei mer e Schirm byn is gha, mer hei ne ja scho z Basel bruucht.

Mir hei es Programm buechet gha u sy zersch mit em Bus uf Bayonne. Es het mörderlech gwitteret u Chalberhälslige grägnet, aber di Gsellschaft isch unverdrossen i der historischen Altstadt umegstopfet u het sech der Stil vo de baskische Hüser la erkläre. Di Riigboute sy wyss, grüen u rot wi di baskischi Fahne. Wyss symbolisiert d Reinheit u d Ufrichtigkeit vom baskische Volk, ds Grüen stöi für Unabhängigkeit u Stolz, ds Rot syg ds Zeiche für ds füürige Bluet vo de Baske. Ds Muurwärch vo dene Hüser isch fasch gäng schneewyss, di meischte wärde jedes Jahr früsch gwyssget. D Balke sy dunkelgrüen oder dunkelrot. Früecher het men albe Ochsebluet bruucht, hüt git's e Farb, rouge basque. We ds Fachwärk blau gstrichen isch, heisst das, es syg eine vo dere Familie uf Amerika u rych umecho.

Nächär sy mer der Küschte nah gfahre uf Biarritz. Es het gäng no gseilet, aber wi gälb der Ginschter zündtet a de Börter, das hei mer glych möge gseh. Das Bleistift mit de farbige Ringli wird mi no lang a ds französische Baskeland erinnere, wyss, rot, grüen, gälb u blau.

Mir hei alls mitgmacht, o we der Räge zytewys waagrächt cho isch. Luschtigerwys het sech chuum öpper ufgregt wäge däm Hudelwätter. Di einzigi, wo sech ergelschteret het, isch d Reiseleitere gsi. Die het sech öppe zwänzg Mal entschuldiget u gäng u gäng wider versicheret, das u das syg verruckt schön, we's schön syg. In St. Jean de Luz sy mer ga Fischsuppen ässe mit Muschle, Languschte und allergattig Graaggeli drinne. Am Namittag het's du chly ufta, u mir sy no umegjogglet u d Chilche ga aaluege, wo der Sunnechünig synerzyt e spanischi Infantin ghüratet het. Er isch i sym länge Läbe nume vierzäh Tag i däm Stedtli gsi, aber es sunnet sech no hüt i däm Glanz. Es isch richtig fein gsi i däm Näschtli. D Saison het no nid aagfange gha, der Märitplatz ghört no de Baske.

Am Aabe sy mer mit em Bus wider ufe Flughafe, u wo mer über ds Rollfäld zu üsem Vogel glüffe sy, het's ume grägnet. Usgibig. Ds Flugzüüg het sech zwar pünktlech i Bewegig gsetzt, aber nid für lang. Nach eme Brämsversuech uf em überschwemmte Beton sy mer zrugg. D Pyschte isch nid läng gnue gsi bi däm Räge, der Start isch umene Stund verschobe worde. Es het wyter gschüttet. Mir sy i der Chischte ghocket, nid übertribe kumod mit üsne länge Bei, u hei zersch Getränk, speter Zytige u schliesslech Znacht übercho. Ou mit em Zollfreilädeli hei sin is vertöörlet, aber es het alls nüt gnützt. Nach dreine Stund het's gheisse, hinecht chönn me nümm früech gnue starte, dass me de z Basel no dörft lande. Mir wärdi uf paar Hotel verteilt und rächtzytig gweckt. Di Lüt hei das seelerüejig aagno u no cheibe luschtig gfunde. Wo mer nach ere wytere Stund hei usechönne u füfzgi mitenand uf ds glyche Telefon los sy, het's chly es Gstungg gä. Z Frankrych sy ja fasch alli Apparate uf Taxcharte umgrüschtet, es isch nume en einzige Münzoutomat dert gsi. My Charte vo de Ferie het fridlech deheim im Nachttischli gschlummeret. Also hei mer im Hotel probiert u sy ou sofort dürecho. Aber mi het schier der Blitz troffe, wo sech e Frou Aeschlimaa gmäldet het. Mitts i der Nacht e Fählverbindig het me gäng gärn, un i ha

allwäg nid grad geischtrych gstagglet. Sider sy natürlech di andere Hotelgescht ou alli a Draht ghanget, un i ha ne wyteri Halbstund görgelet, bis i deheim ha chönne mälde, es mües de am Morgen eine i Stall.
Normalerwys gö settigi Zwüschefäll zu Laschte vo der Fluggsellschaft, u mir hei zimli dumm gluegt, wo mer das Hotelzimmer hei müesse zale. Der Nachtportier het eifach Gäld wölle, fertig. Derfür het's nüt Zmorge gä. Mir sy nid unbedingt als Fründe usenand. Die vo de andere Hotel hei hingäge nid gnue chönne rüeme.
Üsi Mannschaft het di Sach im Griff gha. Si sy alli di halbi Nacht umegfielet u hei entsprächend verrumpfet drygseh. Dass si uf däm Provinzflughäfeli keis Zmorge hei chönne organisiere, isch ne richtig pynlech gsi. Eine het am vieri d Beckereie gstürmt gha und isch mit eme Mählsack voll Gipfeli derhärcho. Der Gaffee hei mer is müesse dänke, sövel früech isch dert kei Laden offe.
Es het is fasch gröit, dass es nümm grägnet het. Süsch hätte mer drum no e Busfahrt uf Bordeaux chönne mache, dä Flughafe dert isch ou bi schlächtem Wätter funktionsfähig. I ha das sälbverständlech mit mym wyssrotgrüenblaugälbe, baskische Rägebogebleistift gschribe, aber itz tuen i's wäg. Ds schöne Wätter isch yche.

Grüen u schwarz

Itz bin i grad mit em Hund vo myr tägleche, sälberverordnete körperlech/geischtige Fitnessüebig heicho. Mir gö gäng öppe chly am glychen Ort düre, uf Fäldwäägen und em Wald nah, de chan i my Fidel la umeratze, u mi stört ou niemer bim Dänke. Wi di Wält grüen isch! D Söiblueme sy düre, u d Liechtli het der Luft verblase. Der Räps het syni gälbe Blüeschtli abgstosse u streckt feissi Chifeli uf all Syte. D Obschtböim stö bhäbig u saftig im Höigras, wo wyt a d Stämm ufereckt. Grüen, grüen, so wyt me ma gseh. Grad ei Tag het mer eine verzellt, ire Ygeborenesprach z Afrika oder z Südamerika, i weis es nümm, gäb's sibezg Usdrück für „grüen", die chönnt i itz bruuche.

Di grüeni Sinfonie isch us tuusig verschidene Tön komponiert; da chöi mir ypacke mit üser mönschleche Musig, mer kenne ja nume zwölf. Grüeni Gärschte het im Momänt füf Houptfarbe, es Halbdotze Schattierige no ungrächnet. D Stängle, oder gnauer gseit, d Schäft vo de Bletter, sy blöilech-wyss, d Bletter sälber spile gägen es dünklers Blaugrau zue, u d Graane sy so grüen, wi nes Chind uf syr Zeichnig e Matte aafärbt. I de zuekünftige Chärne ahnet me scho en Aaflug vo guldiger Ryffi, u di fyne Blueschtzötteli, wo si usehänke, sy fasch hällgälb. Aber alls isch gäng no grüen. I vilne Gärschteächer het's grossi Näschter, d Halme sy gheit. Wahrschynlech hei di Bure z töif i Düngersack greckt. D Weizenähri sy no nid us de Hose. Über dene Fälder ligt e milchige Huuch, u drususe stäche bleichi Girgle i d Höchi, Chlybere oder Chläblüüs. Si bruuche e Stützi für drüber ufezchlädere. We si nüt finde, wo si sech dranne chöi ha, vergeit ne ds Grosshanse, de schnaagge si am Boden ume. Schriftdütsch seit me Kletten, un es isch es verhassts Gjätt. Si mache meterlängi Sträng, blybe a allem bhange u verlyre sech i de Maschine. Es git ou mönschlechi Chlybere, bi dene schlat d Beliebtheit ou nid höchi Wälle.

Us jedem Brösmeli Härd stosst u spriesst u platzt das Grüen, es wott der Bode schier verspränge vor luter Wachsigi. U we sech de d Ouge chly dra gwanet hei u z grächtem ytouche i di wüeligi Pracht, isch si de undereinisch nümm nume grüen. Uf de Höimatte schimmeret es violettrots Schüümli vo der Schmalebluescht, d Ahornbletter hei ganz roschtigi Rüppi, und a de Waägbörter zündte farbigi Tüpf us em Gras: Mohn, Wallwürze, Hornchlee, Margritli, Stifmüetterli, Kamille, Sänf, Vergissmeinnicht, Storcheschnabel, Hirtetäschli u Chatzenöigli.

Hüt wär natürlech es grüens Bleistift a der Reie gsi, aber es isch keis derby. Drum nimen i itz es anders, choleschwarz wi di Vogelschüüchi, wo so wichtig mitts imene Maisbitz steit. Oder wi di zwo Chrääje, wo dä Morge um das gfährleche Wäse umegspaziert sy u Chärne zämepickt hei. Das Gschüüch isch aber nume gäge d Sunne so schwarz, vor andere Syte isch der Rock bruun, d Strouhaar gybeligälb u der Huet es giftiggrüens Becki. Es schadet ja nie, e Sach ou einisch us eme andere Blickwinkel aazluege, da cha me Überraschige erläbe.

Das schwarze Bleistift isch dünn u nume churz. Es mahnet mi ganz a das schwarze Eichhörndli, wo am Waldrand bi der grosse Birke sys Revier het. Das isch o so ne schmale Strich, we's vor em Cäsar dervopfylet. My Hund hänkt spetischtens nach hundert Meter d Zunge a Bode u glycht de mit syne Gümp ender eme Gygampfiross als eme schwarze Pfyl. Er isch e grosse Bärner Sennehund u nid ygrichtet für Langstreckine. Aber wenn er sech albe cha ybilde, itz heig er's däm schwarze Byscht wider einisch zeigt, de isch sy Tag grettet.

Er isch e guetmüetige Tscholi, aber halt starch u unpenig.

Em Thomas syni jährige Zwillinge lat er uf sech umegraagge u macht kei Mux, we sin ihm i d Schnouze oder i d Ouge recke. Aber Jogger, Velo, Töffli, Chüe u Ross bringe ne ume Verstand. Das wird de wohl no guete. Drü Jahr e dumme Hund, drü Jahr e guete Hund u drü Jahr en alte Hund, seit men öppe.
Das magere Bleistift het mer vo Aafang aa nid rächt wölle passe. Was söll i mit däm Granggeli? I myr Pranke veriiret sech ja das Miniatürli, un i überchäm unweigerlech der Chrampf. Aber es isch ja nüt für nüt, also mues doch ou es winzigs, schwarzes Schrybi für öppis z bruuche sy. I stecke's hinde i my Täschekaländer, dert isch es genau am richtigen Ort. Ine Agenda schrybt me schliesslech nid halbi Romän.
Bi däm chrääjefründtleche Vogelgschüüch isch der Nutze chly weniger offesichtlech. Aber o das mues irgend e Zwäck ha, i gseh ne nume nid. Vilicht cha dä Buur itz rüejiger schlafe, wül er überzügt isch, er heig ds Beschte gmacht für sy Saat. U das wär ja de feiechly öppis.
Mängisch het ou my Wält schwarzi Pflaatsche u schwarzi Chrible. Wäm syni scho nid. Aber grüen isch ja d Farb vo der Hoffnig, u wenn i so useluege u gseh, wi ds hinderschte Stüdeli sech em Liecht zuestreckt, wi alls wott versprütze vor Saft u Chraft, de isch es plötzlech ganz eifach.
My Hund stirbt einisch, u ds schwarzen Eichhörndli ou u d Chrääje un ig u dir alli, aber ds Läbe, das isch nid z töde.

Ds richtige Wärchzüüg

Das schwarze Bleistiftli vom letschte Stübli isch itz trotz oder eigetlech wäge syr Chlyni ganz gäbig. I mues nie meh eme Griffel nachespringe, für öppis i d Agenda yztrage, i mues nie meh i mym Handtäschlignuusch grüble, es isch gäng grad zwäg. So isch es mit allem. Ds richtige Wärchzüüg zur richtige Zyt am richtigen Ort, da wär mängs eifacher. Übrigens han i einisch gläse, die, wo gäng so nes Chaos i der Täsche heige, sygi ganz flotti, grosszügigi, toleranti Froue. Wenn i also chly aagschlage bi, längt e Blick i mys Täschli, u scho bin i wider zfride mit mer. So chly Sälbschtüberlischtig isch mängisch no ganz nützlech.
Vo eim Extrem i ds andere gheie sött me süsch nid, aber i mache's itz glych einisch. Hüt näh mer nid es schwarzes, winzigs, unschynbars Stiftli, ds hütige Bleistift isch rot, riisegross und unübersehbar. Es isch flach, d Myne het e rächteggige Querschnitt, es isch no ungspitzt. Mit mym elegante, wyssgrüene Spitzerli wär da nüt uszrichte, da mues me mit eme Hegel derhinder. Für Hebammefingerli wär's nid, u ds Stübli chönnt i ou nid schrybe dermit. Dä Chnebel passt ine währschafti Fuuscht, wo ds Zuepacke gwanet isch. Öppe i die vo mym Buur. I ha ne synerzyt zum erschte Mal uf der Büni gseh, bim Theaterspile. Er het so d Händ vor sech häregha u d Finger usgstreckt. I weis no genau, was i dänkt ha: „Myn Gott, het dä Mönsch Choleschufle!" Zwo grossi Händ, das isch my allerierscht Ydruck gsi, u mit dene het er ja du ou zuepackt. Am einten Ändi vo däm Blofi sy mit Guld Margge u Hertigrad ydruckt, dernäbe es guldigs Höbeli, wo nes luschtigs Spanlöckli usegugget. Es isch es Schrynerbleistift. Scho als

chlyns Chind hei mi di rote Schrybbänggle fasziniert, my Vatter het gäng eine im Metertäschli vo den Überhose gha. Es isch es bravs Wärchzüüg, me weis, was men i der Hand het. Für di meischte Schrybarbeite isch es absolut nid z bruuche, aber uf em Bou oder i der Wärchstatt, für Holz u Stei aazzeichne, chönnt me's nid ohni. My Maa isch zwar weder Schryner no Zimmermaa, aber das Bleistift chan er de ha. Ihm chunnt's kumoder als mir.

Mit de grössere Wärchzüüg chumen i ender weniger z Schlag. Jedem Handwärker chäm ds Ougewasser, wenn er mi gsuuch es Ladli versaage. Ou mit Maschine bin i kei Held. Der Rasemääjer ma no grad knapp yne, wenn i ne cha aala. Der David het ne itz scho zwöimal mit Rivella uftanket, mit däm wott er nid loufe. Eismal, wo ne der Thomas nach guet ere Stund putzt gha un i Gang bracht het, han i aagfange määje. En überzügendi Figur chan i nid gmacht ha. Der Thomas het ömel gseit, i söll höre, er mach's de. Är chönn mir nid zueluege. Me mues gar nid alls chönne, es isch meischtens öpper ume, wo's besser versteit.

Bi der Nääimaschine hingäge mache si mer nüt vor, myni Sühn. Sogar we si Chnöischoner u Buuchpolschter us Schuumgummi für ds Hockeyle druff bagglet hei, han i se albe wider gmacht z gah. En ehemaligi Kollegin isch dümmer drann gsi. Si het wölle Seckli zwägmache, für i der Schuel z bedrucke, u het kei eigeti Maschine gha. Si dörf mi fasch nid frage, het si chly gschiniert gseit, si mach drum jedi Maschine kabutt. Die dörf si fräveli bruuche, han i se beruehiget, da syg no War drann, Graugguss, die bring si nid z Bode. Guet, si isch häreghocket, u wo si der Fuess het uf ds Pedal gha, isch das abenandgheit. Eifach so. Di Gueti hätt sech am liebschte i Luft ufglöst, aber mir hei nümm chönne vor Lache. Das Pedal wär bi jedere verheit, wo's aagrüert hätt, aber es het d Jacqueline müesse sy. Sym Schicksal etwütscht niemer.

Grobi u fyni Bleistift, grosses u chlyns Wärchzüüg, alli sy nötig. Me mues nume wüsse, weles ds richtigen isch. Won i mys Cembalo boue ha, isch gfeligerwys e Lyschte vo Wärchzüüg bim Bousatz gsi. So nes Inschtrumänt isch es Gäggeliwärch, Millimeterbüez. Ig als bluetige Laie hätt natürlech ds chlynschte Hämmerli usegläse u dermit drümal dernäbe u zwöimal ufe Duume zwickt. Aber mit em empfolene pfündige Zimmermaashammer han i nume einisch süferli gchlöpferlet, u der Nagel isch drinn gsi. U ersch no ohni Müüssi im Holz.

Bim Inschtrumänt Mönsch isch es ou guet, we me ds rächte Wärchzüüg findet. Me mues wüsse, was me wott erreiche, u wi ds Material isch, de cha me useläse zwüsche grob u fyn, hert u weich, lieb u sträng. Mängisch geit's glych nid ohni Wehtue. I für mi ha's i dene Fäll meh mit em Handfeschte. Lieber e chreftigi Uscheerete als e längi Cholderete, lieber es churzes Gmöögg als en ändlosi Stichlerei, lieber e subere Schnitt als es ewigs Gnägge.

Mir hei ringsetum feini Nachbere. Eini het mer geschter e Psalmepumpi gschänkt. Oder e Hallelujatraktor, wi teil reschpäktlos säge. Es isch es schöns, altmödisches Harmonium, wi si hüt gloub gar nümm gmacht wärde, e richtigi Koschtbarkeit. Si heigi itz es Klavier, u ds Huus syg z chlyn für beides. Das Harmonium isch tiptop im Schuss, chrooset nüt, gyxet nüt, rugget nüt. I bruuche keis Wärchzüüg derfür, nume myni Händ u Füess. Wenn i's mit dene chly misshandle, brüelet's churz u misstönig, aber es macht mer nid wuchelang e dumme Grind oder cholderet mit mer.

207

I wünschen öich gäbigi Nachberslüt, u dass der sälber ou settigi syt.

Medie

Das Bleistift chönn i de fürenäh, wenn i lieber i Chino gieng als i ds Stübli z schrybe, het mer my Fründin erklärt, wo si mer di Bleistiftwedele gä het. Si und ihre Maa mache gäng so feini, liebevoll usgstudierti Gschänk. Hüür hei si mer es winzigs Büechli brunge, suber i Läder bunde, mit rotem Bändeli als Läsizeiche und luter lääre Syte. Füf Santimeter höch, drei breit und anderhalbe dick isch das Buechzwärgli.
Uf em Ypackpapierli isch gstande: I bi dys ungschribne Buech u wott's blybe. Es isch nid mys einzige, u wenn itz öpper no di Glanzidee hätt, mer e Chischte mit paarne Monet oder no lieber mit paarne Jahr Zyt drin z schänke, de chönnt i di vile ungschribne Plän i mym Chopf i gschribni Manuskript verwandle. Aber itz, es isch nienen alls.
Das Chinobleistift isch schwarz u wyss, i unregelmässige Abschnitte der Lengi nah u ringsetum schwarzwyss gstreift. Di Striche sy unglych u verwüscht, wi we men e Film vil z gleitig lies la düreloufe. Zoberscht gö zwo Zylete wyssi Rächteggli rundum, wi Löchli bimene Film. Zwüschinn het's es Bild vomene Filmschouspiler. Undedrann steit: Stars of The Silver Screen. Silberlynwandstars oder so öppis chönnt das heisse, oder vilicht isch es der Titel vomene Hollywoodschinke, i ha kei Ahnig. Wenn's

im Fall e Film wär, de ganz sicher eine mit em James Dean, es isch nämlech däm sys Porträt. Der James Dean isch e Filmlegände. Er het nid mänge Film gmacht, isch ganz jung verunglückt. I bsinne mi a zwee, won i gseh ha, u dä Liebling vo de Filmgötter het mi i keim vom Stuel grisse. I ha vo weniger berüemte Lüt scho ydrücklecheri Leischtige gseh. „Giganten" isch es schwülschtigs Farmerdrama, „Denn sie wissen nicht, was sie tun" isch chly ne kitschigi Halbstarche- u Familiegschicht. I ha der Verdacht, ohni dä früech u spektakulär Tod redti hüt niemer meh vo däm Schouspiler. Pardon, wenn i paarne James-Dean-Verehrer uf ds Härz trappet bi, aber jede Starrummel stellt mir d Haar uuf. Erfolg isch öppis Schöns, un i ma ne ou jedem gönne, wo ne verdienet, aber di Aabättig sött i vernünftige Gränze blybe. Das isch doch gstört, wi gwüssi Schougrössine mängisch ufegjublet wärde. Ou bi de Sportler isch di Heldeverehrig nümm zum Ushalte. Derby cha ja der Hindersch irgend öppis besser als anderi, aber es isch halt nid alls glych mediewürksam. Der Gmeinsarbeiter, wo di schönschte und exaktischte Wäägränder schnydt wyt u breit, chunnt weder i der Zytig no im Fernseh, soweni wi ne Frou, wo i dreiehalb Minute es Herehemmli glettet. U die mache sech gwüss nid weniger nützlech als e Rockstar oder e Tenniscrack. Jedi Arbeit isch wichtig u söll ihre Lohn ha, aber teil Tätigkeite wärde scho masslos überbewärtet. Sövel guet u sövel schön cha eine gar nid singe, dass er für ei Uftritt e halbi Million verdienti, nid emal der Pavarotti. Settigs isch schlicht und eifach Verhältnisblödsinn. Me cha natürlech wider einisch d Massemedie tschuld gä, ohni die wär ja di Hysterie nid müglech. Excusez, ohni es Publikum, wo kritiklos mitmacht, künschtlech

ufbouti Berüemtheite willig beklatschet u Phantasiepryse zalt für ne Veranstaltig, wo me mues gseh ha – ohni das eifältige Publikum gieng's no vil weniger. Aber we d Lüt zvil Gäld hei u zweni Hirni, oder we si beides nümm mit Verstand wüsse z bruuche, was wott me da. My Maa seit albe: „We si der ds Gäld um ds Verworgge wei gä, de muesch es näh."
Am Sunndig han i im Radio der Walter Eschler ghört mit sym Chirschimuesgschichtli. Der Mundartegge isch e herrlechi Sändig u wird vo allne mügleche Lüt mit Fröid glost. Chuum amen Ort cha sech üsi sprachlechi Vilfalt so ydrücklech präsentiere wi dert. Chürzlech bin i ame Fescht gsi, da isch ömel ou di Mundarthalbstund uf ds Tapet cho. I ha gseit, die söll gloub abgschaffet wärde, i heig öppis eso ghöre töne.
Mol, das het gmacht! Di Lüt sy feiechly i Gusel cho, die spinni dert obe, het's gheisse, u für wär die eigetlech Radio machi, für d Zuehörer oder für sich sälber? Also, das han i mi o scho gfragt. Alli hei gfutteret u sech ergelschteret, u keim einzige isch i Sinn cho, me chönnt sech wehre. Sech grüen u blau ergere, d Fuuscht im Sack mache u sech alls la gfalle, das isch hüt so Mode. Vilicht hei mir eifach di Medie, wo mer verdiene.
I ha trotz gägeteiligen Erfahrige der Gloube a di mönschlechi Vernunft no nid ganz verlore u hoffe drum, di Abschaffig vom Mundartegge syg numen es Grücht. Wenn's aber würklech sött wahr sy, de tät i nid schwyge. Liebi zueständigi Programmverantwortlechi, würd i de säge, das isch kei schlaui Idee. Heit dir scho einisch abklärt, wivil u vor allem was für Lüt dä Mundartegge lose? Machet das einisch, dir wäret no stuune. U dir heit sicher o scho gjammeret

wäge der EG, wül si alls glychschaltet und üsi nationali Identität kabuttmacht. Das u vil derzue müesst i säge, we di Abschaffig würklech planet wär. Aber das isch hoffetlech numen e Lugi. Mit ganz, ganz churze Bei.
I der Feriezyt, wo will's Gott no nid ganz alli Stunde verplanet sy, chönnte mer d Massemedie doch einisch chly linggs la lige un is uf di andere Medie bsinne, wo's ou no git. Theater wird ou im Summer gspilt. Un es Buech läse chönnt me ou wider einisch. I ha itz grad Betty Blue gläse vom Philippe Djian. I bi froh, han i mi nid la abschrecke vo der unverblüemte, fasch chly gwöhnleche Sprach. No sälte isch mir e Gschicht däwäg under d Hut.
Oder mi chönnt i Chino. Heit dir „Club der toten Dichter" scho gseh? E junge, idealistische Lehrer chunnt ines strängs Internat, wo nume Zucht, Ornig, Disziplin u Tradition gälte. Er lehrt di Bursche sälber dänke. Es isch e wunderbare Film, o wenn di Gschicht tragisch ändet. Dä Lehrer wird nach bewährtem Muschter fertiggmacht und abgschosse. Aber es paar vo dene Schüeler lo sech nid ringgle u zeige, was si bi ihrem Vorbild glehrt hei. U me geit use mit der Hoffnig, dass trotz allem irgend einisch Aastand, Ehrlechkeit, Vernunft und Liebi obenufmöge. U das isch hoffetlech nid numen es Grücht.
D Medie hei no nid sövel lang di Bedütig, wo me ne hüt zueschrybt. I mym steialte Lexikon isch Medien no d Heimat vo de Meder, wo 550 v. Chr. vo de Perser mörderlech sy gchlopfet worde. D Medie chöme nume i der Einzahl vor. Churz gseit isch es Medium es Mittel, für öppis wyterzleite, für öppis z übermittle. Itz isch allwäg doch langsam höchschti Zyt, es nöis z choufe. Es Lexikon, nid es Medium. Oder vilicht isch das ou eis.

E Wunderkur für Körper, Geischt u Seel

8. Sept.
Eigetlech hei mer uf Assisi wölle, ds Lori und ig, scho vor zwöine Jahr hei mer das abgmacht. Aber mir hei nume vom Zug uus überegluegt. D Stadt vom Franziskus wär allwäg scho schön, aber mir gö zersch e Wuche uf Umbrie ga wandere. Mir sy zwölfi, sy gemeinsam dür das Italie abegfahre u hei ds erschte Aabetüür scho hinder is. Z Mailand sy üser reservierte Plätz scho bsetzt gsi, u mit vil Palaver u Händverwärfe isch das Abteil gruumt worde. Nach eme fürchterleche Gstungg im Gang hei mer ynechönne. Vor Bologna seit plötzlech eine: „Itz isch es passiert. Beidi Portmenee wäg!" Mir sy leider ufen eltischt, billigscht Trick yngeheit. Jänu, itz kennen i ömel eine, wo z Italie tatsächlech isch usplünderet worde, bis hüt han i gäng nume dervo ghört rede. Foligno, usstyge, ändtlech! Bim Ynachte fahre mer mit em Taxi no fasch e Stund wyt i d Höger ufe.

9. Sept.
In Sellano hei mer übernachtet. Es ganz eifachs Hotel, aber di Lüt hei sech fasch überschlage, für is zwägzspringe. Itz sy mer underwägs. Bärguuf u bärgab geit das uf vergässene, halb zuegwachsne Schmugglerwägli. Es schmöckt wi deheim im Chrütterbett. Es Eidechsli pfitzt hinder ne Stei, e Gottesaabättere gruppet uf eme Grashalm u wartet fromm uf ds nächschten Opfer. Di Wuchen isch eigetlech e Kurs. Mir mache längi Pouse, u der Reiseleiter verzellt vom Untergang vom Weschtrömische Rych, u wi glychzytig ds junge Chrischtetum gwachse u starch worden isch. Grossi Schmätterlinge gygampfen um üsi Chöpf, farbigi

Güeg graaggen über Füess u Finger, es suuret u summet i allne Tonarte. Dert äne ligt Preci i der Aabesunne, dert wei mer häre. Merci, isch das no wyt! U de dä stotzig Hoger!

10. Sept.
Geschter isch es mer bal chly vil worde. I bi langsam am Bärg u ha mi la hetze, wül alli so furchtbar hilfsbereit ta hei. Hüt isch wider e Wundertag, u dä machen i de i mym Tämpo. Mer lön is ufefüere zur Abbazia Sant. Eustitio. Das alte Chloschter isch lang verlaa gsi. Itz isch wider e Pfarer dert, e schöne, grosse Maa mit schwarzem Bart u Füür i den Ouge. Mit sym elegante, farbige Pullover über der Soutane macht er e zimli hiesigen Ydruck. Ds Thema isch hüt ds früeche Mönchtum. Der Chris brichtet vo dene Einsidler, wo sech hie i unzählige Höline ygnischtet u mit der Zyt zu lockere, familiäre Gmeinschafte zämeta hei. Am Namittag list er albe us „Sisto e Sesto" vom Federer. I ha gar nid gwüsst, wi meischterhaft dä het chönne formuliere. Der Aabe sött me rot aastryche im Kaländer. Sage und schreibe sächs Gäng wärden is uftischet z Norcia. Mir tüe d Chöchi useschlatsche. Der Chris meint, vo däm Applous läb di Frou mänge Monet, das syg dere sicher no nie passiert.

11. Sept.
Zersch mache mer e Rundgang dür ds Stedtli, wo der Ordensgründer Benedikt uf d Wält cho isch. Är u sy Schwöschter Scholastica hange gmale, gschnitzt u bildhoueret a allne Wänd obe. Der Chris findet di römische Muurräschte i der Chilche nid sehenswärt, aber mir nimmt's natürlech wider einisch der Ermel yne. I gseh di

Steimetze meissle u Steine byge, u d Wänd chüschele mer ihri Gschichte zue, aber i verstah nid latinisch. Der Chris het Gschicht gstudiert u cha di früechrischtlechi Epoche so aaschoulech mache, dass der hindersch Gstabi mues nachecho. Hüt übernachte mer in Cascia. Es isch e Wallfahrtsort, di Heiligi Rita isch hie deheime gsi. So vil heillose Kitsch han i no sälte uf eim Huuffe gseh.

12. Sept.
Hüt cha me ne Ruehetag yschalte, we me wott. I wott, mys einte Chnöi lodelet echly. Ds Romy isch o froh um ne Pouse, u mir lön is mit em Gepäck uf Leonessa füere.

13. Sept.
Das grossartige Hotel i däm Bärgnäscht isch e Röiberhöli. Hüt geit's über Alpweide wi im Oberland, unerchannt stotzig obsi u nidsi. Uf de Matte blüeie fyni, blaui Dischtle, e grosse Tollchirschistock steit am Wäägrand. Mir ghöre no einisch vom Benedikt, u der Papscht i der Gschicht vo de beide unglyche Brüeder springt über sy eiget Schatte u stellt d Barmhärzigkeit über d Grächtigkeit. Bim Franziskanerchlöschterli ob Poggio Bustone meint der Chris, i dere Gägend mües eine eifach mild wärde. Am Aabe bim Luigi git's es Fescht, wi's nume z Italie müglech isch. Di achzgjährigi Zia singt us voller Bruscht, u der melancholisch Luigi het e Heldetenor em Caruso z trutz.

14. Sept.
Di Lüt hie chöi sech schwär vorstelle, dass öpper freiwillig mit eme Rucksack über d Höger louft, u de no nid emal der Strass nah. Si meine gäng, mir syge Franzose oder

Ängländer. Mir sy im Latio aacho u wandere de Bärghäng nache gäge Rieti zue. D Äbeni zu üsne Füesse breitet sech wyt uus, wildi Brombeeri u Zyberli (Schlehen) chönnt me Chörb voll abläse, e Wulche vo blaue Pfyfölterli begleitet is. Wenn itz der Franz i syr Chutte umen Egge chäm u seiti: „Buon giorno, buona gente!", das würd is nüt verwundere. San Felice da Cantalice isch der Schutzpatron vo Rieti. Dä mues ja würksam sy mit däm Name.

15. Sept.
Rieti isch es Landstedtli, wo ersch ufe zwöit Blick chly vo sym Charme zeigt. Mir ässe no zäme Zmittag, u de geit's heizue. Alli sy ganz erfüllt vo der einmalige Wuche, mir wüsse gar nid wohäre mit dene Ydrück. Läb wohl, Chris, häb Dank für alls. Il Signore ti dia pace!

Aha, ds Bleistift. Me cha natürlech ou z Umbrie nid mit de Fingernegel schrybe. Gälborangi Blettli tanzen uf silberigem Grund bi däm, won i mitgno ha, es wird ja Herbscht. Dasmal han i dernäbegreckt. Umbrie isch saftig grüen u platzt us allne Näht vor Wachsigi. Fasch chly symbolisch. Der Gregor het gseit, we me d Oekumene i däm Geischt aagieng, wo i üser Gruppe gwääit het, wär me dert wyter. Uf d Farb chunnt's nid aa.

E dänkwürdige Tag

Das isch es komisches Bleistift. I ha's bis itz usegstüdelet, wül i gäng ha ds Gfüel gha, zu däm chömm mer nie nüt z Sinn. Aber me mues nume möge gwarte, irgend einisch chunnt eim alls kumod, sogar es kuurligs Schrybwärchzüüg. I stelle's ufe Spitz u fa zoberscht aa. E dunkelblauen Abschluss, nächär e wysse Ring mit der dunkelblau ydruckte Fabriggmargge. Drunder lige Fischschuppe oder ovali Dachziegle überenander, i vierne Reieli, dunkelgrüen, dunkelblau, chly grau derzwüsche. De wärde di Lappe knallgälb, u plötzlech hört das Muschter uuf. Der Räschte vom Stift isch schneewyss, nume zunderscht het's no einisch e Rundi gälbi Schuppe. Es git o Tage, wo dunkel aafö, düschter gmuschteret wytergö, undereinisch umkippe u häll u strahlend es gfröits Ändi finde.

Ds letschtmal bim Umbriestübli han i e Tag ussegla, dä sogenannt Ruehetag, wo ds Romy und ig hei ygschalte. Di andere, wo wider e längi Wanderig gmacht hei, hein is scho bim Zmorge uszäpflet, si wölli de am Aaben öppis ghöre vo üsne Aabetüür. Mir zwo hei blagiert, mir syge wild entschlosse zu grosse Erläbnis. Mit em Taxi hei mer is vo Cascia uf Leonessa la füere, di Fahrt vergissen i myr Läbtig nümme. Der Chauffeur isch i Rennfahrermanier dür di tuusig Kurve abeplitzget, dass es mir scho nach füf Minute stärbenseländ isch gsi. Derzue het er es fürchterlechs Stinkchrut groukt u mer no vo dene Sargnegel offeriert. Einisch het mi ds Romy uf nes Huus ufmerksam gmacht, wo einsam ire Wand obe gchläbt isch. I ha dänkt: We die nume schwygti, mir isch es scho schlächt gnue. Äs het dänkt: We die numen öppis seiti, süsch cheert's mer der

Mage. I ha gmeint, di Fahrt göng hundertfüfzg Kilometer wyt, aber meh weder füfzäh wärde's chuum gsi sy.

Normalerwys besseret's eim, we me cha usstyge, aber mir isch's di lengerschi leider gange. Uf ds Romy han i scho gar nümm möge luege u nume am Rand mitübercho, dass es ou halbtod i di Hotelhalle wankt u win ig i nächscht Stuel sinkt. I bsinne mi nümm, dass i zuen ihm gseit ha, es syg chäsbleich, aber ihm het dä Zuespruch no grad gfählt. Der gschniglet Pinterich het öppis glyret vo Problem mit mym Pass, i hätt dä vor zwene Monet sölle verlengere, derby cha me mit däm abglüffne Uswys no füf Jahr i ganz Weschteuropa umenandreise.

Em Romy isch es eifach grouehaft schlächt gsi, aber i ha ehrlech gmeint, i stärb. Vo de Händ u de Füess här isch Chelti i my Körper graagget, Nase u Ohre sy gsi wi Yschzäpfe. Langsam isch ds Läbe us mir usetropfet, i ha das richtig gspürt. Aber i bi so erschöpft gsi, dass i mi nid emal ha chönne ufrege über das vorzytige Änd. I ha eifach dänkt, das syg ja nümm mys Problem, sölle si halt de luege, was si mit mer wölli aafa i däm luusige Bärgnäscht. Der Hotelier mues ja gseh ha, wi mir zwäg sy, aber dä hätt is kes Gaffee gmacht, nid gfragt, öb er öppis chönn hälfe, nüt. Eigetlech hätt i's däm Mulaff möge gönne, wenn i wär gstorbe. Da wär de dä Gigolo i ds Trible cho mit däm tote Wybervolch i syr protzige Klitsche. Ändtlech sy üser Zimmer parat gsi, u mir sy e Stund ga lige. Nächär hei mer is dunde troffe, wider halb läbig. I trinke nie Cognac, i ha ne nid gärn, aber itz han i komischerwys ds Gfüel gha, numen es Cognac bring mi wider uf d Bei. Ds Romy het gseit, äs nähm ou höchschtens i Notfäll, aber das syg eine. Ire chlyne Bar hei mer du öppis Ähnlechs wi Cognac übercho, e drüstöckige het is das Fröilein ygschänkt, i schmale, höche Gleser. Itz isch es Mordiopalaver losgange. Der Wirt het gfutteret, si heig zvil ygschänkt, em Wirt sy Brueder het gmeckeret, si heig di faltsche Gleser gno, u ds Meitschi het es französisches Büechli füregno u ne bewise, dass si beid Lööle syge. Jedefalls het das Gsüff der Zwäck erfüllt. Plötzlech hei mer gmerkt, dass mer scho meh weder e Halbstund a däm Buffet stö, zäme brichte u wider puurlimunter sy. Bi längem hei mer de gseh, dass mer wyt u breit di einzige wybleche Gescht sy, was vomene runde Dotze Manne usgibig isch kommentiert worde de Blicke aa. Di zwo Frömde, wo stinkfräch ine Mannebar gö u scho zmittag aafö schnapse, sy sicher z Leonessa ds Tagesgspräch gsi. Vo denn aa, won is ds Fröilein zwe Telefonjeton het usegä, wül's kei Münz gha het, hei mer nume no glachet. Mir sy ordeli überdrääit gsi u hei ds Läbe wider unheimlech luschtig gfunde. Mi schüttlet's hüt no bi der Vorstelig, wi mer beide stumm vor is häreglitte un is Müei gä hei, is nüt la aazmerke, u derby isch di anderi glych lingg dranne gsi. Mi het di Gschicht i der Bar no speziell glunge düecht, wül i genau das erläbt ha, won i mer i mym nöie Buech us de Finger gsugget ha: Zwo Froue einsam ire Mannebeiz. I bi mer vorcho wi denn, wo mer dä vo mir erfundnig, südfranzösisch Baschterhund z St. Tropez lybhaftig isch etgägecho.

Mir sy du no im Hotel ga ässe, ungärn, aber süsch hei mer niene öppis übercho. Zur Fyr vo üsem Überläbe hei mer zäme e gueti Fläsche Rote trunke und sicher zächemal Gsundheit gmacht. Mir zwo muuseleini i däm riisige Spyssaal, u vier Pärsone hein is versorget u gäng giftigeri Blikke gschuttet, wül's is so gar nüt pressiert het!

I ha no nie es Amulett gha oder e Talisman, i gloube eigetlech nid a settige Zouber. Aber sit eme Monet tragen i im Portemonnaie es italiänisches Telefonierschybli nache. Es tuet mi nid vor allem Übel beschütze, sicher nid, aber es erinneret mi jede Tag a das, won i z Leonessa glehrt ha: Es ma eim no so miserabel gah, me stirbt eifach nid, we d Uhr no nid abglüffen isch.

Deheim

Mys Bleistiftwedeli dünnet, es sy itz no zwöi. En ufmerksame Läser het das ir Rächnig u schickt mer es Bündli nöji, aber die chan i de würklech nume für ds Schrybe bruuche. Es sy luter Reklamebleistift vo verschidene Firma, da wett i mi de nid i d Nessle setze. Ds zwöitletschte vo dene Stüblikonzeptbleistift isch ganz es fürnähms. Uf schwarzem Grund isch es über und über guldig bedruckt mit däm Textilmuschter, wo französisch „pieds de poule", uf dütsch chly weniger elegant „Hahnentritt" heisst. A tüüre Kostüm het me das synerzyt vil gseh, d Coco Chanel het's gärn verwändet. Won i bi jung gsi, het's no es anders Dessin gä für gedigeni Aalegige, ou das isch nümm so im Schwang. „Prince de Galles" isch das gsi, meischtens fyne Wulestoff. Diskreti Schaggettchleider het me drus gschnyderet, u Herevestons.

Der erscht Lohn isch e wichtigi Sach, es Symbol derfür, dass en Abschnitt vom Läben abgschlossen isch und e nöien aafat. I ha füfhundert Franken übercho denn, u für drühundertzwölf Franke han i mer im tüürschte Lade vo Bärn es schwedisches Chleid mit Faltejupe u taillierter Jagge gchouft. Drühundertzwölf Stei, i Kamel. Das wär hüt es zwöituusigfränkigs Modäll! Aber i ha's mängs Jahr gha, wenigschtens sövel. So sturmi Äxtravaganze leischten i mer scho lang nümm. Mir hei halt ds Gäldusgä nid vorhär chönne üebe, wül mer gar nie gha hei. Allwäg wäge däm hei mer alli dreie üses erschte Gäldli so verdummet, myne Schwöschtere isch es ähnlech gange.

Am Samschtigvormittag bin i uf Bärn ga vorläse u ha ganz es feins, gspürigs Publikum aatroffe. I ha intressanti Lüt lehre kenne u gueti Gspräch gfüert. No ganz erfüllt u rundum zfride bin i nam Zmittag vor em Loeb düregjogglet u wahrhaftig vor nes Tram glaueret. I ha das bis itz nie chönne begryffe, dass d Lüt so plan- u chopflos chöi uf der Strass umehürsche, aber i bi wi nes Huen uf di Tramschine tschalpet und ersch erwachet, wo's glüet het wi wild. Im alleriletschten Ougeblick het mer e guete Geischt gchüschelet, i söll my Verzwyfligsgump hindertsi mache. Wenn i füretsi wär, müesst der Bund um ne nöji Stüblischrybere uus.

Wül i scho grad z Bärn bi gsi, bin i am Namittag wider einisch a d Houptversammlig vo de ehemalige Marzilianere. Üse ehemalig Religionslehrer, der Jakob Amstutz, het über ds Uswandere gredt. Er het usgfüert, wi der Mönsch eis über ds ander Mal mues uswandere, ou wenn er am Ort blybt. Zum erschte Mal wanderet er uus, wenn er der Muetterlyb verlat und i di chalti, unbekannti Wält ynegebore wird. Und us jeder vertroute Läbensphase mues er sech wider löse und i d Frömdi useträtte, gäng u gäng ume, bis er am Schluss im Tod wider zruggchunnt, hei i d Geborgeheit. Wenn es Chind nid cha lehre deheime sy, wenn's nid Heimat cha erfahre, de wird es sech speter niene chönne heimisch füele. Aber wenn es d Heimat i sech treit, de nimmt es se mit i ds Läben use u cha nie ganz heimatlos sy. Ab em Ufeloufe han i mym eigete Heimatbegriff und myne verschidene „Uswanderige" nachegstudiert u gfunde, der Jakob Amstutz heig rächt.

Won i a mym Gartetööribuech gschribe ha, isch mer ersch bewusst worde, wivil der Mönsch us syr Chindheit i ds Läbe mitnimmt, wo ne prägt, wo syni Vorstelige beyflusst, wo sys Verhalte bestimmt. Der gröscht Teil vergisst me ja, aber es isch alls no vorhande u würkt wyter, ou we me's nid merkt.

Mir isch jedi Uswanderig us eim Läbesabschnitt i ander dür irgend es markants Detail im Sinn blibe. A der Schüeleryschrybig het mer d Lehrere nid wölle gloube, dass i scho chönn läse u bis uf hundert zelle. A d Sekprüefig bin i mit ere alte, bruune Lädertäsche vo der Mueter, und am erschte Semertag het i der Pouse eini e ganzi Tafele Schoggela gässe. U der Ytritt i ds Bruefsläbe han i äbe mit däm unüberleite Chleiderchouf yglütet. Am Hochzyt isch ds Zmittag chalt gsi, u zum erschte Chind het mer e Kollegin Rose i ds Spital gschickt, won i nie gseh ha. I bi scho hei gsi. Es isch nid jeden Abschnitt ring gange, aber jeden isch wichtig gsi u het syner Spure hinderla. Jahrringe seit der Jakob Amstutz. Dä Abstächer i my Seminarzyt het mi o glehrt, dass me zwar zruggcha, aber me isch nümm deheim, nume z Visite. D Ygangstüre het no glych hert wi früecher, d Sunne im Aubussonteppich het gäng no sibezäh Strahle, es isch gäng no chalt ir Aula. Aber deheim bin i dert nümm.

Der Bundesrain isch no glych strypper, d Stägetritte hei no

di glych dummi Töifi, wo me zoberscht eis Bei lenger het, der Hydrant steit no glych blöd halb i der Stägen inne zwäg zum Drübergheie. Aber albe bin i i zäh Minute ufe Bahnhof gchuttet, we's pressiert het, ohni Härzchlopfe, ohni Verschnuufpouse. I kenne ne zwar no, aber es isch nümm my Wääg.

I bi eigetlech i jeder Zyt und a jedem Ort deheime gsi. Vilicht äbe, wül i Heimat i mir ha sit der früechschte Chindheit.

Vilicht man i wäge däm nid hälfe mys Land beschimpfe. Es louft vil chrumm, das isch wahr, aber es louft o vil richtig. Es isch nid ds beschte vo allne Länder, aber es isch mys Land. Und wül's eso isch, win es isch, u wül i hie ufgwachse bi, drum han i's gärn u bi drinn deheim. Vo der Bahnhoffassade hei mer grossi Buechstabe etgägeglüüchtet als Sinnbild für öppis vo däm, wo üses Land zur Heimat macht: BAHNHOF GARE STAZIONE STAZIUN.

Di Läsig am Morge han i übrigens bi der VASK gmacht. Das heisst Vereinigung für Angehörige von Schizophreniekranken. Ds Lexikon het wider häremüesse. Schizophrenie: Schwere Geisteskrankheit, Irresein durch Aufspaltung der Persönlichkeit. We me sich sälber verlüürt, we me i sich sälber nümm cha deheime sy, de isch das di schlimmschti Heimatlosigkeit, won es nume git. Un es isch d Ufgab vo de Gsunde, dene Chranke, sowyt es müglech isch, chly Heimat z gä.

Farbige Advänt

So, de wäre mer itz also sowyt, hüt chunnt ds letschte Bleistift dra. Ersch grad han i aagfange, über di farbige Stäckli nachezdänke, un itz han i se tatsächlech düregla. Das Jahr isch wider verbygchuttet, i ha fasch nid nachemöge mit läbe. Ussergwöhnlechi Ereignis han i eigetlech nid vorzwyse, es isch mer öppe das passiert, wo vilne andere. Di paar Sache, wo vilicht chly us em Rahme gheit sy, die het nid dr Himel uf mi abegschneit, die han i sälber i d Gäng gä. Dä Morge han i imene Blettli uf dr Fragensietanteberthaumratsyte e Stossüfzger gfunde vore Frou, wo allem aa mit ihrem Alltag Problem het. Si versteit sech guet mit em Maa, het drü nätti Chind, isch gsund, het gnue Gäld u byschtet: „Warum ist mein Leben bloss so langweilig?" Du eifältigi Babe, han i grad müesse dänke, chunnt dir itz würklech nüt Gschyders i Sinn, als z chirme? Du bisch längwylig, nid ds Läbe.

Das Dezämberbleistift isch chly wienächtlech aaghuucht. Es het zwo Farbe, es dämpfts Bruunorange un es matts Wyss. Mit chly guetem Wille chönnt me sogar vo Silber rede. Ds hinderschte Drittel isch orange, fasch zussersch het's es wysses Ringli, drunder d Fabriggmargge u ds Härstelligsland, äbefalls wi nes Ringli härebüschelet. Wyssi, füfzaggigi Stärndli i vierne Grössine sy unregelmässig über das Orange verzütteret, so wi di winzige Dinggelääri us farbiger Folie, wo me nöierdings uf ds Wienachtstischtuech ströit. Gseht gwüss no fyn uus. Di andere zwe Drittel vom Stift sy wyss u d Stärndli orange, teil usgfüllt, teil e zaggete Umriss. Me mues es zersch chly aaluege, bis me ds Wienächtleche merkt. Es het nüt Glitzerigs u Kitschigs

a sech, es isch es warms u fründtlechs Adväntbleistift. Eigetlech wär ja scho ds warme Lüüchte ds Wichtigschte a der Zyt, nid dr chalt Metallglanz.
Fäärn hei my Maa und ig d Adväntszyt still, warm u rüejig verbrunge. Mir hei nämlech em hiesige Rummel der Rügge gcheert u sy uf Lanzarote i d Ferie. I dr Wonig vome Bekannte hei mer is ygnischtet, diräkt am Meer, es isch einmalig schön gsi. Ds Wätter het zersch chly gmuderet, ömel für kanarischi Begriffe. We's dert e Viertelstund rägelet, was sowiso numen im Winter vorchunnt, de säge si däm scho e Rägetag. Am Aafang isch der Saharaluft gange u het bruune Sand uf em Balkon la gheie. Über hundert Kilometer wyt het er di Ladig gfergget, es het jede Morge schier e Ghüderschufle voll gä. Am dritte Tag het de dr Luft gcheert u d Wulche verjagt. So nes verlüffnigs Schütteli het's scho albeneinisch gä, schliesslich isch dert vom Dezämber bis im Horner Rägezyt. Si hei nume ganz wenig Niderschleg dert, Lanzarote isch nid höch, u d Wulche gö drüber ewäg. Üs zwöine isch ds Umeplegere no gly einisch uf ds Gäder gange. Mir hei es Outo gmietet u sy di Insle ga uskundschafte. Si isch nid so gross, un es git sicher nid mängs Wägli, wo mer ussegla hei.
I chönnt die Gägend mit nüt verglyche, won i scho gseh ha. Chegelstumpf steit näbe Chegelstumpf, alls erloschni Vulkane. Schwarz, bruun u rot sy di Bärge, der Härd, we's überhoupt es Schüümeli het, isch orange wi mys Bleistift. Fruchtbar isch es nid dert, d Lava isch no obenuff. Dr letscht Usbruch vor öppe zwöihundert Jahr het meh als zwöihundert Quadratkilometer verwüeschtet. E toti Landschaft, es wachst rein nüt. Si steit under Schutz, me darf nid eifach drin umefahre. Uf de Tafele zänne eim chlyni

Tüfle aa, u me het würklech der Ydruck, es gang der Höll zue. Eis schmals Strässli füert uf ne Bärg ufe, dert mues me ds Outo la stah und umstyge ine Car. De charrle si eim mit Musigbegleitig u drüsprachigem Kommentar dür halsbrächerischi Wägli i der Urlandschaft ume. Beschrybe cha me das nid; es isch grossartig u tschuderet eim. Bim Carparkplatz isch ds Füür no fasch zoberscht. Dorngstrüpp geit grad vo sälber aa, we me's ines Loch abegheit, so heiss isch dert der Felse. We me Wasser abeläärt, schiesst nach paarne Sekunde e Dampffontäne gäge Himel. I dr unvermydleche Wirtschaft näbezueche röschte si d Hüenerbei uf dr Hitz us em Ärdinnere. Ungloge. Verruckt gmüetlech het's mi nid düecht.

Wo's nid ganz so tod isch, wird chly buret. Das het is gä z dänke. Kilometerwyt Kaktusfälder, wo si Cochenillelüüs druff züchte für violette Farbstoff. Es müesams Brot. Unändlechi Räbbärge, total anders als bi üs. Duele näbe Duele, alls überzoge mit ere choleschwarze Schicht vo Lavaschlagge. Di poröse Bröcheli halte ds Tou zrugg u gä's a d Wurzle ab. Jedes Loch isch yghaaget mit eme durchlässige Steimürli, drinne schnaaget e Räbstock em Bode nah. Zibele, Melone und allergattig Gmües wärde o so zoge. Dä schwarz Überzug mues nach dryssg Jahr usgwächslet wärde. Härd und Wasser sy knapp, aber es wär subtropisch dert. Das merkt me a de huushöche Gummiböim i de Dörfli, u a de Wienachtsstärnstude, wo bi üs e Stube würde fülle. I hätt's ring no wyteri zwo Wuchen usghalte, hätt de di frömdartigi Flora gstudiert.

Wi die dert bure! Teil Ächerli sy meh Gärtli, Maschine gseht me nid vil. Esle und Dromedar, Schaf- und Geisseherde. Vilicht sött me di Frou us em Heftli chly uf Lanzarote i Landdienscht schicke, dert vergieng cre de d Längwyligi. D Houptynahm isch der Tourismus, aber er überbordet scho, wi a vilne Orte. Wasser, Strom, alles geit dert über ds Ärdöl. Da isch di ganzi forcierti Entwicklig zimli fragwürdig. Si hei scho itz zvil Sidlige der Küschte nah, aber si boue wi di Verruckte. Gfeligerwys sy längi Streckine felsig u wild. Aber i wott mi da nid wichtig mache u Richterlis spile. Wenn i dert deheime wär, müesst i ou luege, win i zu mym Verdienscht chäm. En unberüerti, paradiesischi Landschaft cha me nid ässe.

Das isch vor eme Jahr gsi. Hüt schynt d Sunne i Schnee, der Wald isch es Wintermäärli. Das isch halt o schön. Hoffetlech het di Pracht no chly.

1991
Mittelalter, vo wytem aagluegt

Milde und Macht

Itz isch das Jahr vo de ändlose Feschtivitäten also usbroche. D Eidgenosseschaft het sibe Jahrhundert uf em Buggel, Bärn sogar achti. Keis Wunder, dass beidi mängisch afe chly chrüzlahm derhärchöme, die drückt, die Burdi, die drückt! Derby nähmi doch gloub Verstand und Wysheit zue mit em Alter, de sötte eigetlech es paar Bräschte ychemöge. Öpper het mi wäge däm vilkommentierte Kulturboykott aaghoue, win i's heig mit däm. Eee – di ganzi Sach geit mi äbe nid vil aa, i mache einewäg lieber das, wo mir passt, als das, wo me vo mer erwartet. Mit dene Jubiläümer han i's eso: Entweder han i öppis z säge, de sägen is's, oder i ha nüt z säge, de schwygen i. Intellektuell oder ideologisch useputze tuen i keis vo beidem.

Letschte Summer han i einisch e Burdlefer ghöre vo de Zähringerstedt im Schwarzwald schwärme. Es git ja so ne Fründschaft under dene Zähringerorte i der Schwyz u z Dütschland, die isch zimli läbig. Es gab dryzäh anerchennti Zähringergründige, han i verno, u da isch bi mir es Zwänzgi abegheit. I bi e Bärnere, i schrybe ine Bärnerzytig, dryzähmal im Jahr, Bärn isch c Zähringerstadt – myni Einenünzgerstübli hei's vo dere mittelalterleche Herrscherdynastie u vo ihrne Stadtgründige. Historisches nume ds Nötigschte, da gäb's e Huuffe Lüt, wo das besser chönnte. Di jewyligi Stadt isch eifach der Nagel, won i Bilder, Ydrück, Betrachtige, Gedanke drann ufhänke, win i's färn mit de Bleistift gmacht ha. I ha im Sinn, di Ortschafte im Louf vo däm Jahr ga aazluege, sowyt i se no nid kenne, aber i mues grad mit ere Usnahm afaa. Uf Weilheim an der Teck, wo di Zähringergschicht ihre historisch verbürgt

Aafang gno het, gahn i nid, da fählt mer d Zyt. Meh als füfhundert Kilometer fahre u zwe oder drei Tag versuume für eis Stübli, das wär doch de chly d Chatz gstrouhälmlet. Das Weilheim isch nämlech änefür Stuttgart, u das isch mer also z wyt.

Me weiss nid vil vo dene Zähringer, si hei kei eigete Chronischt gha. U dennzumal isch sowiso no nid sövel ufgschribe worde wi hüttigstags. Si sy es verzweigts, yflussrychs Grafegschlächt gsi im schwäbisch/alemannische Ruum. Sicher isch, dass der Bertold I., dä mit em Bart, 1024 gebore u 1078 gstorben isch. Er het ungfähr um 1050 bi Weilheim e grossi Burg la bouen als Herrschaftssitz u het ds Hus-Chloschter St. Peter gründet. Beides isch churz druuf ime Stryt zwüsche Papscht u Cheiser zerstört worde. Der Bärtig gilt als Stammvatter vo der Houptlinie. Er wird wohl ou e Vatter gha ha, aber vo däm weis me no weniger, nämlech gar nüt. Di Houptlinie isch nach zwöihundert Jahr mit em Tod vom Bärner Stadtgründer wider erlösche. Em erschte Bertold isch für churzi Zyt ds Herzogtum Kärnten übertreit worde. Er het sys Untertaneland vermuetlech gar nie gseh, aber är u syner Nachkomme hei sech vo denn aa Herzog gnennt, was vo Finde u Gägner no lang isch kritisiert worde. Ursprünglech sy's eifach d Bertolde oder d Berchtoldinger gsi. Aber der zwöit Bertold het der Familiesitz ine Burg bim Dorf Zähringen verleit, und itz hei si Herzög vo Zähringen gheisse. D Zähringer hei es klars Zil verfolget: Es Territorium, wo zämehanget, mit sichere Vercheerswääge u Gränze, wo ring sy z verteidige. Si hei gschickt politisiert, ghüratet u gerbt, u hei ihres Yflussgebiet vom Schwarzwald bis i ds hütige Waadtland usdehnt u mit Befeschtigung und Usbou vo bestehende Ortschafte u nöie Stadtgründige gsicheret. Ihres Wärk isch nach em Tod vom füfte Bertold 1218 usenandgheit. Us ihrer Zyt het fasch gar nüt überläbt, aber ds Aadänke a die erstuunlech fortschrittlechi u reformfröidige Herrscherfamilie isch i de Zähringerstedt no gäng läbig. Nähm mi wunder, vo welem hütige Politiker i achthundert Jahr no gredt wird.

„Milde und Macht" steit uf eme moderne Zähringerdänkmal z Freiburg i.Br. als Motto für di ganzi Zähringerpolitik. Milde und Macht, nid umgekehrt, das isch scho ne ungwöhnleche Wahlspruch für ds Mittelalter. Milde verstahn i i däm Zämehang als Aaständigkeit, Ehrlechkeit, Grosszügigkeit u Wytblick. Politiker sötte mit der Macht wüssen umzgah. Macht isch e neutrale Begriff wi Gäld oder Medie, weder guet no schlächt. Es chunnt eifach druf aa, wär wie dermit was aafat. Was mi a üser Politik vo der underschte bis zur oberschten Etage am meischte u gäng wider stört, das isch der Mangel a mönschleche Qualitäte. Es wird scho chly vil gvetterlet, gloge, dräckelet, bschisse, für däm Chind einisch der richtig Name z gä. Ds Volk het gnue vo der Art Politik, es wott nid so regiert wärde, es isch lengschte stocksuur, aber si gloube's gäng no nid, si wei's cifach nid mcrkc dcrt obe. Für ne Radiosändig han i einisch es Lugigschichtli gschribe, das isch gäng no eini vo myne Lieblingsvisione: Opa-WK, obligatorische Parlamäntarier-Aastandswiderholigskurs. Jedi Ratsfrou u jede Ratsheer mues vor der Session zäh Lektione Aastandsunterricht bsueche. I zitiere us em Fächeraagebot: Zuelose, der ander la usrede, der ander ärnscht näh, anderi Meinige lehre reschpektiere, Vermyde vo Clichés u Widerholige, Trainiere vo Verständnis- und Kompromissbereitschaft, Lektione zur Sterkig vom Rückgrat, Entwickle vo Ehrlechkeit u Zivilcourage. Wär am erschte Sessionstag nid dr Uswys für lückelose Kursbsuech cha vorwyse, überchunnt kei Redeerloubnis. Klar, das hätte nid alli nötig, aber schade tät's ou dene nid.

Mir gö sträng de Wahle zue. Darf i dene Kandidate das Zähringer-Motto a ds Härz lege? Dass si sech de im Parlamänt würklech so überdurchschnittlech guet metzge, wi si vor der Wahl aaprise wärde. U dir Wähler, tüet nid hindernache gränne, stimmet lieber de Aaständige.

Zähringen

Im sogenannte Investiturstryt hei Papscht u Cheiser drum zangget, wär di Äbt und Bischöf dörf ykleide u i ds Amt ysetze, wo nes Rychsläche gha hei, wo also geischtlechi u wältlechi Fürschte gsi sy. Es isch um Macht u Gäld gange, wi gäng. Dä Krach isch mit Waffe usgfochte worde und het sech dür mängs Jahrzähnt zoge. Die, wo ne hei aazettlet gha, sy nid sälber ufenand los, ihri Truppe hei d Chöpf häregha. Wi gäng. E Huuffe Unbeteiligti sy dryzoge worde u hei under der Ruflete glitte. Wi gäng. Wi wyt d Zähringer, oder denn no d Bertoldinger, sy dry verwicklet gsi, weis me nid, jedefalls hei em Bärtige sy Limburg u ds Chloschter z Weilheim o müesse dra gloube. Der Suhn vom Bartli, der zwöit Bertold, het du mit em Cheiser e Verglych gschlosse u dermit der Herzogtitel u d Rychsvogtei über Züri für sys Huus grettet. Chloschter u Peterschilche z Weilheim sy zwar wider ufboue worde, aber em nöie Herzog isch allem aa das Pflaschter glych z heiss vorcho. Er

isch ömel mit syr Hushaltig i d Burg über em Dorf Zähringen züglet. Das syg der gröscht befeschtiget Adelssitz vo Süddütschland gsi. 1091 het der Herzog uf em Schlossbärg ob Freiburg no e zwöiti Burg la boue. Grad still isch di Züglerei nid vor sech gange, der Bertold II. het sech nid kampflos im Breisgau chönnen ynischte. Aber won er 1097 d Burg Wiesneck im Dreisamtal het eroberet und zerstört gha, isch d Zähringerherrschaft i däm Gebiet gfeschtiget gsi. Ds Dörfli Zähringen under der Burg het der Familie der Name gä un isch dermit i d Gschicht ygange.
Geschter han i my erschti Zähringer-Erkundigungstour under d Reder gno. Mit däm Dorf am Fuess vom Burgbärg han i zersch chly Problem gha. Nume uf alte Charte han i das Zähringen gfunde, uf de moderne list me nüt meh settigs. Ändtlech han i gmerkt, dass es als sälbständigs Dorf scho lang nümm exischtiert. Es isch hüt ygmeindet und en Ortsteil vo Freiburg. Uf der Charte han i im Norde vo der Stadt e Ruine usgmacht und aagno, das mües di Zähringerburg sy. Also han i das Zähringen theoretisch chönne orte. I ha nid wölle dür di ganzi Stadt fahre u ha drum beschlosse, i schlych dä Ort vo hinden aa. Ime Boge han i Freiburg umrundet u in St. Peter afe gfragt, win i am ringschte i das Zähringen chömm. Dür ds Glottertal. Guet, bin i dür ds Glottertal ab. Im längzogne Dorf, wo glych heisst, bin i usgstige u chly umegwanderet. Bim Gasthaus „Zum goldenen Engel" hei zwöi wunderschöni Wirtshuusschilder mys Härz erfröit. Ganz schön zwäggmacht isch das alte Holzhuus, aber si hei Betriibsferie, i ha's innefür nid chönne ga luege. D Chilche isch nöigotisch, ha scho strüberi gseh, aber eme Kunschthistoriker würd's gloub hinderesträhle. Alls i allem nüt Ussergwöhnlechs, i kenne schöneri Dörfer

dert umenand. Ohni dä Fernsehrummel um d Schwarzwaldklinik wär's nid berüemt worde.

I bi du ömel uf das Freiburg ynecho u richtig im Ortsteil Zähringen glandet. Zersch bin i e Zytlang imene unsäglech längwylige Wohnquartier umeglüffe, wo grad so guet z Züri oder z Gänf chönnt sy, bis i gmerkt ha, dass ds alte Dorf meh am Hang ligt. Uf settige Expeditione gahn i albe gschyder eleini, i bi feiechly umeghürschet. Strassenäme u Beizli erinnere no a d Gründerfamilie, aber süsch isch o das Zähringen es Dorf vo vilne. I bi fasch echli enttüüscht gsi u ha mi gfragt, öb my Usflug i ds Mittelalter würklech e gueti Idee syg. E Wäägwyser zure Ruine han i niene gseh, aber es isch so schöns Wätter gsi, dass i uf ds Gratwohl no chly der Hoger ufgfahre bi, dür nes schmals Strässli, wo du zimli plötzlech ufghört het, mitts im Wald. U wo bin i da gsi, wo? Bim Wägli, wo zur Zähringerburg ufefüert. Myni Läbesgeischter sy wider munter worde, i ha ds Outo la stah u bi düre Wald uuf. Un i ha ne gfunde, dä herrschaftlech Familiesitz. Vil isch nümm z gseh, di ufgmuureti Plattform mit em Ysegländer u der Turm mit de Zinne sy nöi. E gueti Stund bin i mueterseeleneleini a däm Hoger umeturnet u ha mer di Aalag probiert vorzstelle. U hie obe, zwüsche alte Böim, absyts vo Lärme u Pfudere, het e Huuch Vergangeheit gwääit, un i ha ds Gfüel übercho, itz syg i doch no am Zil. Us em alte Muurstück wachst e grüüsligi Bueche, settigi Würze han i no nie gseh. Dryssg Santimeter dick chlammere si sech a di Steine u zwänge sech i d Spält. Es mues en alte Boum sy, Bueche wachse langsam. Das Naturdänkmal het mer no am meischte Ydruck gmacht. Es isch mer einisch meh dütlech worde, was der Mönsch u syner Wärk uf d Lengi wärt sy. Nid vil.

Chly underhalb vo der Burgruine sy Boubaragge, es Förderband und e riisigi Boustell. Im erschte Momänt han i dänkt, da spinni öpper, es Hallebad oder e Kunschtysbahn z boue, so näbenuss uf em Bärg obe, mitts i de Böim. Aber es isch en archäologischi Usgrabig. Im 4. u 5. Jahrhundert isch hie e gwaltige Palascht gstande, Residänz vomene alemannische Fürscht. Wül en ufmerksame Spaziergänger vor zwöine Jahr e blaui Glasperle gfunde het, isch me uf d Idee cho, dert z loche. Me het ersch itz realisiert, dass dä Hoger nid zuefelig als einzige wyt und breit so flach isch zoberscht. Di ursprünglech rundi Kuppe isch vo dene Alemanne abtreit und umglageret worde, jedi Schufle Härd u jede Stei vo Hand füretischet zure Flechi vo zwöihundert Fuessballplätz. U was gseht me hüt no vo däm Riisewärk? Zäh, zwänzg Are Steine, Müürli und Absätzli, dert wo d Forscher grüblet hei. Der Laie cha nid vil aafa dermit. Der gröscht Teil vo der Aalag isch überwachse, verschwunde, vergässe. D Zähringer hei also ihri mächtigi Burg uf eme alte, bedütende Husplatz ygrichtet und allwäg nüt gwüsst dervo. Und i stopfen itz uf Zähringerboden ume u finde nüt meh als paar Muurräschte.

Werum chunnt mer itz ou dä irakisch Grossmufti i Sinn? Dä bögget sech äben ou uf ere vil eltere u vil bedütendere Kultur. I Mesopotamien hei im Altertum d Assyrer u d Babylonier gläbt. U vergliche mit dene isch der Saddam Hussein e näbesächlechi Episode, historisch gseh.

Am Turm vo der Zähringerburg het's e Tafele. Nach dere isch hie e Hans Joachim Moser vom Blitz troffe worde. Öb ne der Blitz erschlat, öb ihm e Bombe uf e Chopf gheit, oder öb er a Altersschwechi stirbt, das weis keine. Aber sövel isch sicher: Einisch mues jede aaträtte u Rächeschaft ablege, Cheiser, Papscht u Fürscht, Saddam, Bush, Meier und Kohler.

St. Peter

Eigetlech git's mi ja scho lang, lang nümme. Vor achthundertachzg Jahr han i my letschte Schnuuf ta u bi hie im nöie Hus-Chloschter vo der Zähringerfamilie bestattet worde. Im glyche Jahr, 1111, het ou my Frou hie ihri letschti Rue gfunde. Si hei mi ja synerzyt nid wölle la Herzog vo Schwabe wärde, aber e schwäbischi Herzogstochter z hürate, da hei si mer nid chönne dervorsy. D Agnes vo Rheinfelden het mer under mängem andere ds ganze Burgund ygcheert.
Speter sy no acht wyteri Mitglider vo myr Familie hie bygsetzt worde. Paar Chnocheräschte i zwene Bleisärg, das isch alls, wo von is fürbliben isch. U d Erinnerig. Für die han i sälber gsorget. I ha's guet usgstattet, das Benediktiner-Chloschter; Vogteie i der neechere Umgäbig, Dörfer und Pfarreie vo Weilheim über ds Breisgau bis zur Probschtei Herzogebuchsi hei derzueghört. U d Verpflichtig, ds Aadänke a d Stifterfamilie in Ehre z halte. D Mönche hei di Uflag über sibehundert Jahr lang mit Gedänkgottesdienschte a de Todestage gwüssehaft erfüllt, bis ds Chloschter 1806 vom Grossherzog vo Baden isch ufghobe worde. Er isch e Zähringer-Sprösslig gsi, dä Grossherzog. So spilt ds Läbe. Es isch e gueti Wahl gsi, dä Platz für di Chloschtergründig. E Hochäbeni über de Täler vo der Glotter, vom Iben- u vom Eschenbach, im Rügge der Kandel, im Blick der Fäld-

bärg, öppis meh als zwo Meile hinder üser Stammburg. Hüt wäre das achzäh Kilometer. E gueti Lag für ds geischtige Zäntrum vo mym Yflussgebiet. Mönche vo Hirsau han i häregreicht, wo nach de fortschrittleche Regle vo de Clunianzenser gläbt hei. I ha St. Peter nid als Stadt planet, es isch ou nie eini worde, u glych isch es i vilne Chriege plünderet u verwüeschtet worde, u viermal isch es ganz abbrönnt. Hüt säge sin ihm Luftkurort, un es wohne öppe zwöituusig u drühundert Seele da. Es isch di chlynschti blibe vo allne Zähringergründige.

Werum i das alls weis? Si hei mi i Stei ghoue un uf dä Brunnesockel gstellt. Scho lang stahn i da uf em Bertoldsplatz, grüschtet und gwappnet, luege, was geit, lose, was d Lüt brichte, mache mer Gedanke über d Zyt u d Wält. I gseh under em breite Torboge i Chloschterhof yne, über d Decher grüesse mi di zwe Zibletürm vo der barocke Chilche. Der Vorarlbärger Boumeischter Peter Thumb het se 1724 bis 1727 boue. Näb em Hochaltar lige d Überrächte vo myr Familie, paar Brösmeli vo mir wärden ou no derbysy. Di berüemti Klais-Orgele ma nid bis zu mir übere, aber i ha dervo ghöre rede. Im Chloschter syg e ydrucksvolli Bibliothek, e prächtige Rokokosaal mit ere Galerie ringsetum und eme schöne Parkettbode. Di mächtigi, rächteggigi Aalag glycht mym bescheidene Chlöschterli nüt meh.

I wett nid bhoupte, i syg übertribe glücklech uf mym Pfyler obe, aber me richtet sech y. Zu Läbzyte bin i e ryche, aagsehne Maa gsi, hüt luegt mi sälten öpper aa. Der Platz isch nid gross, aber überstellt vo dene panzerete Sälberfahrwäge, wo vor öppe hundert Jahr sech hei aafa breit mache uf der Wält. D Lüt haschte zwüschedüre u sy schuderhaft pressiert. Teil gö zum Gäldhändler, wo hüt gloub

Bank heisst, anderi gö zum Chrämer näbedrann u chöme mit Sache use, won i mit em beschte Wille nid chönnt säge, für was me se bruucht. Aber am meischte gä mer die z dänke, wo dert i däm Budeli jede Tag vo däm nütnutzige Papier choufe, wo lang nach myr Zyt ds heblige Pergamänt verdrängt het. Mir hei no uf Chuehüt gschribe, u so ne Rolle het's gha für tuusig Jahr. Hüt choufe si Tag für Tag nöji vo dene dünne, wysse Fahne, studiere se u gheie se dänne. I gseh mängs der lieb, läng Tag. Dä Winter isch einisch eini cho, die het sogar vo mir Notiz gno. Zersch het si ihri stinkigi Bläächgutsche abgstellt, nächär isch si di lengschti Zyt um mi umegstopfet, het es schwarzes Chäschtli füregno u düregluegt. Me chönn Bilder mache mi däm Ygricht, aber i cha mer nid vorstelle, wi das söll gah. Plötzlech het si zue mer gseit: „So, du wärsch also der erscht, won i persönlech aatriffe vo dyr Sippe, i will di de ou entsprächend präsentiere." I ha kei Ahnig, was si dermit gmeint het. Druuf isch si gäge d Chilche übere, u speter han i se gseh dür ds Dorf loufe, gäng das schwarze Druckli vor em Gsicht. Wenn i chönnt rede, hätt se gfragt, werum si ihri Bei i graui Tuechröhre steckt. My Frou het längi, fliessendi Gwänder treit, wo mit weiche Falte ihri schlanki Figur umspilt hei. Dass si längi, schöni Haar het gha, ha numen i gwüsst; vor de Lüte het si se versteckt under der grosse Hube. Win es si denn gschickt het für ne tugendsami Ehefrou. Di Frömdi da het ihri Haar regelrächt usgschämt gsunnet, u derby het si weis Gott kei Grund, sech dermit z meine. Zu myr Zyt het me di schlächte Möntscher so churz gschore. Si isch de no einisch umecho, mit ere grosse Schachtle under em Arm, die het si sorgfältig i ihrem Bläächwage versorget. Das isch eh weder nid so ne Zytmässer gsi, en Uhr, wie me

seit. Alli Lüt hei Uhre, der Schindter weis werum. D Zyt chunnt u vergeit, öb me se misst oder nid. Item. Im Schwarzwald steit d Uhrmacherkunscht scho lang höch im Kurs. Im letschte Jahrhundert söll's über füfzg Uhrmacher gha ha i mym Dorf. Bevor di Frömdi ygstigen isch, het si mer no zuegwunke. Das hätt früecher ou keini gwagt, so i aller Öffentlechkeit. U nächär het si gseit: „Raffiniert hesch es ygfädlet. I der Chilchen äne stö nüün Zähringer uf ihrne Süülen obe, im Novämber wird jedes Jahr e Zähringertag gfyret, es git e Bertoldsbrunne, e Bertoldsplatz un e Zähringerstrass. Dir syt zwar lengschten alli vermoderet, aber ds Aadänke a dy Familie isch gäng no läbig i däm Dorf. Meh chasch nid verlange."
Eigetlech het si rächt, i cha zfride sy. U glych, o we's unbescheiden isch, e Wunsch han i halt scho no. I möcht, dass es öpperem i Sinn chäm, mir di moderni Wält z erkläre.

Bertold II.
Herzog von Zähringen

Villingen

Me sött nid i Schwarzwald, we's rägnet, denn macht er sym düschtere Name alli Ehr. Aber my Usflug i d Stadt im Brigachboge het sech trotz em muderige Wätter glohnt. Das Villingen, nördlech vo Donaueschingen im Kreis Schwarzwald/Baar, isch e Visite wärt bi jedem Himel. Es isch sehr en alti Sidlig, prähistorischi u römischi Spure bewyse's. Der Name isch alemannisch wi bi allne Ortschafte, wo mit -ingen, -igen, -ikon oder -ikofen ufhöre. Di Ändig bedütet öppe „bei den Leuten des...". Vordrann steit gäng der Name vom Sippechef. 817 het der fromm Cheiser Ludwig d Höf Filingun em Chloschter St. Galle gschänkt. Scho 999 het der Cheiser Otto III. eme Graf Bertold der Grichtsbann u Markt-, Zoll- und Münzrächt für sy Ort Filingun zuegsproche, beschti Vorussetzige für ne speteri Stadtentwicklig. Dä Bertold isch vermuetlech der Grossvatter vom erschte Herzog „mit em Bart" gsi, d Zähringer sy also bi der eigetleche Stadtgründig um 1100 scho lang fescht aasässig gsi i der Baar. E Herzog Bertold von Zähringen steit chly verlore imene Pärkli, uf sys mörderleche Zwöihandschwärt gstützt. Er het kei Ordnigszahl hinder em Name, wird aber uf em Sockel als Stadtgründer bezeichnet. Also mues es der Zwöit sy, wo mer vo St. Peter kenne.

Nach em Erlösche vo der Zähringische Stammlinie isch Villingen freji Rychsstadt u 1220 ummuuret worde. Zwe Befeschtigungstürm u drü vo vierne Tor stö no hüt. 1271 isch d Stadt fasch ganz verbrunne, vo denn aa het si sech ungstört chönne entwickle. Kei Brand het se meh verwüeschtet, kei Belagerig het Erfolg gha. Nume vo der Pescht isch si nid verschont blibe. 1349 sölle dreiehalbtuusig Mönsche am schwarze Tod gstorbe sy. Di Zahl meint allwäg di ganzi Umgäbig, d Stadt het im 14. Jahrhundert öppe zwöiehalbtuusig Ywohner gha, vil für ne mittelalterlechi Sidlig. Es fründtlechs Schicksal het Villingen la wachse u blüeie. D Schwarzwaldbahn het im 19. Jahrhundert e nöie Ufschwung bracht. Sit 1937 isch die Stadt e staatlech anercennte Kneipp-Kurort. Im zwöite Wältchrieg sy no zwo Kapälle, füfzäh Wohnhüser, vier Fabrigge un es Elektrizitätswärk zämegschlage worde. Gsamtverluscht sibehundertdreiesibezg Ywohner.

Wär sech für Architektur intressiert u sech chly uskennt i de Boustile, chunnt i der Altstadt vo Villingen meh weder numen uf d Rächnig. Ungloublech, was da no für historischi Bousubstanz erhalten isch. Ussert der typisch zähringische Aalag mit em Strassechrüz u de grosszügige Gasse isch wi a de meischten Orte nüt meh vorhanden us der Gründigszyt. Aber hochromanischi u gotischi Elemänt a de Hüser sy nid sälte, u Renaissance, Barock u Nöizyt gö zwanglos inenand über. Es git ganzi Strassezüg, wo jedes einzelne Huus e Sehenswürdigkeit isch. U ds Beschte isch no, dass di Stadt überhoupt nid wi nes Museum würkt; di schöne Fassade sy so läbig wi d Lüt uf der Strass. Ds Münschter, wo me scho 1130 het aafa boue, isch leider nid grad es guets Byspil für di organische Entwicklig. Jedi Generation het a däm, wo si vorgfunde het, umedokteret u's verbesseret uf ihri Gattig, und entsprächend ungrymt isch es de ou usecho. Chürzlech het me di komischi Mischig renoviert, un itz isch halt di Chilche, wi si isch.

Zmittag bin i im drühundertjährige Gasthaus zum Löwen ga Schwäbische Maultaschen ässe und ha uf der Spyscharte no grad e Huuffe Wüssenswärts chönne läse. Villingen isch scho früech e bedütende Ort gsi, Chlöschter u Zünft hei e wichtigi Rolle gspilt. Es isch Poschtstation worde zwüsche Bärn u Stuttgart. Es gschlagnigs Dotze Müline hei d Ywoner u di vile Reisende mit Brotmähl versorget, d Chornfueder hei a de Märite der ganz Münschterplatz überstellt. Es het e Zylete Wirtshüser gha, wo zum Teil no hüt betribe wärde. D Obrigkeit het zu allne Zyte gwüsst, wo si ds Gäld härnimmt. Jedes aagstochne Fass

Wy oder Bier isch vom staatleche Kontrolleur uf eme sogenannte Kerbholz ygschnitte worde, u der Wirt het de müesse Stüüre zale je nach Umsatz. „Vil uf em Kerbholz ha" isch scho lang zu re allgemeine Redensart worde, wo im übertragene Sinn für jedes Läbensgebiet gilt. Me macht ja ou Schulde, wo nid mit Gäld chöi us der Wält gschaffet wärde, u die drücke eim meischtens no am hertischte. Das Kerbholz entspricht natürlech üsem Chnebel, wo uf nes ähnlechs Ygricht zrugg geit, nume het der bärndütsch Spruch die ursprünglechi, finanzielli Bedütig bhalte. We men öppis „ufe Chnebel" nimmt, heisst das gäng no, me nähm's afe u zali's de speter oder vilicht nie.

Bi mym Spaziergang dür di Strasse u Gasse, won i probiert ha, di Schönheit u dä Rychtum i mi ufznäh, han i mi undereinisch gfragt, wi mängisch dass i ächt scho so dür Stedt u Dörfer bummlet syg. Nid alli hei sövel z biete wi Villingen, wül gäng u gäng wider der Chrieg düre isch. Plötzlech isch es mer glych gsi, dass es mer ufe Chopf tropfet het, bi Sunneschyn chönnt i das alls fasch nid ushalte, han i dänkt. Wi mängs unersetzlechs Kulturguet em Chrieg isch zum Opfer gfalle, da darf i nid z lang drann umestudiere, das macht mit chrank. Vom mönschleche Eländ gar nid z rede. D Mönschheit het vil uf em Kerbholz i der Beziehig, oder besser gseit, einzelni Exemplar vo der Gattig; und usgrächnet die, wo di strübschte u di meischte Yschnitte hei uf ihrem Stäcke, wärde i de Schuelbüecher als di gröschte Helde gfyret. D Gschichtsschrybig isch ja leider meischtens Chriegsberichterstattig. Aber di vile Namelose, wo still u flyssig gwärchet, pflanzet, boue, gmale, Chind ufzoge u Stüüre zahlt u dermit ds ganz gwöhnleche Läbe jede Tag gäng früsch wider im Gang ghalte hei, die hätte eigetlech ou verdienet, dass me se i de Gschichtsbüecher tät erwähne. Ohni die alli wär nämlech kei Herrscher das, won er sech ybildet. Ou üser Zähringer hei ihri Politik uf em Buggel vo dene usgüebt, wo hüt niemer meh vo ne redt.

Ab em Heifahre han i mer überleit, wi ächt mys pärsönleche Kerbholz e Falle mach. Es isch gloub e rächte Chnebel. Vil oberflächlechi Chrible han i glettet oder vergässe, aber es paar vo dene Hicke sy z töif, da nützt alls Poliere u Verdränge nüt. I cha nume hoffe, es gäb irgendwo no en andere Chnebel mit paarne Pluspunkte, u der eint wärd am Schluss mit em andere verrächnet. Wen i Glück ha, geit's uuf.

Rheinfelden

Es isch e verzwickti Aaglägeheit, di Gschichtsschrybig. Bi gäng wi meh froh, han i synerzyt nid gstudiert, i betrybe di Sach würklech gschyder hobbymässig. Aber intressant isch es, i chume der Zähringergschicht itz glych langsam ufe Sprung. Wi die politisiert hei, di reinschti Vetterliwirtschaft. Gäng amen Ort e Fuess i der Türe, hie e Brueder gschickt placiert, dert e Schwöschter vorteilhaft verkupplet, da e rychi Erbin aaghalfteret. Der zwöit Bertold het zwe Brüeder gha. Der Gebhard isch Bischof gsi z Konstanz, der Hermann Mönch im Reformchloschter Cluny u Stammvater vo de Markgrafe vo Baden. Wi dä Hermann beides under ei Huet brunge het, isch mer nid bekannt. Aber yflussrichi geischtlechi Here i der Verwandtschaft, das isch öppis Gäbigs. Si sy guet für ds Renommee, un es lat sech zwanglos mänge Schick mache, we me d Finger ou no i däm Hafe drinn het.

Der Bertold het d Tochter vom Herzog vo Schwabe ghüratet, d'Agnes vo Rheinfelden. Mit ihrem einzige Brueder isch der Zähringer nid uscho, beid hei d Herzogschrone vom Vatter, resp. Schwigervatter wöllen ergattere, keine het Erfolg gha. Glachet het e Dritte, Friedrich von Staufen, Schwager vo der Agnes u Suhn vom Heinrich IV. Das isch dä, wo uf Canossa het müesse. Irgendwie isch me gäng verwandt gsi mitenand, aber krachet het men einewäg. Der Brueder vo der Agnes isch jung u chinderlos gstorbe, u so isch der umfangrych Besitz vo dere hochburgundische Adelsfamilie samt der Herrschaft Rhyfälde a d Zähringer übergange.

Der elter Suhn vom zwöite Bertold het als Bertold III. d Nachfolg vom Vatter aaträtte. Ygfädlet hätt er's guet; er het e Welfin zur Frou gno, es Mitglid vo der dritte wichtige Familie näbe de Staufer u de Zähringer. Leider isch er i der Schlacht vo Molsheim hinderrücks abgmurkset worde, u syni Getröie heige ne imene hohle Boumstamm uf St. Peter gschmugglet, won er näbe syni Eltere isch cho z lige. Er het also nume elf Jahr regiert. Müglecherwys isch er no i d Gründig vo Freiburg verwicklet gsi.

Sy jünger Brueder Konrad isch du Herzog vo Zähringen worde. En energische Heer, er syg no schier e Bueb gsi, won er d Gründigsurkunde vo Freiburg i.Br. underschribe heig. Da chumen i de speter druuf.

Mit der Erbschaft vo Muetersyte het sech der zähringisch Machtbereich bis uf Gänf abe usgwytet. 1127 het der Konrad no d Verwaltig vo Burgund überno. Hie isch nid ds spetere Herzogtum Burgund gmeint, wo der Burgunder wachst, es isch ds Gebiet vom Mittelland bis a Doubs hindere. Di chlyni Herrschaft Rhyfälde, grittligse über em Fluss, isch itz natürlech Guld wärt gsi als Angelpunkt zwüsche den alte u nöie Bsitztümer. 1130 het der Konrad di chlyni Sidlig, wo sech im Schutz vo zwone Burge het entwicklet gha, zur Stadt usboue. Sy Nachfolger, Bertold IV., het ds Stedtli erwytered und e Brügg la boue. A d Gründerfamilie erinnere hüt no paar Näme, di breiti Märitgass u di einigermasse rächtwinkligi Aalag vo de Gasse im konradinische Teil. D Gliederig i verschideni Ständ cha me no ganz guet abläse. Em Rhyn nah hei di hablige Bürger gwohnt, u chly rächts obe het me buret, me gseht's a de vile mächtige Tennstor. Und über allem throne d Chilche u d Sitze vom Adel u vo der Geischtlechkeit.

Rhyfälde het es wächselvolls Schicksal erläbt. Es isch Residänz gsi vom Rudolf vo Habsburg u het sech es Cheerli im fürschtleche Glanz gsunnet. Zwöimal isch es freji Rychsstadt gsi, aber z schwach, für sech uf d Lengi chönne z halte. Fasch füfhundert Jahr lang het es zu Öschtrych ghört. Wäge syr strategisch wichtige Lag isch es gäng u gäng wider umkämpft worde. Im Dryssgjährige Chrieg, 1618 bis 1648, isch es drümal belageret worde, einisch füfezwänzg Wuche lang. Wo d Bevölkerig uf em letschte Loch pfiffe het, heig sech e Schnyder i ds Fäll vom letschte Geissbock la ynääje u syg uf de Zinne ga spaziere. Wo d Schwede das feisse Tier gseh heige, syg ne di Sach verleidet. Das Näscht syg nid uszhungere, heige si gfunde u syge abzoge. Es Gloggespil lütet viermal im Tag zum Aadänke a dä Retter us höchschter Not.

Im Hof vom Rathuus steit e Tisch mit de Wappe vo de Zähringerstedt. Das Jubiläumsgschänk vo de Schwyzerstedt het mi chly i Zwyfel brunge. Ds Wappe vo de Zähringerherzög im Mittelpunkt zeigt nämlech e rote Adler uf Silbergrund. Bis itz hei die für mi en ufrächte, rote Löi uf Guld im Schild gfüert. Henu, mit chly Warte isch mer scho i meh als eir Frag es Liecht ufgange.

Rhyfälde isch richtig härzig. Praktisch vercheersfrei, Gässli, Eggeli, Plätzli, Höfli, alls sorgfältig pflegt. A tuusig liebevoll erhaltene Chlynigkeite han i mi gfröit. A de Husegge stö no d Abwyssteine, dass d Fuerwärch nid aafahre. Vilicht heisst eis Huus wäge de ungreglierte Fuerlüte „Zum Phaeton". Das isch der Bueb vom Sunnegott Helios gsi. Er isch mit Vatters füürigem Wage umegrösslet u het d Ärde aazündtet. Zur Straf het ne der Zeus mit em Blitz erschlage. Me sött di uvernünftige PS-Fuerme vo hüt vilicht ou chly drastischer bim Chybis näh. Vil Hüser hei no Näme: Zum Bock, zur Klapperrose, zum Drachen, zur Patronentasche. Im Haus zur verkehrten Welt wohne der Herr Spinnler u der Herr Saesseli. Das müesse ja fasch glatti Lüt sy mit dene Näme u dere Bhusig.

Vor der Stadt im Fluss ligt e Mocke vo Muschelchalch. Früecher isch e Burg druffe gstande, hüt isch dert es Pärkli. Paar vo dene höche Böim wachse druffe, wo mi scho e Wuche vorhär hei i Gusel brunge. I bi mit em Hund im Wald gsi u ha ne Ascht heigno, wo der Schnee het abdrückt gha. Zwänzg Santimeter längi, lockeri Trübeli mit grüene Früchtli sy dranne ganget. I ha mi däm Boum no nie gachtet gha, da heig sech allwäg es exotisches Gwächs i üse brave Mischwald veriiret, han i dänkt. Buur u Suhn hei ou nid wölle chönne Uskunft gä. Settigs cha mi albe fecke, u di Inselböim hei mi ersch rächt wider guslet. Deheim han i kei Rue meh gha, bis der Schutz isch duss gsi. I bi no äxtra a d Ämme use ga luege, öb's dert o derigi Böim heig. Es het ere, Hüüffe. A der Wermi het my gheimnisvoll Ascht underwyle Loub füretribe, u di spitzige, härzförmige Blettli a de länge Stile hei mi du uf di richtigi Spur gfüert. My frömdländisch Rätselboum isch ganz e gwöhnlechi Schwarzpapple. Der Alltag wär voll vo sältsame, unbekannte Wunder, me müesst nume im rächte Momänt luege.

Burgdorf

So ganz eifach isch es nid, über öppis z schrybe, wo me guet kennt. I wohne zwar nid z Burdlef, aber nid wyt dervo wäg. Es isch glych echly my Stadt, ou wenn i nume z Visite chume. I reiche dert Brüllerezäpt, Tuech, Schue u Gsüchtisalbi, my Buechhandlig isch dert u d Bank u d Bibliothek. Mit myr Tante luegen i sit eme halbe Jahrhundert am letschte Mändig im Juni der Solätteumzug. Früecher isch si mit mir cho, itz gahn i mit ihre. (Solätte – Solennität, es Chinderfescht mit vil Blueme u Meitschi i wysse Röckli.) We me mi bire Untat verwütschti, chäm i i ds Schloss u würd dert verknuret, i gah z Burdlef i Chino u i ds Theater u stah albeneinisch ou sälber uf der Büni vom Casino. U der Stadtpresidänt isch tschuld, dass dir das itz z läsen überchömet, dä het mi nämlech uf d Idee bracht mit dene Zähringerstedt.

Römischi und alemannischi Fundstück und bearbeiteti Hölebärchnoche us prähistorischer Zyt zeige, dass der Burgfelse scho gäng als Mönschewonig isch bruucht worde. Mit de Zähringer toucht Burdlef us der gschichtliche

Fyschteri uuf. Es isch Familiebsitz gsi, u der Herzog Konrad het vermuetlech scho churz nach der Übernahm vom Rektorat über Burgund 1127 d Burg aafa boue. Der Bergfried u der inner Muurring gö uf ihn zrugg. Dä mächtig Sandsteirigel linggs vo der Ämme isch wi gmacht gsi für ne zuesätzlechi Feschtig im wytlöifige Machtbereich vo der Familie. Em Konrad syni Nachfolger, Bertold IV. u V., hei di Burg erwyteret zure imposante mittelalterleche Feschtigsaalag, wo no vollständig erhalten isch. 1175 wird Burgdorf zum erschte Mal urkundlech erwähnt, aber no nid als Stadt, ersch afe als Castellum. Aber zu Füesse vom Burgfelse het sech natürlech schnäll e chlyni Sidlig vo Dienschtmanne u Handwärker entwicklet, wo der Bertold IV. mit ere Muur u mit Türm u Tor gsicheret het. Di stotzigi Strass gäge d Chilche ufe wird itz grad nöi pfläschteret, und es isch das passiert, wo jede modärn Bouunternähmer förchtet wi der Tüüfel ds Weihwasser: Räschte vo der erschte Stadtmuur sy färecho u müesse itz für tüürs Gäld vermässe und inventarisiert wärde, bevor me se wieder zuedeckt. Innerhalb vo däm erschte Muurchranz, wo lengschte verschwunde und überboue isch, findet me no Loubeböge. Nach em Tod vom letschte Zähringer isch Burdlef a d Kyburger gange, u die sy ire ewige Gäldchlemmi gsi. 1273 hei si de Bürger vo der underwyle scho rächt stattleche Sidlig wichtigi Privilegie müesse abträtte, wo i der sogenannte Handfeste umschribe sy. Ou speter hei si gäng wider vo ihrne Rächt müesse verpfände, eine vo dene Kyburger Grafe het 1334 Burdlef u Thun der Stadt Bärn verchouft, für ds Verlumpe abzwehre. D Überliferig wott wüsse, di sälbschtbewusste Burdlefer Bürger heigi de Bärner e tolle Schübel vom Choufprys vorgschosse. Di nöji Obrigkeit isch wytsichtig gnue gsi, für nid böses Bluet z mache mit Vorschrifte u Verbott. So het zum Byschpil der Landvogt di stedtischi Grichtsbarkeit reschpäktiert u syni Verurteilte us der übrige Vogtei dür ds Armsünderwägeli usserhalb vo de Muure la ufe Richtplatz füere. Di zwo Stedt hei über Jahrhunderti ganz es fründschaftlechs Verhältnis gha. Nach em Untergang vom alte Bärn het der Pestalozzi i der Unterstadt füf Jahr lang en international bekannti Schuel gfüert. (Burdlef besteit us dreine Teile: Zoberscht ds Schloss uf eme höche Felsezapfe, i der Mitti d Oberstadt und i der Talsole d Unterstadt, wo sech lengschte wyt über di ursprüngleche Gränze usbreitet het.) Wäge Gymnasium und Ingenieurschuel gfallt sech Burdlef no hüt i der Rolle vo der bedütende Schuelstadt.

Bösi Müüler behoupte, gägewärtig syg di Stadt fasch nid regierbar. Zuegä, me list und ghört gäng öppe vo Gstürm, Rybereie u Hickhack, u fasch all Rägetag findet eine e Grund, en andere aazzeige. Mängisch überchunnt me scho chly der Ydruck, si heigi zimli vil Besserwüsser u zimli weni Besserchönner dert obe. Aber es wird dänk sy wi a andere Orte ou; Lüt mit Schüüchläder u Profilneurotiker, wo d Demokratie us Prestigegründ uf d Spitzi trybe, git's gwüss nid nume z Burdlef. U sövel hinterwäldlerisch, wi vil wei ha, chöi di Burdlefer würklech nid sy, süsch würde si d Lüt nid gäng wider mit em Erwärb vo moderne, umstrittene Kunschtwärk us em Busch chlopfe. Hei doch die vor paarne Wuche e Lugibüel gchouft. Dir wüsst, der Lugibüel isch dä, wo us Altyse Kunscht macht. Itz steit so nes roschtigs Grageel zunderscht a der Rütschelegass u sorget für Gesprächsstoff, einersyts wäg em stolze Prys, anderersyts wäge der eigewillige Form. I bi dä Rütschelegass-

249

torwächter, win er gloub heisst, eismal ga aaluege. I ha zwöi Grosschind by mer gha u se gfragt, was ächt das chönnt sy. Di drüjährigi Muriel het sofort gseit, das syg e Fuchs oder e Has. Di sächsjährigi Kathrin het sech lenger bsunne u nächär unschlüssig gmeint: „Me gseht's nid rächt. Vilicht e Maa." D Fantasie aarege tuet er, das isch afe sicher. Für mi isch er e drübeinige Storch mit vierne Schnäbel, wo probiert, uf nes Gygampfiross z gogere. Es chönnt ou e spitzzüngigi Gäxnase sy, di grobe Chöttine am Rügge wäre i däm Fall dicki Züpfe. Für keini Missverständnis z provoziere, i ha churzi Haar.

„Du gfallsch mer", han i schliesslich zu der Schildwach gseit, „i finde di luschtig u witzig, aber mues me dir würklech Kunscht säge? – „Dä seit nüt, frag gschyder mi!" I ha umegluegt. D Meitli sy wyter äne vor eme Schoufänschter gstande, süsch isch niemer da gsi. Aber uf em Sockel vom grosse han i du es chlyners Kunschtwärk entdeckt, zämebräglet us Abschnitte vo allergattig Winkelyse. „Was bisch de du für eine?" han i gfragt. „I bi der Rütschelegasstorwächterwachhund." – „Wo chunnsch du här, vo dir han i izt no nüt gläse!" – „I bi nes Gschänk für d Öffentlechkeit", het dä Pfüderi stolz zue mer ufetönt, „vomene Mechanikerstift. I choschte nüt!" Was er da mach, han i wölle wüsse. „Das wo der Gross. I stah da u luegen uf d Strass use. Mängisch leit mi eine ab, u der nächscht, wo düregeit, stellt mi wider uuf. D Lüt hei e Soufröid a mir." – „Guet, de fragen i itz di. Dir zwee gfallet mer ganz guet, aber syt dir würklech Kunscht?" – „I nid", het der Rütschelegasstorwächterwachhund bescheide gseit, „i bi gratis, u my Schöpfer isch nume en unbekannte Lehrbueb. Hingäge da der Gross, dä isch sälbverständlech scho Kunscht, dä

het e gar berüemte Vatter. U du weisch ja: Je Künschtler, deschto choschtet's!"
Ehrlech, ou i ha ne Soufröid a däm chlyne Frächdachs. U dass er itz gwüss scho nes Zytli uf däm Sockel steit und ungstraft sy Zunge am grosse Vorbild darf wetze, u niemer ruumt ne dänne – also, das stellt de Burdlefer mindischtens so nes guets Zügnis uus wi der Chouf vom ächte Lugibüel.

Fribourg

Der Herzog Konrad het vier Buebe gha. Der eltischt, Bertold, isch sy Nachfolger worde, der Rudolf Bischof vo Lüttich. Zu däm Amt het ihm vilicht sy Mueter, d Clementia von Namur verhulfe. Der Adalbert isch der Stammvatter worde vo de Herzög von Teck. E Prinzässin von Teck isch 1953 als Queen Mary z Ängland gstorbe. Der Hugo het keini Chind hinderla. Sys Allodialguet (Familiebsitz) het der Brueder Adalbert gerbt, syni Lehe sy em Brueder Bertold übertreit worde. Vo der Schwöschter weis me nume das, wo denn für ne Tochter ds Wichtigschte isch gsi. Me het se guet verhüratet mit Heinrich dem Löwen.
Sit 1032 isch ds ehemalige Chünigrych Hochburgund verwaist gsi. Der Cheiser isch z wyt ewäg gsi, für zum Rächte z luege, un es isch dert hundert Jahr lang drunder u drüber gange. Di chlyne Here u Fürschtli sy enand pouselos i de Haare gläge, bis 1127 der Herzog Konrad Rektor, also Verwalter u Schutzheer, worden isch. Zersch het itz afe müesse Ornig gmacht wärde, u i däm Zämehang sy d Stadtgründige hienache vom Rhyn erfolgt. 1152 isch der Konrad

gstorbe, u sy Suhn Bertold IV. isch Herzog vo Zähringen worde.

Di über hundert Kilometer längi Saane isch im Underlouf schiffbar gsi bis zur Mündig i d Aare. Das het füre Bsitzer Gäld u Macht bedütet. Vor em letschte Drittel schlänglet sech der Fluss i komplizierte Windige düre Fels u het i vilne Jahrtuusige stotzigi Uferwänd usegwäsche. I der ängschte Schloufe het's e Furt gha, u das Felsrüppi, wo sech vo da i d Höchi ziet, het diräkt gschroue nach ere Befeschtigung. Vo däm Ängpass uus het me der ganz Fluss chönne kontrolliere. Der Bertold IV. het drum mit Fribourg e wytere Stützpunkt errichtet im weschtlechschte Zipfel vom wytlöifige Zähringerrych. Er het ja ou no als Schirmvogt vom Dütsche Rych über d Bistümer vo Losanen, Gänf u Sitte gwaltet, da het e zuesätzlechi Abstygi nid chönne schade. Ds Burgquartier um ds Münschter ume isch der eltischt Teil vo der Stadt. Di herzoglechi Burg isch öppe dert gsi, wo hüt ds Rathuus steit. Dank de unüberwindleche Steilhäng het das unregelmässige Vieregg nume uf de Schmalsyte müesse befeschtiget wärde. Di nöji Stadt het sech aber schnäll aafa usbreite, zersch im Saaneboge bis a Fluss abe, nächär uf der Höchi gäge Weschte. Im Talbode hei sech wasserabhängigi Gwärb aagsidlet, Tuecher u Gärber, u scho Mitti dryzähts Jahrhundert het me änet der Saane nöji Quartier müesse befeschtige.

Fribourg isch 1218 mit em ganze linggs vom Rhyn glägene Zähringerbsitz a d Kyburger gange, nächär a d Habsburger, speter a Savoyen. 1476 isch es z Murte bi de Siiger gsi u zwöi Jahr speter freji Rychsstadt worde. 1481 hei's d Eidgenosse als zähte Stand i Bund ufgno. D Stadt het wäg em Gwärb floriert, 1450 het si sächstuusig Ywoner gha. Us verschidene Gründ isch d Wirtschaft nächär zämebroche, u d Bevölkerig isch um tuusig Seele zrugg gange. Ou der Rychtum het abgno, me het ds Boue nümm vermöge, u ganzi gotischi Strassezüg sy erhalte blibe. Itz het d Stadt 32000 Ywoner, 8000 weniger als vor zwänzg Jahr. Stadtflucht wäge höche Zinse u Wohnigsnot macht sech ou hie bemerkbar.

I bi scho paarmal z Fribourg gsi, aber no nie uf Zähringerspure. Im Semer sy mer einisch der Nelkemeischteraltar i der Franziskanerchilche ga aaluege u d Grablegig im Münschter. Das isch di berüemtischti Gruppe vo spätgotischer Monumentalplastik i der Schwyz und wyt über d Landesgränze use berüemt. Einisch han i e Legasthenie-kurs gno a dr Uni, u de het me öppe Gaffeehalt gmacht uf ere Carreis. Meh als d Murtelinde, dr Rathuusplatz u ds Weschtportal vom Münschter het de sälte ynemöge, un i ha mer vorgstellt, di Altstadt heig i gwüss gly abgchlopfet. Aber i bi usanft uf d Wält cho, won i my Zähringervisite gmacht ha. Di Stadt isch gross u macht eim z schnuufe. I bi vom Murtetor härcho, u was han i zersch entdeckt uf myr Entdeckigsreis i ds Mittelalter? Friburg het ou e Lugibüel. E riisige, runde Huet mit eme flache Gupf, guet e Meter ab Bode. Es chönnt e Kardinalshuet sy, han i dänkt u bi neecher. Chöttine vo allne Dickine fessle dä Huet a Bode, u dass er sich ou nid dür nes unvorhersehbars Wunder cha befreie und i himmlischi Sphären ufschwinge, isch er no mit chindschopfgrosse Muettere abegschrubt. „Le cardinal" heisst di Plastik. Ha no sälte so nes symbolträchtigs Wärk gseh. Eigetlech isch es witzig, aber es het mi glych chly truurig gmacht. Wül's eso wahr isch.

Nächär bin i i d Liebfrouechilche u ha bi der neapolitani-

253

sche Chrippe us em achzähte Jahrhundert der Gäldschlitz gsuecht, für se z belüüchte. I bi drum grad z Italie gsi, dert mues me gäng Gäld abela, we me öppis wott gseh. Aber hie het's numen e simple Schalter un es Täfeli, me söll de lösche, we me nümm wöll luege. Druuf han i e Stadtfüerer gchouft u bi dä vis-à-vis vom Rathuus bime Gaffee ga studiere. U nächär bin i glüffe, stundelang, ufe und abe, abe und ufe. Vo der Saane bis zur höchschte Stell isch es e Höhenunderschiid vo nünzg Meter. Das git de Wadespannerlis. I ha zweni Platz, vo all däm Sehenswärte z verzelle. I bi derfür bekannt, dass i wäge schöne alte Hüser aafa spinne. I bi voll uf d Rächnig cho. Gotik u Barock het's im Überfluss z Fribourg, d Renaissance isch fasch nume dür di schöne Brünne verträtte. Sibe drvo sy vom berüemte Hans Gieng gschaffe worde, wo ou z Bärn als Brunnebildhouer isch tätig gsi. E Hans vo Waltheym us Norddütschland het 1474 über Fribourg gschribe: „di aller ungewinlichste und feste stad, di ich noch ye gesehin habe... eine lustige stad, und ist halb duczsch und halb welsch." Klar, we scho der Gründer zwöisprachig ufgwachse isch. I de letschte Jahr sy zwar wi fasch a allne Orte schlimmi Bousünde verbroche worde, aber mit dene schöne Strassefluchte, de zahllose Kunschtschätz, de mittelalterleche Befeschtigungsaalage isch Fribourg gäng no es Schmuckstück. Der Hans vo Waltheym het hüt no rächt. Es lohnt sech, das Bijou ga aazluege, aber bequemi Schue mues me scho aalege.
I de dütsche Zähringerstedt wird Freiburg im Üechtland im Gägesatz zu Freiburg im Breisgau gäng französisch gschribe. Für jedi Verwächslig uszschliesse han i das hie ou gmacht.

Neuenburg am Rhein

Merkwürdig, wi me mängisch a öppis umestudiert u chnorzet, u der Chnüppel wott u wott nid uuf. U plötzlech isch alls klar, furchtbar eifach, u me cha nid begryffe, werum me das nid scho lang gseh het. Di Sach wär vo Aafang aa uf der Hand gläge, me hätt numen am rächten Ort müesse häreluege.

Eso isch es mer gange mit Neuenburg am Rhein. I ha nüt als der Name gwüsst, won i im Februar derthäre bi. Werum „am Rhein"? Der Strom fliesst wytnache e Kilometer weschtlech vo der Stadt düre. Zersch han i gmeint, i syg da im lätze Neuenburg, wahrschynlech gäb's no es anders, äbe am Rhein. Aber i ha du gly gmerkt, dass i richtig bi. D Stadtwappe vo de andere Zähringergründige vor em Rathuus im Pflaschter, e Gedänksüüle bim Museum, e breiti Houptstrass, wo fasch rächtwinklig vo Quergasse gchrüzt wird. D Zähringer hei bi der Planig vo ihrne Stedt di alti römischi Ornig bevorzugt, wo's topographisch müglech isch gsi. Won i speter deheim Plän u Beschrybige gläse ha, sy myni Zwyfel wider erwachet. Uf ere Halbinsle syg Neuenburg zersch gstande, und im Louf vo de Jahrhundert heig der Strom Bitz um Bitz vo der Landzunge mitgrisse samt em scho 1292 erwähnte Münschter. Öb die eifach gnue gha hei vom Vater Rhein u das Stedtli churzerhand züglet? Chly wyter wäg vom Gschütz, uf ne Terrasse ufe? Ersch eismal, won i di Papier zum xtemal gstudiert ha, bin i ame Satz blybe bhange, won i bis dähäre gäng überluegt ha: „Durch die Rheinregulierung Tullas begann sich eine Versteppung bemerkbar zu machen." Und uf em Pländli vo der historische Stadt han i itz undereinisch gstrichleti Linie

255

gfunde, wo der furtgschwemmt Teil aadüte. Em Hang nah, wo am Weschtrand vo der Stadt rächt markant i ds flache Flussvorland abfallt, heisst's uf däm Chärtli schwarz u dütlech „Altrheinufer". Der Fluss isch verleit worde, nid d Stadt. Eigetlech logisch, dä wird chuum gäng so schnuergrad dür di Äbeni gruuschet sy wi hüt. D Ämme isch ja früecher ou hundertfüfzg Meter breit gsi un itz nume no dryssg. Hätt i besser gluegt, wär i ender gstige.

Der Staufercheiser Friedrich I. (das wär itz der Barbarossa) het dür ne Tuuschhandel d Herrschaft Badenweiler erworbe vom Sachsenherzog Heinrich dem Löwen. Dä isch dür d Hürat mit der Tochter vom Konrad zu däm Zähringerguet cho. Mit däm Tuusch het der Cheiser e Verbindig härgstellt zum Elsass, won er Landgraf isch gsi. Scho denn het's Ämtlifrässer gä, das isch also nüt Nöis. Drüberuus het sech der Staufer meh Yfluss i der Freigrafschaft Burgund erhoffet, was em Bertold IV. nid passt het. Er het syni eigete Machtplän gfärdet gseh. Als Sperrigel gäge die cheiserleche Glüscht het der Zähringer syr rotbärtige Konkurränz um 1175 e Stadt vor d Nase gsetzt u se Neuenburg touft. Di politische Umständ sy scho bi der Gründig ungünschtig gsi, u di Stützpunkt- u Rigelfunktion het sech für d Stadt bis i di jüngschti Vergangeheit gäng wider verhängnisvoll usgwürkt. Si isch fasch i jedem Chrieg belageret, eroberet, plünderet, zämegschlage u gäng wider ufboue worde.

Vo allne Zähringerstedt het Neuenburg vilicht ds wächselvollschte Schicksal erläbt. Der Strom het ihm mit Fischrychtum, Schiffahrt, Überfahrt u Rhynzoll e Huuffe Gäld ybracht u's zu eire vo de wichtigschte Stedt am Oberrhyn gmacht. Bi Hochwasser isch er aber zum gfährleche Find worde u het bis aafangs 17. Jahrhundert d Landzunge mit der halbe Stadt vollständig abgrabt. Der Cheiser Maximilian I. het de Ywoner „das Land am Reckenhag" wölle überla für ne nöji, sicheri Stadt, aber die hei wölle blybe, wo sy scho gäng sy gsi.

Drümal isch Neuenburg freji Rychsstadt gsi, nie für lang, i Burechrieg u i Dryssgjährig Chrieg isch es verwicklet worde, d Franzose hei's eroberet u usgroubet. 1704 het der Marschall Tallard d Stadt am Bode glych gmacht u di paar überläbende Bürger verjagt. Aber di sy nach zäh Jahr wider umecho u hei ihri Stadt nöi ufboue. Nach füfhundert Jahr Öschtrycherherrschaft isch Neuenburg 1806 ender unfreiwillig zum Grossherzogtum Baden cho, het 1878 d Eröffnig vo der Ysebahnstrecki gäge Mühlhausen erläbt und isch im Erschte Wältchrieg Etappestadt gsi. Nach 1945 he es sech vom ewig umkämpfte Sperrigel zur Brüggestadt entwicklet und isch hüt es wirtschaftlechs Zäntrum mit Beziehige bis uf Frankrych übere.

Es isch chalt gsi bi myr Visite, e byssige Luft het mer nachegschuttet uf mym Altstadtspaziergang. Es isch numm vil Historisches fürblibe, 1940 isch d Stadt usradiert worde. Di Neuenburger schyne e zäji Rasse z sy. Sofort hei si wider aafa boue, für dass 1944 no einisch über 60% vo allne Boute hei chönne vertromet wärde. Würd me nid gloube, we me itz a dene hübsche Hüserzylete verbylouft.

I ha jämmerlech gfrore u bi mi ine Wirtschaft ga wärme. Am Tisch näbedrann het sech e Rundi vo öppe sächzgjährige Manne übere Golfchrieg underhalte, jede het en anderi Meinig gha. I ha müesse zuelose, grad gchüschelet hei si nid. U di badischi Mundart versteit me guet, si rede ja dert ou alemannisch. Plötzlech isch eine mit Tschäppel u schwarzem Schnouz ynecho. Di andere hei Zwänzgabachtimüüler gmacht, aber der Schnouzer het nüt gmerkt, isch ungschiniert a Stammtisch ghocket u het aafa wauschte. Vo syne Buebe göi keine i Irak, das tüei er gar nid, är prozidieri bis äneuse, u wenn er vore Bundesgrichtshof mües. Disi hei nid vil gseit u ne la pladere. Itz isch eine mit ere Pelzmütze ynecho u o zuechegrütscht. Däm isch das Glafer sichtbar ufe Närv cho, u schliesslich het er gseit, we's der Bundestag bschliessi, mües jede gah, es gäb keini Äxtrawürscht. Der Schnouzer isch explodiert: „Vo myne geit keine, i schwöre's, i gah uf Karlsruhe, i schwöre's." Dä mit der Mütze het abgwehrt. Er söll höre stürme, er heig ja ou scho gschwore, vo syne Buebe gang keine zum Militär. Scho denn heig er plagiert, er wöll's dene z Karlsruhe ga säge, und itz syge zwee Fäldweibel und eine Offizier. Dä mit em Schnouz isch ufgschosse, het yzoge u wölle loslege. Aber won er itz alli het gseh grinse, het er nume mutz gmacht: „I gah. Itz hei mer's so schön gha, bis dä Zangghund cho isch und alls verruckt gmacht het!" Und isch würdevoll usegschritte.

Murten

Scho im Jahr 55 wird e Hof „Muratum" erwähnt, u 1013 e glychnamigi Feschtig. Di Sidlig isch bim hütige Muntelier gsi u het zum Chünigrych Hochburgund ghört. I de Strytigkeite nach em Usstärbe vo der Herrscherfamilie isch di Sidlig 1032 vom Cheiser Konrad II. zerstört worde.
Ungfähr hundertfüfzg Jahr speter het der damalig Herzog von Zähringen di strategisch günschtigi Lag erchennt u

400 m weschtlech vo der alte e nöji Stadt aagleit, uf Rychsbode. Ds Gründigsdatum isch nid bekannt, aber im „Stadtrottel" vo 1245 wird der Herzog Bertold als Gründer erwähnt, nume halt ohni Ornigszahl. Es cha also der viert oder der füft gsi sy. Aber me nimmt aa, Murte syg chly elter als Bärn. 1218 isch es a ds Rych zrugg, u 1238 het der Chünig Konrad IV. de Bürger befole, e Stadtmuur z boue. 1475 het Murte de beide mächtige Stadtstaate Bärn u Fryburg müesse ewigi Tröji schwöre, un es Jahr speter hei d Eidgenosse em Burgunderherzog Karl dem Kühnen vor der Stadt usse der Meischter zeigt. 1484 isch Murte für drühundert Jahr Gemeini Herrschaft vo de Stänn Bärn u Fryburg worde, wo abwächsligswys e Schultheiss gschickt hei. 1803 isch es uf Befähl vom Napoleon trotz heftigem Widerstand zum Kanton Fryburg cho. 1830 hei d Murtener de Fryburger Patrizier der Marsch blase u meh politischi Freiheite verlangt. 1847 het di sit 1530 reformierti Stadt vergäbe probiert, der Kanton us em katholische Sonderbund z löse. Ändi Mai 1978 het Murte 4565 Ywoner gha. Jüngeri Underlage han i keini.

Murte isch nie so yflussrych u wichtig gsi, wi n es wäge der guete Lag u wäg em Hafe hätt chönne wärde. Bärn u Fryburg sy z naach u z gross gsi. Zum Glück, mues me fasch säge. So het de Murtener ds Gäld gfählt, für ds Stedtli z hert z verändere, es het gäng nume für ds Nötigschte glängt. Planet hei si zwar wi wild. Im 19. Jahrhundert het d Stadt gäge Süde u Weschte sölln erwyteret wärde, u für das hätt me de di einzigartigi Stadtmuur wölle umlege. Das Verbräche isch du doch nid usgfüert worde, u Murte het sech glych chönne usbreite.

Wül sech Murte em reformierte Gloube het zuegwändet

gha, het der bärnisch Yfluss während der Zyt vo der Gemeine Herrschaft gäng chly obenuuf möge. Bärnischi Pfärer hei dert gwürkt, ou der Vatter vom Jeremias Gotthälf. Dä isch 1797 im dütsche Pfarrhuus uf d Wält cho. D Fassade vo de meischte Hüser zeige sech im diskrete Bärner Barockstil us em 18. Jahrhundert, bim Umbou vom alte, befeschtigte Bärntor isch der Bärner Zytgloggeturm Götti gsi. Murte isch zwar ähnlech wi Bärn, scho vo der Aalag här, u glych anders. I de andere mittelländische Zähringerstedt het me der sträng, grau Molassesandstei bruucht; d Hüserzylete vo Murte sy us wyssem u gälbem Jurachalchstei boue. Das git däm Stedtli e Heiterkeit u Liechtigkeit, wo me z Burdlef u z Fryburg, z Bärn u z Thun nid findet. Für vil Lüt isch es en unerreichbare Wunschtroum, so imene schöne Altstadthuus e Wonig z ha mit Blick uf di harmonischi Hüserflucht uf der andere Strassesyte, oder hindenuse gäge d Ringmuur, es romantischs Gärtli vor der Tür, oder über em See, mit der Ussicht ufe Vully. I ha mer ömel ou usgmale, wi das wär, won i uf der Muur gstande bi u di vilfältigi Dachlandschaft mit de Biberschwanzziegle bewunderet ha. Bis i gmerkt ha, dass i da wildfrömde Mönsche i d Wonig ynegränne, dass i mit mym verzückte, aber gwunderige Blick di private Hinderhöfli quasi als öffetlechs Eigetum aaluege. U vor mir hei das scho Hunderttuusigi gmacht, u nach mir wärde's ou no Hunderttuusigi mache. Dass di schöne Orte gäng so de Mönsche usgsetzt sy! Murte isch e städteboulichi Koschtbarkeit. Di Wysheit isch nid nöi, es weis se scho di ganzi Wält. Fasch di halbi isch dert gsi, won i amene gwöhnleche Wärchtig nach de Ferie my Zähringerbsuech gmacht ha. I de Loube sy sech d Lüt uf de Zeejen umetrappet, i de Läde isch es Gstungg gsi, i de

Wirtschäftli het me kei freie Stuel gfunde, und uf em stotzige Abstiig zum See abe isch e Vercheer gsi wi z Paris am Bahnhof. Einisch meh het's mi düecht, grad di dümmschti Idee sig es nid, dass mir nie i der Saison i d Ferie gö. Mir isch es nid wohl ime settige Gstürchel, bi mi halt nid dra gwanet. Vo mir uus gseh zahle d Murtener e höche Prys derfür, dass si a däm reizvolle Platz chöi wohne.
Uf Murte bin i usnahmswys einisch nid eleini. Dr Stanislaw isch mitcho, e Pol, wo nes Zytli byn is isch. Er cha no weni dütsch u seit nid vil. Aber Murte het ne doch du albeneinisch gmacht z rede. Öppis ussergwöhnlechs, wo irgendwie us em Rahme gheit, isch für ihn „wi ne Moore". D Hüser sy schön wi ne Moore, Lüt het's vil wi ne Moore, der See isch dräckig wi ne Moore. Für d Alge im Hafe het er no nes strübers Wort gwüsst. Uf der Ringmuur het er verächtlech „Turist" gseit, won er di verchrauete Steine het gseh. „Mei Gott!" het er gmacht u der Chopf gschüttlet. I hätt öppis zalt, für syni Gedanke chönne z läse. I ha du probiert, di Sach echly mit synen Ouge aazluege. I bi ja z Pole gsi u ha gseh, wi das dert e Zueversicht isch. U besseret het's no nüt sider, im Gägeteil. Was mache Schönheit, Pracht, Rychtum, Überfluss für nen Ydruck uf ne Mönsch, wo d Armuet kennt? Was macht üsi Gsellschaft für nen Ydruck uf ne Mönsch, wo d Armuet kennt? E Gsellschaft, wo übersättiget, abgstumpft, glychgültig isch, u so gedankelos, dass si mit blöde Sprüchli Bousteine verschandlet, wo einisch vo Mönsche i hertem Tagwärch vo Hand sy zwägghoue worde. Undereinisch han i gar nümm so exakt wölle wüsse, was der Stanislaw dänkt. I hätt mi gloub müesse schäme.

Thun

„Das nimmt mi de wunder, was du über Thun schrybsch, i chume nämlech vo dert." I weis nid, wivil Lüt das zue mer gseit hei im Louf vo däm Jahr. I darf nid z hert dra dänke, wi die itz alli das Thunerstübli under d Lupe näh, da chönnt eim de ds Schrybe vergah. Aber es isch ja mit jedere vo dene Stedt eso. Wär i eire deheimen isch, kennt se natürlech vil, vil besser und isch sicher mit mängem nid yverstande, was mi düecht, so vo usse gseh, us der Tourischteperspektive. Di Stadtporträt sy halt e subjektivi Sach u nid i alli Spitzli gstoche, aber e Dokterarbeit han i ja nid grad wölle mache.

Scho 2500 v.Chr. het's z Thun Mönsche gha. Zum erschte Mal erwähnt wird di Sidlig um 700. Vo de Freihere vo Thun wird 1130 öppis ufgschribe. 1186 übernimmt der Bertold V. das Gebiet u bout gly druuf der eltischt Teil vom Schloss, dä rächteggig Chlotz mit vierne Eggtürm. Der zähringisch Yfluss het sech bis is ds Oberhasli erstreckt, da het e wytere Stützpfyler nid chönne schade. D Houptgass, mit de Firschte parallel zur Strass, isch ou zähringisch. Mit em ganze Privatbesitz uf der lingge Syte vom Rhyn chunnt Thun 1218 a d Kyburger. Die erwytere d Stadt, zersch um d Understadt, speter chunnt no ds Bälliz derzue, di länggstreckti Insle zwüsche innerer und usserer Aare. Dank em chronische Gäldmangel bi Kyburgers hei d Bärner Rächt um Rächt chönne erwärbe u 1384 d Stadt ändgültig gchouft. 1429 hei si als bärnische Verwaltigssitz ds nöie Schloss boue. Sit de Burgunderchriege füert Thun e guldige Stärn im rotwysse Wappe. Schlächt isch es gloub de Thuner nid gange under der Bärner Herrschaft. I de nächschte drühundert Jahr hei si jedefalls en Archivturm ufgstellt als Schatz- u Rüschtchammere, ds Rathuus isch umboue u vergrösseret worde, es imposants Chornhuus het's gä. Das isch hüt es schön zwäggmachts Gschäftshuus, aber so ygchlemmt zwüsche längwylige Nöiboute, dass es eim grad leid tuet. 1738 het e nöji Stadtchilche müesse sy, der Turm us em 14. Jahrhundert het dörfe blybe stah. Nach em Undergang vom alte Bärn 1798 isch Thun Houptstadt vom nöie Kanton Oberland worde. Aber das künschtleche Gebilde vo Napoleons Gnade het keis längs Läbe gha, u d Stadt isch churzum wider bärnisch worde samt em nöie Kanton. 1819 isch di Eidgnössischi Militärschuel uf Thun cho. Der Prinz Louis Napoleon, wo 1852 als Napoleon III. Cheiser vo Frankrych worden isch, het hie paar Chrible i der Thuner Gschicht hinderla. Ds erschte Dampfschiff isch gfahre, me het d Ysebahnlinie vo Bärn här ygweiht, d Militärbetriibe u d Kasärne sy ygrichtet worde. D Thunerseebahn het d Stadt mit Interlake verbunde, Goldiwil u Strättlige sy ygmeindet worde. Hüt isch Thun ds wirtschaftleche u kulturelle Zäntrum vom Bärner Oberland.

Zersch bin i i ds Schloss. Das isch der Schouplatz vo der allerierschte Reed, won i ha müesse ha, vor Volkstheaterlüt. Es isch sicher zäh Jahr här, aber ds mörderische Lampefieber isch mer no ganz gägewärtig. Ds alte Schloss isch sit 1888 es Museum. I ha sämtlechi Böden abgchlopfet, anderhalb Stund bin i Stägen uuf und ab. Am meischte het mi der Dachstock fasziniert. Mir hei uf em Burehuus grad ds Dach müesse la mache, e Riisesach, 900 m^2, Ufrichti, Ziegle, Chänel, alls nöi. So ne exakti, kunschtvolli Zimmermannsarbeit isch scho verruckt ydrücklech, bi üs het alls schier ufe Millimeter genau passt. I ha mir nid chönne vorstelle, wi das us dene Holzhüüffe, wo um ds Huus sy ufbige gsi, es Dach söll gä. Aber di Zimmermanne hei di Bälke am Bode zämegsetzt, mit em Kran ufzoge u häregstellt, chly drann umegchlopfet, u scho het's gha. Drum het mi d Konschtruktion vo däm ungloublech stotzige Schlossdach speziell intressiert. Si isch sehenswärt. U der Blick us de Eggtürm lohnt sech ersch rächt. Nächär bin i i d Chilche u ha di gschnitzti Kanzle vo 1661 u d Gedänkplatte vo de verflossne Pfärer bewunderet. D Houptgass unden am Schlossbärg isch originell. Uf em Niveau vo der Fahrbahn sy Läde, über dene het's es Trottoir un e zwöiti Etage vo Gschäft.

I bi süsch nid so begeischteret vom Schoufänschterle. I ha scho Fröid a schöner Präsentation, aber grad namittagelang man i albe nid. Hingäge z Thun het's mi plötzlech packt. Das het dert schöni Sache! I ha glädelet, bis mer d Füess hei wehta. Es isch mi no bal tüür cho. Zersch han i e Hund gchouft, e chachelhärdige Bäri vom Heimberg. Wyter nide han i e provenzalische Hirtehund gseh. Er höcklet wyss u zottig uf em grüene Mätteli u luegt chly truurig dry, e Santon, es Chrippefigürli. Däm Badi han i ou nid chönne widerstah, wäge Südfrankrych und überhoupt. Itz han i drei Zähringerhünd. Der erscht han i z Freiburg i.Br. im Colombischlössli gänggelet, im Museum für Ur- und Frühgeschichte. Dä Hund isch e Kopie vomene Wolfer us wyssem Pfyffeton, 1./2. Jahrhundert n.Chr. Gfunde het me ne bi Schallstadt imene römische Brandgrab. I ha denn dänkt, wenn i de nümm uf Zähringerspure wandli u keis gäbigs Fürwort meh heig für umezfotzle, chönn i nume das Hundeli aaluege, u de chömm mer alls wider i Sinn. Itz han i

scho fasch e Meute, u myner Zähringerusflüg blybe mer vilicht i drüfacher Erinnerig. Wär si sauft derwärt.
My pärsönlech Glücksbringer isch der Mondstei, das han i im Schoufänschter vore Bijouterie gseh. I chönnt ou e Perle näh, we mer der Mondstei nid gfallti. Paar Ringe sy usgstellt gsi, richtigi Totschleger, für drütuusig, viertuusig... Bi allem Reschpäkt vor de Zähringer, sövel sy si mer nid wärt. I bruuche gar kei Talisman, fule Zouber. U de han i ja my „gettone telefonico" im Portemonnaie, es Jahr itze, sit däm dänkwürdige Tag, won i fasch gstorbe wär. Mänge Monet han i dä italiänisch Telefonierbatze vergässe gha, ersch vor däm Schoufänschter isch er mer wider ygfalle. Allem aa nützt er ou, we me nid dra gloubt.
I bi du no ne Stund dür ds Bälliz gspaziert. Das isch de schön. Fasch vercheersfrei, schöni Läde, Schatteböim u Strassecafés wi z Frankrych. Am Aabe bin i rächt uf de Stümpe gsi, aber was han i itz gläse uf eren alte Poschtcharte? Nichts thun ist schön, doch Thun ist schöner. Mängisch isch's ou umgekehrt.

Bern

I der Schuel hei mer glehrt, dass bi üs vor Chrischti Geburt d Helvetier ghuset hei. Dä keltisch Stamm het nüt Schriftlechs hinderla. We d Römer nid so flyssigi Gschichtsschryber gha hätte, wüsst me nüt meh vo dene erschte Schwyzer, als was me us Greberfunde hätt chönne errate. E Teil vo dene Helvetier het wölle nach Süde uswandere, aber der Julius Cäsar het dä Stosstrupp us em Norde

58 v.Chr. bi Bibrakte gchlopfet und heigjagt. D Helvetier sy vom chriegerische Römervolk undere Duume gno worde. Paar hundert Jahr speter sy d Römer vo de Alemanne verdrängt worde, d Alemanne hei sech de Franke müesse underzie. Und alli hei sälbverständlech aagno, ihres Rych und ihri Kultur duuri ewig.

Ds Gebiet vo Bärn isch scho i prähistorischer Zyt bewohnt gsi, un i der fränkisch/merowingische Periode (8. u 9. Jhdt.) het's um d Rychsburg Nydegg bereits es Dörfli gha. 1191 het der Bertold V., wi syner Vorgänger Rektor vo Burgund, e Stadt la boue, wo vom Aareboge bis zum Zytglogge greckt het. Der letscht Zähringer isch der einzig, wo men öppis Pärsönlechs von ihm weis. Er isch Bewunderer u Gönner vom Minnesänger Bertold vo Herbolzheim gsi, em Dichter vom verschollene Alexanderlied. Der Bertold het zwo Schwöschtere gha. D Agnes het drei Sühn übercho, eine dervo isch nach bewährter Zähringermethode Abt, eine sogar Kardinal worde. D Anna het der Ulrich von Kyburg ghürate und isch über d Tochter Heilwig em Rudolf von Habsburg sy Grossmueter worde. Dä isch 1273 nach zwänzg Jahr Interregnum (das isch di cheiserlosi, schrecklechi Zyt gsi, wo Roubrittertum u Fuuschträcht regiert hei) zum Cheiser gwählt worde. Ou d Habsburger hei also Zähringerbluet. Der Bertold V. het ds Zil vo der Familiepolitik erreicht. Vo der Ortenau über Baar, Hochschwarzwald u Breisgau sy syni Bsitztümer zämegschlosse u chlyneri, widerspänschtigi Grundhere ygchapslet gsi. D Territorie i der itzige Schwyz, vom Thurgou bis i d Weschtschwyz u ds Oberland, sy dür d Zähringerrächt z Züri mit em Stammgebiet zämeghänkt gsi. Der aasässig Adel het aber gäng chly böimelet gäge dä Frömdling. So sölle syni zwe Sühn vo ufmüpfige Landeshere vergiftet worde sy. Lut Bärner Chronik vom Konrad Justinger, allerdings ersch zwöihundert Jahr speter gschribe, heig der Bertold gseit: „Hand si mir minen kinden vergift umb daz min stamme ende habe, so wil ich inen und allen iren nachkomen ouch vergiften mit diser mine stat berne, die mich und mine kint rechen sont an inen und allen iren nachkommen." Di Rächnig isch ufgange. D Stadt isch uf Rychsbode gstande u het nach em Usstärbe vo de Zähringer vom Friedrich II., Grosschind vom Barbarossa, ihri wichtige Rächt bestätiget übercho: Sälbschtverwaltig, eigete Märit, eigets Gricht. Di misstrouische Bärner hei sech alls schriftlech la gä. 1256 hei si d Stadt erwyteret bis zum Chefiturm. Während em Interregnum hei si glieböigelet mit Savoyen, was d Kyburger u d Habsburger vertöibt het. Verchouf, Patronat u Bündnis, Chouf u Ylösig vo Pfandschafte hei ds Herrschaftsgebiet vo der junge Stadt erwyteret u d Bedütig vergrösseret. 1339 Siig bi Loupe über Fribourg, 1353 Ytritt i Bund vo de Eidgenosse, 1415 Eroberig vom Aargou, Burgunderchriege 1476/77. Dermit isch ds Vermächtnis vom letschte Zähringer zumene yflussryche Staat vo europäischem Rang worde. 1528 isch dr nöi Gloube ygfüert worde, d Säkularisierig vo chirchlichem Eigetum het ds Staatsvermöge vermehrt. Mit der Eroberig vom Waadtland 1536 het d Republik Bärn ihri gröschti Usdehnig erreicht. D Patrizier hei gschickt u wytsichtig politisiert, aber d Underdrückig vom Landvolk het Ufständ usglöst, wo ohni vil Fäderläsis brutal sy abchlemmt worde. Di aafänglechi Wytsicht het sech im Louf vo de Jahrhundert verchürzt, der Zerfall isch nümm gsi ufzhalte. Bim Franzosenyfall vo 1798 isch ds alte Bärn undergange. Ganz u gar nid ehre-

267

voll. Stadt u Kanton sy trennt, Aargou u Waadt sälbständigi Kantön worde. 1848 wird Bärn Bundesstadt, 1871 überchunnt es es Gmeinsreglemänt, wo im Wäsentleche no hüt gilt.

Bärn isch als Nöigründig es Muschterbyspil vo re Zähringerstadt. Gradi, ussergwöhnlech grosszügigi Strasse (d Grächtigkeitsgass isch 27 m breit), d Hofstätte hei Zähringermääs, 100 mal 60 Bärnfuess, das sy 29,3 mal 17,6 m, di längeri Syte dr Strass nah. Di Husplätz sy de vo spetere Eigetümer i chlyneri Parzälle ufteilt worde, aber gäng quer zur Strass. Drum di ganz schmale Hüser. Ds Trouf louft parallel zur Gass, d Loube hei sech us de Bude vo Handwärker u Händler zu ihrer hütige Form entwicklet. Im Zäntrum isch ds Märitchrüz gstande, dert sy Gricht u Hinrichtige abghalte worde. Ou der Pranger isch dert gsi.

D Bärner hei sech gäng dankbar a ihre Gründer erinneret. Er steit in Bronze im Nydeggärtli u het e Gedänktafele am Zytglogge, im Münschter und am Kapitell vom Zähringerbrunne. Di Brunnefigur isch ou e Huldigung. E Bär i Turnierrüschtig mit em ufrächte Löi uf Schild u Banner. Under em Torboge vom Zytglogge befilt der Bertold V. em Buebebärg, er söll e Stadt boue (vier Ölbilder us der Stadtgschicht, lueget de ds nächste Mal ufe). Es het e Zähringerstrass z Bärn, es Zähringertheater, e Zähringerbeiz, es Zähringerychoufszäntrum. Im Telefonbuech stö vierevierzg Berchtold, nüün Bertold und sächzäh Berthoud. Hei allwäg nüt mit em Stadtgründer z tüe, aber es isch glych luschtig.

I ha wäg ere Passaaglägeheit uf d Polizeidiräktion müesse. Ussert dene hinder de Schalter bin i di einzigi Wyssi gsi. I de Loube sy mer Schwarzi, Bruuni u Gälbi begägnet u

Lüt, wo nid frömd usgseh, aber frömd rede. Ou im Bahnhof han i Hüüffe afrikanischi u asiatische Gsichter gseh und unverständlechi Lute ghört. E Völkerwanderig isch im Gang, u der Zuestrom wird no wachse. Es isch es Problem, d Schwyz isch keis Ywanderigsland. Der Zämeputsch vo verschidene Kulture provoziert Schwirigkeite über Schwirigkeite. Unverständnis und Unsicherheit schlö um i Angscht u Gwalt. I weis das alls, un i ha ou keis Rezäpt. Mir chöi di wältwyte Strömige nid abstelle. Mir sy nümm under üs, mir wärde's nie meh sy, öb mer's wei wahrha oder nid.

Vilicht isch üsi Kultur am Änd? Blüttlerfilme im Fernseh, Frässorgie, Glychgültigkeit gäge Mitmönsch u Natur, Drogeneländ, Kriminalität, brönnigi Asylanteunterkünft – das sy alls Zeiche vore bedänkleche Unkultur. Vilicht isch üsi Dekadänz scho sövel fortgschritte, dass mer langsam drann z Grund gö. Mir gloube das natürlech nid. D Kelte, d Römer, d Alemanne hei's ou nid gloubt.

Bräunlingen

„Der Mensch stolpert nicht über Berge, sondern über Ameisenhügel." Dä Spruch han i uf eme Plakätli i der nöiromanische Stadtchilche vo Bräunlingen gläse. Wi wahr, wi wahr. Über das Thema chönnt me Büecher schrybe. E Bärg isch e Bärg, dä gseht me als grosses Hindernis, wo me drüber oder drumume mues. Unwichtigs Züüg, alltäglechi Chlynigkeite – da gheit me drüber. U we me de ds Bei verdrääit, d Nase gschundte oder ds Gmüet usgränkt het, merkt me ersch, dass me besser hätt sölle luege, u de hätt me chly e grössere Schritt chönne mache, u das Ghüderhüüffli wär nid zum Stolperstei worde.

Mängisch chunnt eim der zähringisch Ursprung vo so re Stadt chly konstruiert vor. Zum Byspil z Bräunlingen. Wi no a anderen Orte hei d Zähringer hie nid e nöji Stadt planet und aafa boue, si hei e bestehendi alemannischi Sidlig nahdisnah erwyteret und befeschtiget. D Stadtmuur mit vierne Tor isch vermuetlech 1203 vom letschte Zähringer errichtet worde. Hüt steit no ds Mülitor. Es isch mit sym Wehrturm ds Wahrzeiche vo der Stadt u 1904 nach alte Plän nöi ufgstellt worde. Als Stadt wird Bräunlingen ersch hundert Jahr nach der Ummuurig urkundlech erwähnt, u ds Marktträcht het es sogar ersch 1358 übercho. Ou die Stadt het füfhundert Jahr zu Öschtrych ghört und isch 1806 zum Land Baden cho.

„Brigach und Breg machen die Donau zweg", hei mer i der Schuel als Eselsbrügg glehrt. Am einte Donauquellfluss, a der Brigach, ligt Villingen, am andere, a der Breg, ligt Bräunlingen. Beidi Stedt sy wichtigi Stützpunkte gsi im Zähringische Husbsitz u hei fründschaftlech mitenand vercheert. Hinder Bräunlingen isch d Zähringerfeschtig Kürnburg gstande. Bräunlingen het e zentrali Rolle gspilt. D Erschliessig vom Schwarzwald, wo a andere Orte vo de Chlöschter usgangen isch, het hie d Stadt a d Hand gno. Der Wald, wo gäng no e grosse Teil vom Gmeinsgebiet usmacht, isch d Läbesquelle gsi vo der Sidlig. Nid zuefellig heisse drü vo de ygmeindete Dörfer Unterbränd, Waldhausen und Mistelbrunn. I der Zyt vo der öschtrychische Oberhoheit het d Stadt der Zuename „vorm Wald" gfüert. U der Wald het em Johann Conrad Gumpp, Oberschultheiss vo Bräunlingen, zu syr Berüemtheit verhulfe. D Grafe vo Fürstenberg sy i däm Gebiet d Nachfolger vo de Zähringer worde u hei 1305 d Stadt de Öschtrycher verchouft. Drü Jahrhundert speter sy si sech du gröjig worde u hei bhouptet, so syg es de nid gmeint gsi, ihri Vorfahre heige synerzyt nume d Stadt abträtte, nid di ganzi Umgäbig. Druuf het der Oberschultheiss sys Ross gsattlet und isch pärsönlech uf Wien em Cheiser di Aaglägeheit ga usdütsche. Dä het verfüegt, das syg es Gstürm, der Wald ghöri zur Stadt. En imposante Findling und e Brunnefigur vor em Rathuus fyre der Herr Gumpp als Retter vom Stadtwald. Es isch si derwärt, es sy drütuusig Hektare, ds halbe Stadtgebiet.

Es isch es hübsches Stedtli, das Bräunlingen, no ganz zähringisch i der Aalag. Breiti Gasse, grosszügigi Husplätz, ds Dachtrouf gäge d Strass. Es het e Zähringerstrass un e Zähringerstube u füert der ufrächt Zähringerlöi im Stadtwappe. D Muur, wo me nümm vil dervo gseht, isch ringförmig gsi, der ussercht Hüserkreis zeigt's no. Der Stadtgrabe wird 1576 als bsunders wichtig u grossartig grüemt, er isch denn zwüsche dryzäh und achzäh Meter breit gsi.

Nach em Gaffee im Lindenhof, wo si fasch nid hei chönne begryffe, dass i kei Chueche wott am Namittag am zwöi, bin i i ds Rathuus gange, uf ds Kultur-, Sport- und Verkehrsamt. Wi der zuestängig Leiter mit dene drei verschiedene Sparte fertig wird, weis i nid. En überuus hilfryche Heer het beduuret, dass der Bürgermeischter nid da syg, aber i däm u däm Büro wär der Herr Soundso gärn bereit, mer Uskunft z gä, dä wüss alls über d Zähringer. Eigetlech han i nume e chlyne Stadtfüerer wölle, aber dä syg ersch in Vorbereitig. Dä Büromaa het sech schuderhaft Müei gä für

271

mer zwägzhälfe u het Papier kopiert und Adrässe ufgschribe. Dä Yfer isch mer gwüss bal pynlech gsi. I der Broschüre, won er mer no het gä, han i glehrt, won i häre müesst, wenn i e Grunderwerbssteuerbefreiung oder e Anerkennungsbescheid für steuergünstigen Wohnungsbau wett, u dass d Frou Beatrix Zirlewagen Stadträtin, d Kreszentia Mantel im Landfrouevorstand u der Herr Titus Wintermantel Presidänt vom Angelsportverein sygi.

Hei bin i über Feldberg u dür ds Wiesental. Das isch nid für nüt berüemt, es isch würklech e schöni Gägend. Ab em Zdürabtrötschgele han i däm Sätzli i der Stadtchilche vo Bräunlingen nachegstudiert, was i für Bärge überstige ha, u wi mängs unschynbars Högerli mi scho uf e Schnouz gstellt het. Undereinisch han i are Huswand e Spruch gläse. Es sy nume drü Wörtli gsi, aber si sy mer vorcho wi di eifachschti Lösig für sämtlechi Läbesproblem. U das churze Motto isch mer du o no fasch zumene Ameisehuuffe worde, es het mi ömel tagelang beschäftiget. Deheim han i's nämlech vergässe gha, nume no gwüsst, dass es mi ganz verruckt träffend düecht het. I ha mys Hirni hindertsi u füretsi müesse erläse, i ha kei Rue meh gha. Ändtlech isch es mer wider z Sinn cho, mitts i der Nacht. I bi z fuul gsi, hurti es Papier z reiche, und am Morge isch es richtig wider wäg gsi. E Zytlang han i mi gergeret, aber nächär han i dänkt, nei, vo drüne churze Wörtli löi i mir my Seelerue nid vercheibe. We's würklech sövel wichtig wär, hätt i's dänk nid vergässe.

U nächär isch es gange wi no vil i settige Fäll. We me ere Sach, oder mängisch ou eme Mönsch, ändgültig der Rügge cheert u se us em Sinn tuet, louft si eim plötzlech nache. Dä Spruch heisst LEBE UND LACHE.

Freiburg im Breisgau

D „Houptstadt" vom Schwarzwald wär eigetlech scho vil ender dracho, i ha ja ungfähr i der Reiefolg vo de Gründigsdate über di Zähringerorte gschribe. Aber wül Freiburg der Schlusspunkt setzt under d Zähringergschicht, han i's bis zletscht gspart.

Scho um 1200 hei di ryche Bürger vo Freiburg ds Münschter aafa boue, ds romanische Querschiff mit de beide nidere Türm. Hahnentürme heisse si wäge de guldige Güggle zoberscht. Der Bertold V. het dä Bou chreftig understützt, er het sech es würdigs Grabmal gwünscht. 1218 isch er als letschte Zähringerherzog im eltischte Teil vom Münschter bestattet worde, u dermit isch d Gschicht vo der ussergwöhnleche Familie z Änd gange.

I der Gründigsurkunde steit: „An einem Ort, der mein Eigentum ist, Freiburg nämlich, habe ich einen Markt errichtet im Jahre nach der Fleischwerdung des Herrn 1120." Underschribe vom Konrad von Zähringen. Das Gebiet zu Füesse vom Schlossbärg, wo denn scho sit dryssg Jahr e Zähringerburg druff gstande isch, het zu sym pärsönleche Besitz ghört. Bi der Gründig isch der Konrad no nid Herzog gsi, sy elter Brueder het denn no gläbt. U wül es sech besser macht, wenn men e Herzog cha vorwyse, gilt ou der Bertold III. als Gründer vo Freiburg. Di konradinischi Urkunde haltet i achzg Artikel d Rächt u d Pflichte vo de Bewoner fescht. D Bürger sy frei gsi, und für ne Schilling Jahresmieti hei si es Grundstück chönnen erwärbe, es Huus druf boue u's vererbe. Der Märitfride isch äxtra gsicheret gsi. Di grosszügigi, wytsichtigi Stadtornig isch byspilhaft gsi u wyt über ds Zähringergebiet use für anderi Stedt überno worde. Gschickti Politik, Bevorzugig vo de Chouflüt u d Silberbärgwärk i der Umgäbig hei der Stadt grosse Rychtum bracht. Entsprächend sälbschtbewusst het si sech präsentiert. Am rote Buntsandsteimünschter isch drühundert Jahr boue worde. Es isch eini vo de sältene Chilche vo der Grössi, wo no im Spätmittelalter sy fertigworde. Vil het me ja ersch im 19. Jahrhundert fertiggstellt, Köln, Regensburg, Ulm, Bärn. Der wunderschön 116 m höch Weschtturm mit sym einzigartige Filigranhälm isch ds Vorbild gsi für fasch alli spetere Turmboute, aber sy Harmonie u Stilsicherheit sy unerreicht blibe. Nid für nüt gilt er als schönschte Turm vo der Chrischteheit.

Über Bertolds Schwöschter Agnes sy d Grafe vo Urach Here vo der Stadt worde. Si hei sech zwar speter Grafe vo Freiburg gnennt, aber gyget het's nie. Hundertfüfzg Jahr lang hei si mit allne mügleche Herrscher gchrieget u mit der Stadtbevölkerig Krach gha. Die het du däm Gstürm 1368 es Änd gmacht, sech vo dene Zanggüggle losgchouft u sech under d Herrschaft vo de Habsburger gstellt. Vom 17. Jahrhundert aa het Freiburg e wüeschti Zyt erläbt. Dryssgjährige Chrieg, nächär abwächsligswys gäng wider eroberet u zruggeroberet vo Habsburger u Franzose. 1805 zum Grossherzogtum Baden cho, dernah i d Befrejigschriege verwicklet gsi. Nach paarne rüejige Jahrzähnt het der Erscht Wältchrieg di wirtschaftlechi Entwicklig früsch ume kabuttgmacht. Druuf isch ds Elsass wider einisch zu Frankrych cho, ds Grossherzogtum Baden isch uflöst u Freiburg zur entmilitarisierte Zone erklärt worde. Im Zwöite Wältchrieg isch es verschont blibe bis am 27. Novämber 1944. A däm Aabe hei britischi Kampfflugzüüg innert zwänzg Minute di ganzi Innestadt i Trümmer gleit. Ds

Münschter mit em schönschte Turm vo der Chrischteheit hei si suber usgspart.

Mit dütscher Gründlechkeit isch d Altstadt rekonschtruiert und wider ufboue worde. Es isch guet usecho, da git's nüt z stürme. Di Stadt isch wunderschön, und e Visite lohnt sech. Aber i bi glych echly hin u härgrisse. Söll me das? Isch es richtig z tue, wi we nüt passiert wär? Mys Härz fröit sech a de schöne Hüser u malerische Egge, my Chopf meint, me hätt zytgemäss sölle boue u dernäbe grossi Fotone ufstelle vo dr alte Pracht u der Verwüeschtig, als ständigi Mahnig, wi der Mönsch sinnlos cha wüete, wenn er em Chriegswahn verfallt. I weis nid, was richtig isch.

Freiburg isch my erscht Zähringerbsuech gsi. Färn im Dezämber bin i gange, a Wienachtsmärit. Er isch eine vo de chlynere, der Rathuusplatz isch nid gross. D Ständ gruppiere sech um ds Dänkmal vom Berthold Schwarz, wo ds Schiesspulver söll erfunde ha. We dä mittelalterlech Mönch sächshundertfüfzg Jahr hätt chönne i d Zuekunft luege, hätt er ächt de ds Muul ghalte über sy Entdeckig? Vilicht nid, er het ja wölle Guld mache, u a de Folge vo sym verhängnisvolle Zuefallsprodukt het scho mänge e guldigi Nase verdienet.

Imen Egge het eine ire Renaissancetracht Blockflöte gspilt, begleitet vomene Tonbändli. Es isch es schöns Musigli gsi, nume het fasch niemer zueglost. Hüt müesse halt fasch d Posuune vo Jericho blase, dass no öpper umeluegt.

Speter han i du äbe usegfunde, dass der letscht Zähringer im Münschter ligt. Zu däm Grab han i no müesse. Aber i ha's nid gfunde. Der Füerer, won i dernah gfragt ha, het chly glächlet. I syg nid di Erschti, wo das Grab suechi, aber er chönn mer nid hälfe. Vilicht syg i drübergloffe, me vermueti's under der Kupple. Vilicht syg's dert gsi, wo albe ds berüemte Böcklinchrüz frei im Ruum ghanget syg. Vilicht syg di silberigi Koschtbarkeit sogar e Stiftig vom Bertold V. Aber me wüssi's eifach nid. Da bin i itz gstande, i grossi Zähringerforschere. Zersch het's mi grad möge. Guet, di Reveränz vor der Grabstell wär vilicht chly theatralisch gsi, aber eifach glych e guete Abschluss vo däm Stüblijahr, wo mer d Ouge für mängs ufta u mer Zämehäng ufzeigt het, won i ohni di Zähringergrüblerei nie drufcho wär. I ha unheimlech vil profitiert, vil meh, als i de Stüblibrichte zum Usdruck chunnt. I ha ja gäng numen e chlyne Teil vo däm chönne ufschrybe, won i gseh u glehrt ha. Es isch e schöni Zyt gsi, un es röit mi fasch, dass es nid no dryzäh wyteri Zähringerstedt git. Aber itz isch Schluss, ou ohni Grab.

Es düecht mi no bal besser so. Di Familie isch dür ihri Tate i d Gschicht ygange, vo de Pärsönlechkeite weis me fasch nüt. Aber dryzäh Stedt halte ds Zähringeraadänke in Ehre, u das isch meh als di prächtigschti Grabplatte.

Inhalt

1986 Öppis Nöis probiere

En Art Sälbschtbildnis   7
Vo junge, vo Alte u vo ganz Alte   10
Chinderwält   13
Wer hat dich, du schöner Wald…   17
Hast du einen Raum, so pflanz einen Baum   20
E Feschtreed   23
Gränze   27
Mareieli, tanz   31
Vom Läbe u vom Stärbe   34
Original   38
Fröhlechi Wienacht   42

1987   Es geit wyter

E guete Vorsatz   49
Us der Schuel plouderet   52
Graniummärit   56
Um ds Huus ume   60
Am Weier   63
Kei Feschtreed   67
Luter Zuefäll   71
Gstabelaa   74
Schouspiler u Schouspiler   77
En Ufsteller   81
Glanz i den Ouge   84

1988 Furt u deheim

Nöji Aafäng 91
En anderi Hut 95
Döö Goniagg 99
Dopfeteli 102
Der Himel i der Glungge 106
Würze 109
Mönscheverachtig 112
Vertribe 116
Chriegerisches 120
Täglechi Fröideli 124
Keis Gschys 128

1989 Redensarte

Vil Gschär u weni Wule 135
Es isch e Fure gange 138
Wasser i bach trage 142
Wi me's trybt, so het me's 146
Ds Fueder nid überlade 149
Vo nüt chunnt nüt 153
Nid nüt 157
Nid gsprängt 160
Nimm myni Ougen u lueg 164
Allergattig Tröim 168
Aafa u ufhöre 172
I der Not 175
Gschänkratgäber 179

1990   Farbigi Bleistift

Konzept   185
Häxewärch   188
Elter wärde   191
Hüt so – morn so   195
Rägeboge   198
Grüen u schwarz   201
Ds richtige Wärchzüüg   205
Medie   208
E Wunderkur für Körper, Geischt u Seel   212
E dänkwürdige Tag   216
Deheim   219
Farbige Advänt   223

1991   Mittelalter, vo wytem aagluegt

Milde und Macht   229
Zähringen   232
St. Peter   236
Villingen   239
Rheinfelden   243
Burgdorf   247
Fribourg   251
Neuenburg am Rhein   255
Murten   258
Thun   262
Bern   265
Bräunlingen   269
Freiburg im Breisgau   273

Christine Kohler bei Zytglogge

Gartetööri offe – Gartetööri zue
Mundarterzählung

Ein Bauernhof im Berner Seeland, den Vater und Mutter zusammen mit den Grosseltern und einem Onkel bewirtschaften, bildet den häuslichen Rahmen, aus dem die vierjährige Judith Schritt für Schritt den Vorstoss in die mit Verboten belegte, aber mit einer unheimlichen Anziehung gepaarten Erwachsenenwelt vollzieht.
Gartenarbeit, das mit vollendeter Hingabe kultivierte Säen, Tränken und Wachsensehen der ersten eigenen Sonnenblume, das Mitwirken beim Einbringen der Ernte, intensiv erlebte Weihnachtstage und das erneute Erwachen der Natur, sie stecken die Fixpunkte im reigenhaften Zeitverlauf. Judiths Wanderung in die Welt hinter dem Gartentor, dem Erwachsenendasein, erfährt dabei eine unersetzbare Stärkung, Aufmunterung, ja Richtungsweisung in der Person des Grossvaters.
Neue Zürcher Nachrichten

Jedesmal Rose vom Märit
Mundartroman

An einem Sylvesterabend steht die 45jährige Lilo einsam vor einem Ferienhaus in Südfrankreich. Nach einem heftigen Streit mit ihrem Mann hat sie, einem Impuls folgend, den Entschluss zum Verreisen gefasst. Woher kommt der Zorn, die Wut, diese Eruption, die in keinem Verhältnis steht zu den nichtigen Anlässen, die zu ihrem Ausbruch führten? Hat sie sich von ihrer Familie zu sehr vereinnahmen lassen? Hat sie sich zu sehr in die Rolle der tüchtigen Gattin drängen lassen, die «alles schmeisst»? In der Stille des Ferienhauses ist Lilo mit sich allein: sie durchläuft wichtige Prozesse, vor allem erkennt sie die Lektionen, die sie zu lernen hat – zuallererst, dass man das Glück bei sich selbst suchen muss.
Neue Bibliotheksbücher